本书是国家社科基金青年项目（项目批准号：14CGJ022）的结项成果

国际安全与战略丛书

International Security and Strategy

美国国家安全战略的转变

左希迎　著

中国社会科学出版社

图书在版编目（CIP）数据

美国国家安全战略的转变／左希迎著．—北京：中国社会科学出版社，
2020.4（2024.12 重印）
（国际安全与战略丛书）
ISBN 978 - 7 - 5203 - 5986 - 3

Ⅰ.①美…　Ⅱ.①左…　Ⅲ.①国家安全—研究—美国
Ⅳ.①D771.235

中国版本图书馆 CIP 数据核字（2020）第 026521 号

出　版　人	赵剑英
责任编辑	赵　丽
责任校对	王秀珍
责任印制	郝美娜

出　　　版	中国社会科学出版社
社　　　址	北京鼓楼西大街甲 158 号
邮　　　编	100720
网　　　址	http://www.csspw.cn
发　行　部	010 - 84083685
门　市　部	010 - 84029450
经　　　销	新华书店及其他书店

印　　　刷	北京明恒达印务有限公司
装　　　订	廊坊市广阳区广增装订厂
版　　　次	2020 年 4 月第 1 版
印　　　次	2024 年 12 月第 5 次印刷

开　　　本	710×1000　1/16
印　　　张	16.5
插　　　页	2
字　　　数	223 千字
定　　　价	78.00 元

"国际安全与战略"丛书

主　编

　　刘　丰　左希迎

编委会

　　陈　拯　达　巍　高　程　胡　波

　　李　巍　林民旺　凌胜利　毛维准

　　任　琳　吴文成　尹继武　赵明昊

丛书总序

我们生活在一个巨变的时代。放眼世界，新一轮科技革命和产业革命正在重塑社会形态。技术变革给国际安全和社会治理带来了深远影响，各国之间的经济发展不平衡加剧，世界正在分化重组。在此背景下，大国战略竞争进入一个新阶段，国际安全秩序正面临着巨大的冲击。现实无时无刻不提醒着我们，诸多国际安全问题亘古弥新，一些根本战略问题关乎国家命运和国际体系走向。

与历史长河相比，我们生活的时代只是一个片段。不过，这已经足以检验国际政治的运行规律，也足够见证世界大国的兴衰沉浮。回顾历史，时代的巨变早有端倪。2010 年，中国制造业总产值超越美国，这是国际关系历史上的关键界点，可谓百年未有之大变局。在此以后，中国的成长有如逆水行舟，在国际安全上面临大量的暗礁、险滩和急流，亟需大量深入的学术研究来提供理论指导。

中国是一个战略上早熟的国家，五千年的历史和无数的英雄人物沉淀了厚重的战略思维。自古以来，中国的战略家留下了诸多经典论述，从孙武的《孙子兵法》到毛泽东关于游击战争的相关论述，都是战略研究者的必读篇章。然而，自从大航海时代以来，少数欧美国家相继实现了现代化，中国在这段人类历史上波澜壮阔的时代更多扮演了后来者和追赶者的角色，不但在科学技术创新上乏善可陈，在社会科学的知识生产上同样难以企及欧美，不禁让人扼腕叹息。

幸运的是，改革开放以来，中国全面参与了全球科技创新和经济发展的大潮。作为世界大国，中国正在国际安全领域创造大量的社会事实，这为理论创新提供了千载难逢的历史机遇。在新时代，学术界应该提炼中国与国际社会互动过程中形成的安全实践，推进厚重扎实、风格鲜明的国际安全研究与战略研究。对此，可以心怀期待。在这个时代，有诸多重大理论问题、重大战略问题和重大现实问题亟需解决。事实上，当下理论创新所需要的要素都已经具备。对于什么样的国际安全研究和战略研究是好的研究，在这一套丛书中，我们也有清晰的目标。

在议题上，这一套丛书聚焦于国际安全问题，包括但不限于战争、国际冲突、联盟、族群冲突和恐怖主义等重要政治现象，以及军备控制、核威慑与常规威慑、强制外交、军事干涉、威胁评估和战略动员等战略行为。在定位上，这一套丛书致力于推出严谨的理论研究和精细的现实问题研究，并且鼓励将两者融合。在风格上，这一套丛书有三点目标：一是推崇常识，追求简单的学问，不故弄玄虚。二是提倡专业主义，对多元观点给予最大程度的包容。三是遵从逻辑，用理性认识我们生活的世界。

一代学人有一代学人的使命。在知识生产和理论创新上，中国学者不能再度缺席，相反应该站在世界前沿。我们希望，本套丛书汇集的作品，将会带有新一代学者的鲜明风格，也将会成为中国国际安全研究与欧美知识界平等对话过程中不可或缺的部分。优秀的学术研究是理解世界的一把钥匙，它需要经受得住时间的考验，读者若干年后仍然能够从中获得有益的启发。当国家在国际安全问题上面临抉择，抑或个人在学术研究中陷入迷茫时，如果这一套丛书的作品能够帮助读者化繁为简，提供些许思想支撑，如此足矣。

最后，衷心感谢中国社会科学出版社领导的魄力和支持，应允出版"国际安全与战略"丛书。特别感谢赵丽博士，从策划到出版，这一套丛书凝聚着她的心血。编纂丛书是一项长期的事业，需要众人拾柴，我们也真诚地期待学界同仁惠赐有思想、有洞察力、接地气的佳作。大家一起努力，共同壮大这项事业。

主编谨识

2020 年 2 月

序　言

　　左希迎博士的新作《美国国家安全战略的转变》即将付梓，送来书稿，嘱予作序，作为他博士研究生时的指导老师，我欣然允诺，且先读为快。

　　《美国国家安全战略的转变》旨在从威胁评估的角度探讨2006年以来美国国家安全战略的调整与转变。小布什时期在"9·11"事件之后确立了以打击恐怖主义为重点的国家安全战略，奥巴马时期则是兼顾反恐与应对中国崛起，而特朗普时期则明确以应对中国崛起为中心。在这一转变过程中，美国是如何评估外部安全威胁的？哪些因素塑造了美国威胁评估的政策过程？威胁评估如何带来美国国家安全战略的转变？这些乃是本书重点要探讨的问题。作者首先尝试建立一个分析美国威胁评估的理论模式，接下来分别研究了小布什、奥巴马、特朗普三任总统执政时期国家安全战略尤其是军事战略的调整，最后对美国的国家性格和战略行为也有一些自己的思考。本书的理论建构有价值，案例分析有新意，观点颇有见地。

　　冷战结束后，美国的国家安全战略进入了一个变动不居的时期，大体上十年一变。上世纪90年代以应对地区性挑战为重点，本世纪第一个十年转向应对恐怖主义威胁，第二个十年又转向应对大国竞争，特别是崛起的中国。推动战略转变的最主要因素当然是决策者对外部威胁认知的变化，但是从政策制订过程来看，执政者的更迭，决策者的理念偏好，决策模式的差异，都会在战略转变过程中发挥重要作用。本书对小布什、奥巴马、特朗普三任总统执政时期国家安全战略调整过程的案例分析，既揭示了美国国家安全决策过程的共性，又彰显了其个性，无疑有助于加深读者对这一领域的认知。

研究安全与外交决策过程，学者们面临的最主要挑战就是由于对决策过程了解有限，很难获得比较完整的信息把这一过程真实、细致和清晰地展现出来，再进行学理的解剖。本书作者同样面对这一挑战，在将理论与几个具体案例的结合分析上也有深有浅。此外，鉴于美国面临外部威胁的性质不同，其应对手段也是各不相同的。作者对国家安全战略的关注集中在军事战略上，对外交战略的着墨尚有空间。

希迎在博士生阶段即开始研究安全和战略问题，良好的学术素养，开阔的研究视野，持之以恒的积累和研究，使他在这一领域产出了不少有较高价值的学术成果。本书既是前一阶段辛勤耕耘的结晶，也是下一阶段研究的新起点，期待未来他有更多更好的产品问世。

是为序。

吴心伯

2020 年 3 月于复旦

目　　录

导　论

历史既能指引和启发，也能误导和混淆，意识到这一点是重要的。

——戴维·彼得雷乌斯①

为什么特朗普就任美国总统后将中国界定为战略竞争对手？从奥巴马政府对华政策相对温和，转变为特朗普政府对华政策如此强硬，这背后到底发生了什么？对于非专业研究者而言，美国的战略转变似乎如此大，以至于有些难以理解。事实上，如果对美国国家安全战略进行长期追踪和专业分析，就会发现美国国家安全战略的转变有其内在的逻辑。人们大多数时候只看到政策的线性变化，往往看不到决策过程的潜流。"人们往往忽略的是，从历史长河来看，美国战略的目标、计划和政策是随着外界环境而变化的。"② 国际关系的专业研究就是要分析这些潜流，还原战略制定的本来面貌。

为了回答以上诸多困惑，需要将时间拉回到 2006 年。21 世纪以后，2006 年是美国国家安全战略中至关重要的一年。在此之前，

---

① David Petraeus, "Lessons of History and Lessons of Vietnam," *Parameters*, Vol. 16, No. 3, 1986, p. 43.

② 王缉思：《大国战略》，中信出版社 2016 年版，第 319 页。

美国视恐怖主义为首要威胁，倾其全力推进反恐战争。[①] 在阿富汗战争和伊拉克战争伊始，美国采取的是常规战争的作战方式，试图运用"浅脚印（light footprint）"战略，力求速战速决，避免深陷泥潭。[②] 然而，美国在此前后的反恐战争局势日趋恶化，其在阿富汗和伊拉克扶植的新政府也无力控制局势，两国叛乱迭起，分别陷入了混乱与内战，走上了一条越反越恐的恶性循环之路。[③]

为了走出困境，美国调整了战略和战术。在军事学说上，戴维·彼得雷乌斯（David Petraeus）和斯坦利·麦克里斯特尔（Stanley McChrystal）为首的美军高级将领试图通过以人口为中心的"反叛乱（counterinsurgency）"战略扭转美国的颓势。[④] 在具体战术上，美国相继对伊拉克和阿富汗增兵。[⑤] 然而，这一时期出现了三个不确定性因素：其一，2008 年金融危机之后，中国的力量急速攀升，在亚太地区事务中扮演着越来越重要的角色。其二，奥巴马在 2009 年就任新一届美国总统，其外交政策理念与小布什大相径庭，对外部威胁的评估也有所差别。其三，美国军方内部出现了一场政策大辩论，主要讨论美国未来的主要外部威胁是什么，应该采取什么样的军事学说来指导战争。这一时期，打击恐怖主义仍然是美国的首要考虑，然而大国崛起已经引起战略精英的注意。

---

① Department of Defense, *Quadrennial Defense Review Report 2006*, Arlington, V. A., February 6, 2006; The White House, *National Security Strategy 2006*, Washington, D. C., March 2006.

② Fred Kaplan, "The End of the Age of Petraeus: The Rise and Fall of Counterinsurgency," *Foreign Affairs*, Vol. 92, No. 1, 2013, pp. 75 – 90.

③ 对伊拉克局势的分析，参见 David Petraeus, *Report to Congress on the Situation in Iraq*, Department of Defense, April 8 – 9, 2008 (http://archive.defense.gov/pdf/General_ Petraeus_ Testimony_ to_ Congress.pdf)。

④ David Petraeus, "Learning Counterinsurgency: Observations from Soldiering in Iraq," *Military Review*, Vol. 86, No. 1, 2006, pp. 2 – 12.

⑤ 对美国向伊拉克增兵的讨论，参见 Peter D. Feaver, "The Right to Be Right: Civil-Military Relations and the Iraq Surge Decision," *International Security*, Vol. 35, No. 4, 2011, pp. 87 – 125。

在一个变革的时代，美国国家安全战略孕育着重大转变，尽管这个过程困难重重。2011 年是美国国家安全战略中的另一个重要拐点。奥巴马就任美国总统之后，美国仍然在阿富汗和伊拉克作战，因此获取战争胜利仍然是第一要务。然而，奥巴马同时致力于休养生息，通过国内建设和国外塑造来恢复美国的领导地位。^① 为此，他试图重新评估美国的外部威胁，寻求重新调整美国的亚太政策。2011 年前后，美国的亚太政策逐渐成形，其战略重心逐渐从中东转向亚太。总结奥巴马政府的国家安全战略，美国在应对恐怖主义和大国竞争时是两手都抓，但是越往后投入到应对大国竞争的精力更多一些。

一方面，奥巴马政府的领导人相继在国内外发表看法，勾勒美国新亚太安全政策。总体来看，美国领导人在这一段时间内通过穿梭外交，重新重视东南亚，积极向东亚国家释放积极参与亚洲事务的信号。^② 与这些战略目标相匹配，美国在防务上也追求实现军事力量的再平衡。^③ 2011 年 10 月，希拉里在《外交政策》杂志上发

---

① The White House, *National Security Strategy 2010*, Washington, D. C., May 2010.

② 美国重返亚洲战略有几个具有代表性的时间节点。奥巴马在 2009 年 11 月 14 日访问日本，在东京发表演讲并阐述美国的亚洲政策，奥巴马表示会积极参与亚洲事务，参见 Barack Obama, "Remarks by President Barack Obama at Suntory Hall," Suntory Hall, Tokyo, Japan, November 14, 2009 (https://obamawhitehouse. archives. gov/realitycheck/the-press-office/remarks-president-barack-obama-suntory-hall)；2010 年 1 月 12 日，希拉里 (Hillary Clinton) 在夏威夷檀香山发表演讲，阐述美国重返亚洲的外交政策，参见 Hillary Clinton, "Remarks on Regional Architecture in Asia: Principles and Priorities," Honolulu, Hawaii, January 12, 2010 (https://2009 – 2017. state. gov/secretary/20092013clinton/rm/2010/01/135090. htm)；2010 年 1 月 21 日，科特·坎贝尔 (Kurt M. Campbell) 在参议院的听证会上提出美国介入亚太事务的原则，参见 Kurt M. Campbell, "Principles of U. S. Engagement in the Asia-Pacific," Testimony before the Subcommittee on East Asian and Pacific Affairs, Senate Foreign Relations Committee, Washington, D. C., January 21, 2010 (http://www. state. gov/p/eap/rls/rm/2010/01/134168. htm)。

③ Department of Defense, *Quadrennial Defense Review Report 2010*, Arlington, V. A., February, 2010.

表文章，鼓吹美国将转向亚太地区。① 2011 年 11 月 17 日，奥巴马
在澳大利亚演讲时指出，美国需要将注意力放到亚太。② 然而，亚
太再平衡战略明确提出，却是在 2012 年年初发布的《防务战略指
南》中。③

尽管时间有先后，但是美国重返亚洲和重返亚太的政策思路具
有高度的一致性。在此期间，美国历经罗伯特·盖茨（Robert
Gates）、莱昂·帕内塔（Leon Panetta）、查克·哈格尔（Chuck Ha-
gel）和阿什顿·卡特（Ashton Carter）四任国防部长，希拉里和约
翰·克里（John Kerry）两任国务卿，尽管人事更迭频繁，但是美
国亚太再平衡并未受到影响，相反却进一步完善。在奥巴尔政府后
期，卡特进一步详细阐述了亚太再平衡战略，他指出美国将积极构
建一个以美国为中心、以规则为基础的亚太安全网络，以应对中国
崛起的威胁。④ 到此为止，美国亚太再平衡战略的全貌才显示出来。

另一方面，美军争取打赢反恐战争，逐渐形成了新的军事学
说。冷战后，中国致力于提升自身的"反介入"与"区域拒止"
（A2/AD）能力，这对美国在西太平洋地区的主导地位提出了挑
战。⑤ 在此背景下，美国国防部将中国视为其最大的威胁，为此发
展出了"空海一体战（Air Sea Battle）"的理念。2010 年的《四年
防务评估报告》指出，空军和海军应该合力发展出一套联合作战的

① Hillary Clinton, "America's Pacific Century," *Foreign Policy*, No. 189, 2011, pp. 56 – 63.

② Brack Obama, "Remarks By President Obama to the Australian Parliament," Canberra, Australia, November 17, 2011 (http: //www. whitehouse. gov/the-press-office/2011/11/17/remarks-president-obama-australian-parliament).

③ Department of Defense, *Sustaining U. S. Global Leadership: Priorities for 21st Century Defense*, Arlington, V. A., January 2012.

④ Ash Carter, "The Rebalance and Asia-Pacific Security: Building a Principled Security Network," *Foreign Affairs*, Vol. 95, No. 6, 2016, pp. 65 – 75.

⑤ Andrew F. Krepinevich, *Why AirSea Battle?* Washington, D. C.: Center for Strategic and Budgetary Assessments (CSBA), 2010.

新概念，以应对中国的军事威胁。① 此外，美国还在这一时期提出了"抵消战略（Offset Strategy）"，试图通过技术优势来抵消数量不足带来的挑战。②

与此同时，中国的国家实力迅速增长，在国际社会中越来越奋发有为，这引起了西方学者和战略精英的极大忧虑，他们将中国的行为定性为强势（assertive）。在此背景下，美国国内近年来进行了对华政策大辩论，对过去几十年美国秉持的对华接触战略进行了反思，并基本形成了对华强硬的战略共识。③ 特朗普政府逐渐调整美国的国家安全战略，2017 年版的《国家安全战略》报告认为当前的世界是一个竞争的世界，"中国和俄罗斯正在挑战美国的权力、影响力和利益，并且尝试侵蚀美国的安全和繁荣"。④ 2018 年版的《国家防务战略》报告更是认为，"与中国和俄罗斯的长期战略竞争是国防部的第一重点。"⑤

如果仔细梳理美国 2006 年以后的战略轨迹，从威胁评估的角度来看，美国对外部威胁的评估出现了一个重大的转变，即由打击恐怖主义转变为应对大国竞争，尤其是应对中国崛起的挑战。从战略执行的角度来看，美国调整了其国家安全战略的重心，完成了战

---

① Department of Defense, *Quadrennial Defense Review Report 2010*, Arlington, V. A., February, 2010, p. 32.

② Bob Work, "The Third U. S. Offset Strategy and Its Implications for Partners and Allies," Willard Hotel, Washington, D. C., January 28, 2015 (http://www.defense.gov/News/Speeches/Speech-View/Article/606641/the-third-us-offset-strategy-and-its-implications-for-partners-and-allies).

③ Harry Harding, "Has U. S. China Policy Failed?" *The Washington Quarterly*, Vol. 38, No. 3, 2015, pp. 100 – 119；Aaron L. Friedberg, "The Debate Over US China Strategy," *Survival*, Vol. 57, No. 3, 2015, pp. 89 – 110；陶文钊：《美国对华政策大辩论》，《现代国际关系》2016 年第 1 期。

④ The White House, *National Security Strategy 2017*, Washington, D. C., December 2017, p. 2.

⑤ Department of Defense, *Summary of the 2018 National Defense Strategy of the United States of America：Sharpening the American Military's Competitive Edge*, Arlington, V. A., January 2018.

略调整。

一　研究问题

对大国而言，准确评估外部安全威胁，及时进行战略调整，这是维护其利益和地位的基本前提。对外部安全威胁的评估涉及多个部门、多种利益，决策者的利益诉求和威胁认知是多元的，并且经常存在冲突。在漫长的政策进程中，外部环境瞬息万变，各种干扰因素不断出现，信息扭曲也经常发生，评估外部威胁也就成了一件充满了艰难与挑战的工作。

美国在"九一一事件"后相继发动了在阿富汗和伊拉克的反恐战争，这两场战争对美国而言意义重大，却又成本高昂。据统计，从2001年到2014年，美国就在阿富汗战争和伊拉克战争中花费了16000亿美元。[①] 截至2019年12月，美国在阿富汗和伊拉克阵亡6784人。[②] 与冷战后的海湾战争和科索沃战争相比，这场反恐战争成本颇高。事实上，在阿富汗和伊拉克的反恐战争在美国国内形成了支持继续战争的利益格局，这种诉求潜移默化地影响着政策制定，并试图进一步塑造美国国家安全战略的走向。然而，美国对外部安全威胁的评估还是发生了重大转变，将中国视为其最大的外部安全威胁。随后，美国逐渐从伊拉克和阿富汗撤军，并推出亚太再平衡战略，发展出"空海一体战"和"抵消战略"等军事学学说，以应对中国的安全威胁。

---

① Amy Belasco, *The Cost of Iraq, Afghanistan, and Other Global War on Terror Operations Since 9/11*, CRS Report for Congress, Washington, D. C., December 8, 2014, pp. 5 - 7. 事实上，仅仅是伊拉克战争，有学者就认为美国的真实成本远远大于当前的统计数字，参见 ［美］约瑟夫·斯蒂格利茨、琳达·比尔米斯《三万亿美元的战争：伊拉克战争的真实成本》，卢昌崇、孟韬、李浩译，中国人民大学出版社2013年版。

② "Casualty Status," Department of Defense, December 9, 2019（http://www.defense.gov/casualty.pdf）.

那么，美国是如何评估外部安全威胁的？美国的国家安全战略是如何从打击恐怖主义转变为应对大国竞争的？哪些因素塑造了美国威胁评估转变的政策过程？回答这些问题至关重要，因为它涉及2006年后美国国家安全战略重大转变的过程，更关系到美国对华战略的整体谋划。

如果追根溯源，美国国家安全战略之所以出现如此大的转变，其中缘由错综复杂。那么，到底是因为美国总统践行自身战略设想？还是因为美国战略精英在外交政策制定过程中力推战略调整？抑或是因为吉安·金泰尔（Gian P. Gentile）等军官对反叛乱战略的犀利批评？① 到底是因为美国总统身边的小团队与五角大楼之间博弈达成的结果？② 还是受到了美国智库某份战略报告的启发？深入探讨以上问题具有重大的理论意义与现实意义，具体而言包括以下三个方面：

首先，探讨威胁评估机制为我们提供一个考察美国国家安全战略的切入点，能够解释为什么美国能保持较强的战略纠错能力。相对而言，大国对国家安全和国际地位的追求更高，这为其战略纠错能力提出了更高的要求。然而，由于诸多因素的塑造，每个国家在面对危机时的战略纠错能力是有差别的。如果回顾历史，浩浩荡荡的社会改革一直贯彻其历史进程中，从进步运动到罗斯福新政改革，从民权改革到伟大社会运动，这些社会改革委纠正美国国内各种弊政，对于推动社会进步起到了决定性作用。③在外交政策上，精英与民众的批评、反思和调整也是一种常态，从走出孤立主义到反思越战，从《1986年戈德华特－尼科尔斯国

---

① Gian P. Gentile, "A Strategy of Tactics: Population-centric COIN and the Army," *Parameters*, Vol. 39, No. 3, 2009, pp. 5 – 17.

② 详细的讨论，参见 Bob Woodward, *Obama's War*, New York: Simon & Schuster, 2010。

③ 王缉思：《大国战略》，中信出版社2016年版，第225—239页。

防部重组法案》到《2011年预算控制法案》，及时的战略纠偏多次拯救美国于危机。

其次，研究威胁评估机制也能凸显美国外交战略的连续性。美国外交战略有着自己的内在机制，特别是国家安全战略的层面上，其政策模式往往不受时间的限制，表现出相对稳定的一致性和连贯性。当然，一致性和连贯性并非说美国的外交战略不会变化，相反，美国的外交战略形式多样，观察者容易窥得皮毛而不得要领。因此，研究美国外交战略，不能只考察美国大选，也不能仅仅考察中美关系，这些都很难理解美国外交政策的全貌。

最后，考察美国评估威胁的机制，有助于我们把握美国国家安全战略的深层次机理。综合来看，美国历届政府的战略选择差异颇大，有时候也不容易找到其内在机制。然而，如果回顾历史，美国国家安全战略是议题导向的。在特定的时间段里，美国要解决的安全议题可能不变，但是每届政府选择解决问题的手段可能会截然不同。换言之，历届政府对于应对外部威胁的方式可能有不同的理解，因而会践行不同的战略。必须指出的是，这种战略的选择过程是复杂的，它不仅扎根于战略文化和决策模式，更受到决策者的偏好影响。

二 威胁评估的理论研究

外交政策是一个动态的过程，需要适时调整，因而威胁评估往往与战略调整密切相关。对于如何评估威胁，以及哪些因素影响威胁评估，学术界的研究成果斐然，已经有大量成熟的研究。总体而言，当前学术界研究威胁评估主要存在理性主义、政治心理学和社会文化三种代表性的路径。

（一）理性主义的路径

以现实主义为代表，国际关系研究中长期存在一种理性主义的路径，即假定行为体是理性的，可以通过自我智识来权衡利弊，以某种最佳途径来实现自我某种功能性的最优目标。[①] 在理性主义的路径下，对国家如何进行威胁评估的研究呈现出高度的连续性，在战争与冲突、威慑与强制、结盟与制衡、危机管理等诸多涉及国家战略行为的领域成果众多，至今仍然充满了学术生命力。理性主义普遍关注的是，领导人在信息不完全的状态下容易因评估错误而走向战争或冲突。[②] 那么，有哪些因素影响到国家的威胁评估？什么因素导致了国家的威胁评估出现了偏差？在理性主义的路径下，学术界主要关注三个层面的因素。

首先，关注实力分布与转变对威胁评估的影响。探讨实力和意图对国家行为的影响，这是现实主义的基本特征。相对而言，对威胁评估的研究主要集中在传统安全领域，尤其是在战争与冲突的原因上。在这其中，学者试图找到威胁评估与冲突之间的关联，特别是其对决策的影响。[③] 随着世界格局变化和学术研究不断取得进展，关注实力分布与转变对威胁评估的研究逐渐集中到两个议题上。

其一，国家如何评估威胁，以制衡其他国家。相对而言，早期的研究更加关注权力均衡及其带来的威胁，以及国家权力结构

---

① 对于理性主义路径的详细讨论，参见［美］彼得·卡赞斯坦、罗伯特·基欧汉和斯蒂芬·克拉斯纳：《世界政治理论的探索与争鸣》，秦亚青等译，上海人民出版社2006年版。

② Janice Gross Stein, "Threat Perception in International Relations," in Leonie Huddy, David O. Sears, and Jack S. Levy, eds., *The Oxford Handbook of Political Psychology*, 2nd edition, Oxford: Oxford University Press, 2013, p. 366.

③ J. David Singer, "Threat-Perception and the Armament-Tension Dilemma," *The Journal of Conflict Resolution*, Vol. 2, No. 1, 1958, pp. 90 – 105.

对国家威胁评估的影响。① 在冷战这一特殊历史时期，美苏领导人对权力和威胁的认知和评估才是影响外交决策的关键。② 换言之，国际结构带来的压力迫使国内政治精英对外部威胁进行评估，然后制定是否要制衡对方的战略。③ 公允来讲，对于权力制衡的研究相对单一，理论机制也较为简单。如果将威胁评估置于选择联盟进行外部制衡的维度，我们对国家行为的考察将更加深入和透彻。斯蒂芬·沃尔特（Stephen M. Walt）就调整了研究的视角，他认为，国家结盟主要是为了制衡威胁，而非制衡权力，其中，威胁评估主要根据综合实力、地缘的毗邻性、进攻实力和侵略意图四个方面。④ 他的研究，丰富了我们探讨威胁评估与制衡机制的理论空间。冷战之后，随着美国成为唯一超级大国，学术界出现了对其他大国为何不制衡美国的讨论。有学者就认为，一个国家是否制衡另外一个国家，取决于其对另外一个国家的威胁评估水平：威胁评估越低，越容易采用结盟的方式来制衡。⑤ 总体而言，这一系列的研究在一定程度上拓展了我们对威胁评估的认知层次。

其二，权力变迁与威胁评估的内在关系。国家兴衰是人类社会无法回避的规律，不管是在全球层面，还是在地区层面，权力的变

---

① ［美］汉斯·摩根索：《国家间政治：权力斗争与和平》（第 7 版），徐昕等译，北京大学出版社 2006 年版，第 14 章；［美］肯尼斯·华尔兹：《国际政治理论》，信强译，上海人民出版社 2008 年版。

② William Curti Wohlforth, *The Elusive Balance: Power and Perceptions During the Cold War*, Ithaca, N. Y.: Cornell University Press, 1993.

③ Thomas Christensen, "Perceptions and Alliances in Europe, 1865 – 1940," *International Organization*, Vol. 51, No. 1, 1997, pp. 65 – 97；刘丰：《制衡的逻辑：结构压力、霸权正当性与大国行为》，世界知识出版社 2010 年版。

④ ［美］斯蒂芬·沃尔特：《联盟的起源》，周丕启译，北京大学出版社 2007 年版。

⑤ Kai He, "Undermining Adversaries: Unipolarity, Threat Perception, and Negative Balancing Strategies after the Cold War," *Security Studies*, Vol. 21, No. 2, 2012, pp. 154 – 191.

迁是一种普遍现象。总体而言，通过国家现有的军事力量来判定其是否具有威胁，这是最为基本、最为重要的研究路径。① 如果在理论议题上进行分类，学术界一般将权力变迁的政治现象聚焦于霸权国或崛起国、维持现状国家或"修正主义国家"。霸权国和崛起国这两个概念聚焦于国家力量的格局，特指国际体系中的权力转移，因此探讨的是衰落中的霸权与崛起中的大国彼此的威胁判定与战略互动。② 对这一问题的讨论，权力转移理论具有强大的理论解释力。近年来随着中国崛起，对中美之间权力转移的理论解释成为研究热点。③ 特别是对于"中国威胁论"的研究，基本代表了国际社会对中国崛起的忧虑。④ 在某些理论家看来，崛起国对霸权国的挑战几乎是必然的、宿命的，结果也必然以走向冲突或战争的悲剧而收

① Daryl G. Press, *Calculating Credibility: How Leaders Assess Military Threats*, Ithaca, N. Y.: Cornell University Press, 2005; Keren Yarhi-Milo, "In the Eye of the Beholder: How Leaders and Intelligence Communities Assess the Intentions of Adversaries," *International Security*, Vol. 38, No. 1, 2013, pp. 7 – 51; Keren Yarhi-Milo, *Knowing the Adversary: Leaders, Intelligence, and Assessment of Intentions in International Relations*, Princeton, N. J.: Princeton University Press, 2014.

② Jack S. Levy, "Declining Power and the Preventive Motivation for War," *World Politics*, Vol. 40, No. 1, 1987, pp. 82 – 107.

③ 关于权力转移理论，代表性的文献，参见 Abramo F. K. Organski, *World Politics*, New York: Alfred A. Knopf, 1968; Abramo F. K. Organski and Jacek Kugler, *The War Ledger*, Chicago: University of Chicago Press, 1981. 对中美之间权力转移的讨论，参见 Ronald L. Tammen and Jacek Kugler, "Power Transition and China-US Conflicts," *The China Journal of International Politics*, Vol. 1, No. 1, 2006, pp. 35 – 55; Jacek Kugler, "The Asian Ascent: Opportunity for Peace or Precondition for War?" *International Studies Perspectives*, Vol. 7, No. 1, 2006, pp. 36 – 42; 朱锋和罗伯特·罗斯主编：《中国崛起：理论与政策的视角》，上海人民出版社 2008 年版；阎学通：《权力中心转移与国际体系转变》，《当代亚太》2012 年第 6 期。

④ Denny Roy, "The 'China Threat' Issue: Major Arguments," *Asian Survey*, Vol. 36, No. 8, 1996, pp. 758 – 771; Hebert Yee and Ian Storey, *The China Threat: Perceptions, Myths and Reality*, New York: Routledge, 2002; Bill Gertz, *The China Threat: How the People' Republic Targets America*, Washington, D. C.: Regnery Publishing, 2002; Emma V. Broomfield, "Perceptions of Danger: The China Threat Theory," *Journal of Contemporary China*, Vol. 12, No. 35, 2003, pp. 265 – 284; Robert S. Ross, "Assessing the China Threat," *The National Interest*, No. 81, 2005, pp. 81 – 87.

场，这是因为大国视彼此为威胁，也无法了解彼此的意图，只有成为体系中最强大的国家才能保证安全。① 在当前的国际社会中，崛起中的中国正在威胁美国的地位和安全，而美国也越来越视中国为一个持久的威胁。② 由霸权国和崛起国的分类可以推出维持现状和修正主义两种国家类型，它更加关注威胁评估和意图判定，即是否有意打破既有的权力格局。③ 具体到中国崛起领域，有些学者认为中国的战略文化是进攻性的，④ 这一观点往往把中国视为巨大的外部威胁，视为一个"修正主义国家"。有学者甚至认为，中国军队影响力上升令中国越来越好斗，中国领导人在战略文化上对"防御的崇拜"会将对外使用武力合理化为防御措施；因此，全球金融危机以来中国越来越强势的行为验证了这一判断。⑤

---

① ［美］约翰·米尔斯海默：《大国政治的悲剧》，王义桅、唐小松译，上海人民出版社 2003 年版。

② Aaron L. Friedberg，"The Future of U. S. -China Relations：Is Conflict Inevitable?" *International Security*，Vol. 30，No. 2，2005，pp. 7 - 45；Avery Goldstein，*Rising to the Challenge：China's Grand Strategy and International Security*，Stanford：Stanford University Press，2005；John J. Mearsheimer，"The Gathering Storm：China's Challenge to US Power in Asia," *The Chinese Journal of International Politics*，Vol. 3，No. 4，2010，pp. 381 - 396；Adam P. Liff and G. John Ikenberry，"Racing Toward Tragedy?：China's Rise，Military Competition in the Asia Pacific，and the Security Dilemma," *International Security*，Vol. 39，No. 2，2014，pp. 52 - 91；Stephen G. Brooks and William C. Wohlforth，"The Rise and Fall of Great Powers in the Twenty-first Century：China's Rise and the Fate of America's Global Position," *International Security*，Vol. 40，No. 3，2015/2016，pp. 7 - 53.

③ Jason W. Davidson，*The Origins of Revisionist and Status-quo States*，New York：Palgrave MacMillan，2006.

④ Alastair Iain Johnston，*Cultural Realism：Strategic Culture and Grand Strategy in Chinese History*，Princeton，N. J. ：Princeton University Press，1995.

⑤ Andrew Scobell，*China's Use of Military Force：Beyond the Great Wall and the Long March*，Cambridge：Cambridge University Press，2003. 对中国外交政策越来越强势的讨论，代表性的研究参见 Thomas J. Christensen，The Advantages of an Assertive China：Responding to Beijing's Abrasive Diplomacy," *Foreign Affairs*，Vol. 90，No. 2，2011，pp. 54 - 67；Alastair Iain Johnston，"How New and Assertive Is China's New Assertiveness?" *International Security*，Vol. 37，No. 4，2013，pp. 7 - 48；Oriana Skylar Mastro，"Why Chinese Assertiveness is Here to Stay," *The Washington Quarterly*，Vol. 37，No. 4，2015，pp. 151 - 170；刘丰：《中国东亚安全战略转变及其解释》，《国际政治科学》2016 年第 3 期。

其次，考察国内结构对威胁评估的塑造。学术界对威胁评估的研究，还有一条路径，即主要考察政治制度、政治精英和社会结构等国内因素如何影响威胁评估，这一路径主要涵盖两个方面的研究。一方面，国内政治对威胁评估的影响。兰德尔·施韦勒（Randall Schweller）认为，国家面对外部威胁时，是否制衡一个国家受到精英共识、政权脆弱性、社会凝聚力和精英凝聚力四个因素影响，这四个因素与政治精英对成本和风险的算计最终决定一个国家是否有意愿制衡其他国家，以应对外部威胁。[①] 同样在制衡理论上，也有学者认为，绝大多数中东国家在结盟时首先考虑的是外部意识形态和政治因素对国内统治稳定的威胁，而非地缘的毗邻性、进攻实力和侵略意图等因素。[②] 也有学者认为，高级官员厌恶相对力量、国际地位和威望等感知损失，这导致了大国对外部的干预，以避免危险发生。换言之，当领导人感知到了损失的风险时，往往倾向于选择更具有风险接受的干预战略。[③] 中国学者樊吉社则认为，对威胁的评估和国内政治斗争是影响美国导弹防御政策的关键。[④] 归纳起来，这些学者或者关注总统个人及其顾问团队组成的小集团在威胁评估、政策决策过程中发挥着关键作用；[⑤] 或者探讨国内某些特

---

① ［美］兰德尔·施韦勒：《没有应答的威胁：均势的政治制约》，刘丰、陈永译，北京大学出版社 2015 年版。

② F. Gregory Gause III, "Balancing What?: Threat Perception and Alliance Choice in the Gulf," *Security Studies*, Vol. 13, No. 2, 2003/2004, pp. 273–305.

③ Jefferey W. Taliaferro, *Balancing Risks: Great Power Intervention in the Periphery*, Cornell, N. Y.: Cornell University Press, 2004.

④ 樊吉社：《威胁评估、国内政治与冷战后美国的导弹防御计划》，《美国研究》2000 年第 3 期。

⑤ Alexander George, *Presidential Decisionmaking in Foreign Policy: The Effective Use of Information and Advice*, Boulder, Colorado: Westview Press, 1980; John Burke and Fred Greenstein, *How Presidents Test Reality: Decisions on Vietnam, 1954 and 1965*, New York: Russell Sage Foundation, 1989; ［美］欧文·贾尼斯：《小集团思维：决策及其失败的心理学研究》，张清敏等译，中央编译出版社 2016 年版。

定的行为体（例如，中国人民解放军）如何评估威胁。① 另一方面，对威胁通胀（threat inflation）原因的考察也是学术界研究的重点。在现实世界中，不同国家之间的战略互动容易产生夸大威胁，并有可能形成威胁通胀的局面。② 不管是引导美国介入越南战争的"多米诺骨牌"理论，③ 还是"九一一事件"之后美国夸大威胁，接连发动阿富汗战争和伊拉克战争，威胁通胀时有发生。究其根源，美国外交政策中的威胁夸大与国内政治密切相关，往往取决于精英如何看待及其利用威胁。例如，布什政府中的好战分子成功利用了总统操纵公众的能力，通过欺骗新闻媒体和误导公众，建立公众对出兵伊拉克的支持，从而成功实现了其政治意图。④

最后，探讨承诺、信号与威胁评估的关系。在国际政治中，国家之间如何传递信号直接塑造了国家的互动模式。在大国政治中，尤其是在战争、冲突和威慑领域，国家需要向对方传递准确的信号，以形成可信的战略承诺，这关系到其他国家如何看待彼此地位，如何判断战略意图，如何评估外部威胁。⑤ 在这些学者看来，

① David Shambaugh, "The Insecurity of Security: The PLA's Evolving Doctrine and Threat Perceptions towards 2000," *Journal of Northeast Asia*, Vol. 13, No. 1, 1994, pp. 3 – 25; Allen S. Whiting, "The PLA and China's Threat Perceptions," *China Quarterly*, No. 146, 1996, pp. 596 – 615; David Shambaugh, "China's Military Views the World: Ambivalent Security," *International Security*, Vol. 24, No. 3, 1999/2000, pp. 52 – 79.

② Richard K. Betts, "Conventional Deterrence: Predictive Uncertainty and Policy Confidence," *World Politics*, Vol. 37, No. 2, 1985, pp. 153 – 179.

③ Robert Jervis and Jack Snyder eds., *Dominoes and Bandwagons: Strategic Beliefs and Great Power Competition in the Eurasian Rimland*, New York: Oxford University Press, 1991.

④ Chaim Kaufmann, "Threat Inflation and the Failure of the Marketplace of Ideas: The Selling of the Iraq War," *International Security*, Vol. 29, No. 1, 2004, pp. 5 – 48; A. Trevor Thrall and Jane K. Cramer, eds., *American Foreign Policy and The Politics of Fear: Threat Inflation since 9/11*, London and New York: Routledge, 2009.

⑤ [美] 托马斯·谢林:《军备及其影响》，毛瑞鹏译，上海人民出版社 2011 年版；[美] 托马斯·谢林:《冲突的战略》，赵华等译，华夏出版社 2006 年版；[美] 托马斯·谢林:《承诺的策略》，王永钦、薛峰译，上海人民出版社 2009 年版；James Fearon, "Rationalist Explanations for War," *International Organization*, Vol. 49, No. 3, 1995, pp. 379 – 414. 中国学者也有一些研究，请参见蒲晓宇《地位信号、多重观众与中国外交再定位》，《外交评论》2014 年第 2 期；尹继武《诚意信号表达与中国外交的战略匹配》，《外交评论》2015 年第 3 期。

信号和承诺是重要的，因为所有国家的决策都是依赖于政治精英对外部威胁的判断，发出信号和接收信号就成为威胁是否被感知的关键。需要指出的是，探讨承诺、信号与威胁评估之间的复杂关系不能忽视两个趋向：一是国家有强烈的动机虚张声势，夸大自身的国家实力和战略决心，同时极力掩饰自己的弱点。在核时代，虚张声势给威慑带来了两难处境，即没有国家能承担屈服于核战争威胁仅仅是虚张声势的后果，也没有国家能承担经得住结果不是虚张声势的威胁。① 有学者认为，国内观众成本和国际观众成本对一个国家的战略行为有着深远的影响，如果发出的威胁只产生了少量观众成本，政府将有更大余地践行虚张声势行为。② 二是国际政治现实使得安全两难经常发生。这是因为，国家的意图往往很难判定，而一旦双方无法准确判定意图，必然引起信号发送和接收的困难，进而带来威胁评估的紊乱。③ 这两种情况的出现，都在一定程度上增加了国家互动模式的复杂性和不确定性。

理性主义的路径主要讨论国家实力、国内结构、信号与承诺三个因素与威胁评估之间的关系。综合以上讨论，理性主义路径有三个优点：其一，以成本和收益的盘算为路径核心，考察国家实力变化、国内结构情况以及信号传递和战略承诺如何塑造国家对成本和收益的敏感性，在此基础上考察威胁评估的机制，因此更加贴近国

---

① Hans J. Morgenthau, "The Four Paradoxes of Nuclear Strategy," *The American Political Science Review*, Vol. 58, No. 1, 1964, pp. 23 – 35.

② 对观众成本如何影响战略行为的代表性讨论，参见 James D. Fearon, "Domestic Political Audiences and the Escalation of International Disputes," *The American Political Science Review*, Vol. 88, No. 3, 1994, pp. 577 – 592；Kenneth A. Schultz, *Democracy and Coercive Diplomacy*, Cambridge：Cambridge University Press, 2004；林民旺：《选择战争：基于规避损失的战争决策理论》，世界知识出版社 2010 年版。

③ Robert Jervis, *The Logic of Images in International Relations*, Princeton, N. J.：Princeton University Press, 1970；Andrew Kydd, *Trust and Mistrust in International Relations*, Princeton, N. J.：Princeton University Press, 2005；唐世平：《我们时代的安全战略理论：防御性现实主义》，北京大学出版社 2016 年版。

际政治现实。其二，该路径关注的因素比较宏观，能在整体趋势上把握威胁评估的机制。其三，不管是国家实力，还是国内结构，抑或信号与承诺，这些因素都是动态的，因此这一路径还可以考察风云诡谲的局势变化，历史地探究国家的威胁评估进程。当然，这一路径也有一些缺点无法避免。例如，国家实力和国内结构作为一种客观存在，如何评估并无统一的标准，很多时候这是一个主观兼容的领域，因此如何操作化始终是一个难题。再例如，这一路径非常注重分析政治精英的决策过程，而事实上，这势必要研究领导人个性和偏好，如果无法深入这一层面而局限于描述，则显得宏观有余而微观不足。

（二）政治心理学的路径

事实上，上文在讨论承诺、信号与威胁评估的关系时，已经深入政治心理学的领域，这些研究在一定程度上实现了理性主义与政治心理学路径的对接。也就是说，所谓的路径区别，只是我们为了便于研究而进行的区分，真正的研究远比我们分类的更为复杂，并且没有清晰的界限。

考察决策者的认知，无法回避赫伯特·西蒙（Herbert Simon）对于有限理性的开拓性认识。[1] 特别是 20 世纪 70 年代认知心理学革命以来，心理学被广泛应用于国际关系研究，知觉、记忆、意象、隐喻和语言等人类心理过程成为考察外交决策过程中的重要因素。特别是罗伯特·杰维斯（Robert Jervis）的对知觉与错误知觉的开创性研究，将国际政治心理学带入一个新的时期。[2] 考察政治心理学的路径国家如何评估威胁需要强调两点：其一，政治心理学

---

① Herbert A. Simon, *Models of Man, Social and Rational: Mathematical Essays on Rational Human Behavior in a Social Setting*, New York: John Wiley and Sons, 1957.

② ［美］罗伯特·杰维斯：《国际政治中的知觉与错误知觉》，秦亚青译，世界知识出版社 2003 年版。

路径关注决策者，这包括领导人、政治精英或决策小集团，通过分析他们的心理，探讨威胁评估的进程。其二，对威胁的评估主要包括两个层面，即决策者对国家能力与意图的认知。在政治心理学路径内，学术界对如何评估威胁这一问题，主要从决策者的认知和情感两个维度来考察。

认知的视角主要关注的是决策者的威胁认知和错误知觉。[①] 一般而言，对威胁认知的研究主要集中在操作码、意象、信息处理和历史类比等主要途径。[②] 首先，操作码被广泛应用于外交政策分析，旨在将决策者的外交行为进行编码，然后探寻其政治信仰与政治行为之间的关系。例如，冯惠云通过操作码得出结论，中国的战略文化是防御性的，从战略意图上来看是一个维持现状的国家。[③] 其次，考察意象对决策者威胁评估的影响。意象意指决策者对自我的知觉过程，国家在意象管理时有强烈的动机进行战略欺诈。[④] 在利用意象理论来解释霸权国行为时，有学者就认为，霸权国可以通过言语宣示来展示其地位，而这对于崛起国与霸权国两者之间的威胁评估有着重大的影响。[⑤] 总体而言，在战争、冲突、威慑、胁迫、强制

①　［美］罗伯特·杰维斯：《国际政治中的知觉与错误知觉》，秦亚青译，世界知识出版社 2003 年版。中国学者的一些研究，参见邱美荣《威胁认知与朝核危机》，《当代亚太》2005 年第 6 期；刘新华、秦仪《威胁认知：美国对中国发展的错误知觉》，《现代国际关系》2006 年第 6 期。

②　尹继武：《认知心理学在国际关系研究中的应用：进步及其问题》，《外交评论》2006 年第 4 期。

③　冯惠云：《防御性的中国战略文化》，《国际政治科学》2005 年第 4 期；Huiyun Feng, *Chinese Strategic Culture and Foreign Policy Decision-Making：Confucianism, Leadership and War*, London and New York：Routledge, 2007; Huiyun Feng, "Is China a Revisionist Power?" *The Chinese Journal of International Politics*, Vol. 2, No. 3, 2009, pp. 313 – 334.

④　Robert Jervis, *The Logic of Images in International Relations*, Princeton, N. J.：Princeton University Press, 1970; Richard Herrman, "Perceptions and Image Theory in International Relations," in Leonie Huddy, David O. Sears, and Jack S. Levy, eds., *The Oxford Handbook of Political Psychology*, 2nd edition, Oxford：Oxford University Press, 2013.

⑤　蒲晓宇：《霸权的印象管理：地位信号、地位困境与美国亚太再平衡战略》，《世界经济与政治》2014 年第 9 期。

外交和危机管理等行为中，政治精英主要基于现有力量态势和未来力量态势来评估，信息处理在其中扮演者重要的位置。[1]最后，历史类比也是评估外部威胁的重要方法。有学者就认为，政治精英可以从历史中学习，历史类比可以帮助决策者准确判断其所面临的外部环境，也有助于其评估外部威胁，预防政策选择带来的风险。[2] 因此，在对外政策中通过历史的对比和学习，可以形成判断对手的威胁层级和信誉程度。当然，对历史的考察会存在威胁时滞的问题，从而在一定程度上干扰决策者对威胁评估的校准。[3]

国际政治心理学的另外一个维度是情感因素对威胁评估的影响。根据这一维度的观点，决策者都是有着丰富的感情的。换言之，学术研究中将个人假定为理性的只是一种理想主义状态，在现实中每个人都或多或少受到情感因素的影响，在外交决策中，更是难以将这些因素排除在外。有学者就认为，国际政治中的情感可以分为状态情感和基调情感，两者对于个人行为的作用模式是不一样的。[4] 在情感因素对威胁评估的具体研究，主要集中在以下几个方

---

① D Daryl G. Press, *Calculating Credibility*: *How Leaders Assess Military Threats*, Ithaca, N. Y. : Cornell University Press, 2005; Yaacov Vertzberger, *The World in Their Minds*: *Information Processing*, *Cognition*, *and Perception in Foreign Policy Decisionmaking*, Stanford: Stanford University Press, 1990; Jonathan Mercer, *Reputation and International Politics*, Ithaca, N. Y. : Cornell University Press, 1996.

② Richard E. Neustadt and Ernest R. May, *Thinking in Time*: *The Uses of History for Decision-Makers*, New York: The Free Press, 1986; Yuen Foong Khong, *Analogies at War*: *Korea*, *Munich*, *Dien Bien Phu*, *and The Vietnam Decisions of 1965*, Princeton, N. J. : Princeton University Press, 1992; Jack S. Levy, "Learning and Foreign Policy: Sweeping a Conceptual Minefield," *International Organization*, Vol. 48, No. 2, 1994, pp. 279 – 312; 张清敏、潘丽君：《类比、认知与毛泽东的对外政策》，《世界经济与政治》2010 年第 11 期；张清敏：《隐喻、问题表征与毛泽东的对外政策》，《国际政治研究》2011 年第 2 期；傅强、袁正清：《隐喻与对外政策：中美关系的隐喻之战》，《外交评论》2017 年第 2 期。

③ 李开盛：《认知、威胁时滞与国家安全决策》，《世界经济与政治》2004 年第 10 期。

④ ［美］郝拓德、安德鲁·罗斯：《情感转向：情感的类型及其国际关系影响》，《外交评论》2011 年第 4 期；Todd Hall, *Emotional Diplomacy*: *Official Emotion on the International Stage*, Ithaca, N. Y. : Cornell University Press, 2015.

面：其一，关注荣誉对一个国家决策的影响。有学者考察了国家对荣誉和象征性因素的追求，并分析了它们与战争之间有着紧密的关系。[①] 其二，探讨愤怒和诚意等因素对威胁评估的影响。有学者认为，愤怒、焦虑等情感因素可以传递战略敏感信息，让行为体在互动中彼此熟悉偏好；而诚意信号表达则可以成为表达善意、推进战略信任的重要途径。[②] 其三，思考恐惧对威胁评估的作用。例如，唐世平就认为，恐惧有利于提升决策者对外部威胁判断的敏感性，这有利于国家进行战略调整，以适应国际社会的安全环境。[③] 其四，道歉与和解的政治学。国际社会中存在一些宿敌，它们或者曾兵戎相见，或者曾有屠杀和征服等历史记忆，根据学术界的研究，它们彼此评估对方出现一定的偏差。[④] 也就是说，由于国家之间存在芥蒂，往往会影响国家之间的威胁评估，而和解解决了这一问题。

　　总体而言，国际政治心理学路径关注决策者的认知和情感，考察这些因素对于决策的影响。这一路径有两个巨大的优点：其一，从微观层

① Barry O'Neill, *Honor, Symbols, and War*, Ann Arbor：University of Michigan Press, 1999.

② Leonie Huddy, Stanley Feldman, Charles Taber and Gallya Lahav, "Threat, Anxiety, and Support of Antiterrorism Polices," *American Journal of Political Science*, Vol. 49, No. 3, 2005, pp. 593 – 608；尹继武：《国际政治心理学研究的新进展：基本评估》，《国外理论动态》2016 年第 1 期；尹继武：《诚意信号表达与中国外交的战略匹配》，《外交评论》2015 年第 3 期。

③ Shiping Tang, "Fear in International Politics：Two Positions," *International Studies Review*, Vol. 10, No. 3, 2008, pp. 451 – 471.

④ 和解是中外学术界研究的热点话题，代表性的研究参见 William Long and Peter Brecke, *War and Reconciliation：Reason and Emotion in Conflict Resolution*, Cambridge, Mass. ：The MIT Press, 2003；Jennifer Lind, *Sorry States：Apologies in International Politics*, Ithaca, N. Y. ：Cornell University Press, 2008；Yinan He, *The Search for Reconciliation：Sino-Japanese and Germany-Polish Relations after WWII*, Cambridge：Cambridge University Press, 2009；Lin Ren, *Rationality and Emotion：Comparative Studies of the Franco-German and Sino-Japanese Reconciliations*, Berlin：Springer VS, 2014；沈志华、李丹慧：《中美和解与中国对越外交（1971 – 1973）》，《美国研究》2000 年第 1 期；唐世平：《和解与无政府状态的再造：基于六部作品的批判性综述》，《国际政治科学》2012 年第 1 期；吕蕊：《和解政治与联邦德国—以色列建交》，《欧洲研究》2013 年第 4 期；王高阳：《理解国际关系中的"和解"：一个概念性框架》，《世界经济与政治》2016 年第 2 期。

面上考察威胁评估过程，有利于我们理解决策者的选择动机和影响因素，这就在一定程度上补充了以往研究的不足。其二，分析威胁评估时，国际政治心理学路径抛弃了以往坚持决策者是理性的假定，这使得更接近国际政治的现实情况。当然，这一路径也存在一些不足之处，例如，在国际政治领域如何将认知和情感更准确地操作化，这始终是一个巨大的挑战。

（三）社会文化的路径

社会文化同样能够影响到一个国家对外部威胁的评估。因地缘、气候、历史和经济发展水平等因素的差异，不同国家形成了形态各异的社会文化，这些社会文化潜移默化地塑造着决策者的行为模式。从学术史来看，从社会文化来研究国家如何进行威胁评估一直是学术研究中不可缺少的部分，但是相对而言，在冷战的背景下，这一路径受到重视程度不够。直到冷战结束，随着建构主义国际关系理论的兴起，学术界开始重视社会文化路径的独特意义，进而提出了一些富有创见的观点。总体而言，学术界主要关注文化因素、学习行为和制度性规范因素对决策者威胁评估的作用。

首先，文化因素能够影响到决策者的威胁评估。在一个社会中，其社会结构和社会文化能够塑造决策者对威胁的看法，就其影响因素来说，身份、军事学说和意识形态三个因素有着重要的意义。如果回顾历史，对于身份的研究因为建构主义的兴起而受到重视，对身份与国家利益关系的研究逐渐深入。[①] 有学者认为，一个国家的国内身份对其外交政策有着深入的影响。[②] 在外部威胁认知

---

① ［美］亚历山大·温特：《国际政治的社会理论》，秦亚青译，上海人民出版社2000年版，第5章。

② Ted Hopf, *Social Construction of Foreign Policy: Identities and Foreign Policies, Moscow, 1955 and 1999*, Ithaca, N. Y.: Cornell University Press, 2002.

上，共有身份会降低威胁评估的层次，提高合作的水平。① 而一些身份特征，反而会强化对外部威胁的认知。例如，东盟国家对中国的身份定位也会影响到其战略选择。② 再例如，当前日本追求"正常国家"的身份，这一迷思使得日本在战略取向上越来越倾向于零和思维，在外交政策上采取进攻主义、主动塑造国际事务的外向性姿态，导致了其战略偏好向现实主义的重大转变。③军事学说（military doctrine）也对威胁评估有着重要的影响。军事文化则是制度文化的特定形式，它提供了一种新的视角来观察和分析文化如何起作用，如何与国家和社会互动。从组织结构和组织文化上来看，职业军事机构往往寻求最大的自主权和资源支持，往往坚持通过进攻性行为或发动战争来解决冲突，所以这些军事学说成为影响威胁评估的重要因素。④ 尤其是文官的军事学说，往往是国家采取进攻性外交政策的原因。⑤ 不管是自身的军事学说，还是对手的军事学说，这其中包含着对国家利益、国际实力、技术水平和地缘环境等因素的综合考虑，潜移默化地或直接地塑造着国家之间的威胁评估。⑥ 此外，意识形态也会影响到一个国家对外部威胁的评估。国家内部的组织意识形态，以及军事组织文化，特别是其对进攻或者防御的偏好，都会在一个国家

---

① David Rousseau, *Identifying Threats and Threatening Identities: The Social Construction of Realism and Liberalism*, Stanford: Stanford University Press, 2006; David Rousseau and Rocio Garcia-Retamero, "Identity, Power, and Threat Perception: A Cross-National Experimental Study," *Journal of Conflict Resolution*, Vol. 51, No. 5, 2007, pp. 744 – 771.

② 聂文娟：《东盟对华的身份定位与战略分析》，《当代亚太》2015 年第 1 期。

③ 陆伟：《荣誉偏执、身份迷思与日本战略偏好的转向》，《当代亚太》2016 年第 4 期。

④ Barry R. Posen, *The Source of Military Doctrine: France, Britain, and Germany between the World Wars*, Ithaca, N. Y.: Cornell University Press, 1984.

⑤ Elizabeth Kier, *Imagining War: French and British Military Doctrine between Wars*, Princeton, N. J.: Princeton University Press, 1997.

⑥ Valki László, ed., *Changing Threat Perceptions and Military Doctrines*, New York: Palgrave Macmillan, 1992.

的威胁评估过程中发挥关键作用。[①]

其次，向历史学习的行为能够影响一个国家的威胁评估机制。事实上，学习行为分为正面学习和负面学习两种。正面学习是指学习自己国家，尤其是他国的成功之处，这包括其他国家的战略政策、先进技术、组织制度和文化观念。[②] 负面学习意指从本国和他国的历史经验中吸取教训，避免以往所犯的战略失误。[③] 很多理论家很早就意识到对经验和教训的学习行为会影响到一个国家的威胁评估，进而改变对国家利益的定位。[④] 各国在制定外交政策时，往往会参考历史上某些特定的情势，汲取这些危机中的教训。对崛起中大国而言，德国发动二战的教训时刻提醒决策者。对美苏等拥核大国而言，古巴导弹危机的阴影难以回避，其中的历史教训警钟长鸣。对于中美两国而言，朝鲜战争的代价及其高昂，这使得两国尽力避免在外部

① Jack L. Snyder, *The Ideology of Offensive: Military Decision Making and the Disasters of 1914*, Ithaca, N. Y.: Cornell University Press, 1984; Barry R. Posen, *Inadvertent Escalation: Conventional War and Nuclear Risks*, Ithaca, N. Y.: Cornell University Press, 1992; Mark L. Haas, *The Ideological Origins of Great Power Politics, 1789 - 1989*, Ithaca, N. Y.: Cornell University Press, 2005. 对军事组织文化对国家行为的研究，参见 Jeffrey W. Legro, "Military Culture and Inadvertent Escalation in World War II," *International Security*, Vol. 18, No. 4, Spring 1994, pp. 108 - 142; Jeffrey W. Legro, "Which Norms Matter? Revisiting the 'Failure' of Internationalism," *International Organization*, Vol. 51, No. 1, 1997, pp. 35 - 38。

② João Resende-Santos, *Neorealism, States, and the Modern Mass Army*, Cambridge: Cambridge University Press, 2007; 左希迎:《新精英集团、制度能力与国家的军事效仿行为》,《世界经济与政治》2010 年第 10 期; Burak Kadercan, "Strong Armies, Slow Adaptation: Civil-Military Relations and the Diffusion of Military Power," *International Security*, Vol. 38, No. 3, 2013/2014, pp. 117 - 152.

③ Jack S. Levy, "Learning and Foreign Policy: Sweeping a Conceptual Minefield," *International Organization*, Vol. 48, No. 2, 1994, pp. 279 - 312;

④ Richard E. Neustadt and Ernest R. May, *Thinking in Time: The Uses of History for Decision-Makers*, New York: The Free Press, 1986; Joseph S. Nye, Jr., "Nuclear Learning and U. S. -Soviet Security Regimes," *International Organization*, Vol. 41, No. 3, Summer 1987, pp. 375 - 402; Akan Malici, *When Leaders Learn and When They Don't: Mikhail Gorbachev and Kim Il Sung at the End of the Cold War*, New York: State University of New York Press, 2008.

威胁评估上避免误判，以避免再次陷入战争。对美国而言，越南战争的教训极其深刻，时刻提醒着美军避免重蹈覆辙。对中国而言，第三次台海危机促使自身进行反思，重新评估台海局势和美国的决心，在此基础上形成了美国所谓的"反介入"与"区域拒止"战略。这些历史案例，无疑给我们提供了理论创造的基本素材。

最后，制度性规范因素也会影响到一个国家的威胁评估。制度性规范包括国际和国内两个层面的因素：在国内层面，一个国家是否民主往往会影响到其威胁评估。在民主和平论看来，民主国家里解决内部冲突的方法是妥协，而不是把对手消灭，这种民主政治的规范在与其他国家的关系中得到了外部化，因此民主国家之间通常根据民主价值观，理性地与对方和解。[1] 所以，考察一个国家内部的规范，尤其是这个规范可能外溢到国际社会时，它不仅会成为塑造自身威胁评估的因素，也会成为其他国家进行威胁评估必须考虑的因素。在国际层面，也有一些规范会改变国家进行威胁评估的进程。二战以后，包括主权观念、人权观念、自由贸易、防止大规模杀伤性武器扩散等理念深入人心。以核不扩散机制为例，由于这个机制的存在，它形成了一种规范性压力，迫使各国精英和决策者谨慎评估核武器，从而使其选择了一种核克制之路。[2]

综合社会文化路径的既有研究，文化因素、学习行为和制度性规范因素分别从不同的角度对社会文化如何影响一个国家的威胁评估进行了比较宏观的研究。这一路径有利于我们从深层次上研究一

---

① 代表性的论述，参见 Zeev Maoz and Bruce Russett, "Normative and Structural Causes of Democratic Peace, 1946 - 1986," *The American Political Science Review*, Vol. 87, No. 3, 1993, pp. 624 - 638; Bruce Russett, *Grasping the Democratic Peace: Principles for a Post-Cold War World*, Princeton, N. J.: Princeton University Press, 1994; David L. Rousseau, *Democracy and War: Institutions, Norms, and the Evolution of International Conflict*, Stanford, C. A.: Stanford University Press, 2005。

② Maria Rublee, Gary Bertsch, and Howard Wiarda eds., *Nonproliferation Norms: Why States Choose Nuclear Restraint*, Athens, G. A.: University of Georgia Press, 2009.

国内部决策者如何评估威胁，相对而言比较宏观。此外，这一研究路径还致力于考察现实问题之外的因素，特别是身份、军事学说、意识形态、历史记忆和制度性规范的重要作用。相对而言，这些因素较少地考虑权力、利益和技术因素，因而有助于我们理解潜意识里的行为模式。

三 研究设想

本书致力于考察美国在 2006 年以来的威胁评估变化，在此基础上构建解释美国威胁评估的新理论，以拓展我们对美国国家安全战略制定的认识。因此，本书注重对因果关系和作用机制的探讨，试图超越现象描述和历史归纳，寻找并解释各变量之间的作用过程。

（一）概念界定

本书考察的是决策者如何评估外部威胁，进而制定相应的国家安全战略。因此，外部威胁、决策者的认知和国家安全战略三个因素构成了本书的变量。从变量关系上来看，外部威胁是自变量，决策者是一个干预变量，国家安全战略是因变量。出于研究的需要，必须对这三个变量进行更为精细地界定。

外部威胁是指美国在全球事务中面临的威胁。在不同的历史时期，美国面临的威胁在种类和大小是有所差别的，但是核心威胁相对恒定。例如，在 2006 年的《四年防务评估报告》中指出，尽管美国仍然面临主导性的传统战争，但是非传统战争的挑战增加，这包括非常规战争、拥有大规模杀伤性武器的恐怖主义和对美国实力具有破坏性的威胁。[①] 到了 2010 年，美国面临的安全环境发生了变

---

① Department of Defense, *Quadrennial Defense Review Report 2006*, Arlington, V. A., February 6, 2006, p. 3.

化。美国的外部威胁除了在阿富汗和伊拉克的战争，新兴大国的崛起、非国家行为体日益增长的影响，大规模杀伤性武器及其他赋能技术的扩散，还有一系列不断出现的持久趋势。① 四年之后，美国的外部威胁又有了一定变化：在地区层面，有中国和俄罗斯的崛起、朝鲜和伊朗试图发展核武器、中东北非国家的社会政治变革、非洲的恐怖主义和犯罪组织；在全球层面，有大规模杀伤性武器的扩散和气候变化。②

如何测量威胁的大小，学术界一般通过实力和意图两个因素来实现。一般意义上的实力，又可以通过军事实力和经济实力来衡量。其中，军事实力包括军队规模、武器装备数量和技术水平。对于军事力量强调的侧重点，不同学者有所差别。例如约翰·米尔斯海默（John Mearsheimer）认为地面力量的重要性居于首要地位；③斯蒂芬·沃尔特（Stephen Walt）则认为进攻实力是威胁的重要来源之一。④ 本书认为，进攻性力量是最为重要的因素。经济实力反映的是一个国家的基本实力，包括国内生产总值、工业技术水平和领土面积等因素，在这其中，国内生产总值和工业技术水平是最重要的。意图是指一个国家的动机和潜在战略选择，根据偏好可以分为修正主义国家和维持现状国家，⑤ 根据战略选择可以分为防御性

---

① Department of Defense, *Quadrennial Defense Review Report 2010*, Arlington, V. A., February, 2010, p. 5.

② Department of Defense, *Quadrennial Defense Review Report 2014*, Arlington, V. A., March, 2014, pp. 3 – 8.

③ ［美］约翰·米尔斯海默：《大国政治的悲剧》，王义桅、唐小松译，上海人民出版社 2003 年版。

④ ［美］斯蒂芬·沃尔特：《联盟的起源》，周丕启译，北京大学出版社 2007 年版。

⑤ Randall Schweller, "Bandwagoning for Profit: Bringing the Revisionist State Back in," *International Security*, Vol. 19, No. 1, 1994, pp. 72 – 107; Randall Schweller, "Neorealism's Status Quo Bias: What Security Dilemma?" *Security Studies*, Vol. 5, No. 3, 1996, pp. 90 – 121.

国家和进攻性国家，① 这两者在本质上区别不大。当然，这种二分法有一些问题，难以准确定义概念，也有过度简化之嫌疑，需要进一步完善。② 事实上，除了学术界通用的界定威胁的因素，一个国家的历史记录也是重要的指标。历史记录是指这个国家以往的行为模式，包括国家安全战略是否是进攻性的，是否经常冒险，其民族性格是否坚韧、能够承受高昂成本，其意识形态是普世主义的还是特殊主义的，诸如此类的因素。为了避免二分法的缺陷，可以通过多阶段、多层次来弥补，即避免非黑即白的思维，考虑到第三种可能，同时避免线性思维，历史地看待概念内涵。

决策者的认知是指决策者对外部威胁基本的认识和判定。一方面，决策者的组成关系到对威胁认知。一般而言，美国的国家安全战略主要由文官和军方两个部门来制定，决策者的范围也很广泛，包括中层官员和高层官员。在美国的政治体系下，国家安全委员会（NSC）是制定国家安全战略的重要机构，它包括两个部分：一部分是法定成员，包括总统、副总统、国务卿、国防部长、能源部长、中央情报局局长和参谋长联席会议主席，总统也可以邀请其他高级官员作为常态参与者，例如国土安全部长、司法部长、驻联合国大使和其他总统认可的高级官员。另一部分是国家安全委员会内的行政职员，包括国家安全事务助理。③ 此外，在安全事务中，五角大楼内的高级将领和高级文官，包括参谋长联席会议、军事部门、国防部长办公室和联合作战司令部的高级官员，也起到非常重

---

① 唐世平：《我们时代的安全战略理论：防御性现实主义》，北京大学出版社 2016 年版。

② 刘丰：《类型化方法与国际关系研究设计》，《世界经济与政治》2017 年第 8 期；温尧：《理解中国崛起：走出"修正—现状"二分法的迷思》，《外交评论》2017 年第 5 期。

③ Richard A. Best Jr. , *The National Security Council: An Organizational Assessment*, Washington, D. C. : CRS Report for Congress, December 28, 2011 (https: //fas. org/sgp/ crs/natsec/RL30840. pdf) .

要的作用。另一方面，决策者的认知是指他们判定对手有多大的威胁，什么情况下会形成威胁，这种威胁对自身将造成什么影响。从评估的内容来看，决策者主要评估对手现实中的实力分布，以及以往的行为模式。

国家安全战略是指通过军事手段、政治手段和经济手段维护国家安全这一政治目标的方略。为了研究需要，国家安全战略可以通过宏观和中观两个层面来考察。其中，宏观层面有三个衡量标准：首先，指导小规模战争或大规模战争。在冷战及其之前，美国的国家安全战略主要是应对大国之间的冲突，因此其军队建设理念和军事战略以此为目的。然而，冷战结束之后，非国家行为体崛起，尤其是在"九一一事件"之后，恐怖主义兴起使得美国必须通过小规模战争来应对这些力量。其次，是扩张性国家安全战略还是收缩性国家安全战略。在全球范围内，美国"九一一事件"后的反恐战争是扩张性国家安全战略，而随后则进入收缩性国家安全战略阶段，并且推出了亚太再平衡战略。最后，战略重心在哪个地区。美国的反恐战争是将中东和中亚作为战略重心，再平衡则是将亚太作为重心。在中观层面，可以考察作战概念和作战方式，例如美军提出的空海一体战、联合作战和抵消战略等。

（二）研究设想

本书试图构建一个美国威胁评估的新解释模式，用来考察其国家安全战略转变的过程。本书认为，美国威胁评估的本质是决策者对外部威胁的认知，并在此基础上制定外交政策的过程，因此以总统为首的决策者从一开始就发挥着关键作用。美国的威胁评估包括两个过程：一是双向互动过程，即美国最高领导人如何看待外部威胁，以及核心组织部门和组织成员如何看待外部威胁，这两个过程分别是自上而下和自下而上的。二是次序传递过程，即美国政府最核心的部门的威胁评估传递到外围部门，或外围部门的威胁评估塑造核心部门。双向互动和次序传递共同作用，形成了威胁评估的共识生成机制。探究这一机制有利于我们理解 2006 年以来美国从以打击恐怖主义为重心转变为兼顾打击恐怖主义和应对中国崛起、再转变为以应对中国崛起为重心的过程。

（三）研究方法

本书的研究方法是定性研究，主要是使用案例研究为主。2006 年以来美国针对国家安全战略进行了多次辩论。具体而言，主要有 2006 年至 2009 年美国在国家安全战略上的大辩论，2009 年至 2012 年对亚太再平衡的战略辩论，以及 2015 年以后的对华政策辩论。本书将这十多年的美国威胁评估按时间先后顺序分成三个案例，以此来检验本书的理论。案例研究主要有四种分析常用的方法，即过程追踪（process tracing）、一致性检验（congruence testing）、反事实分析（counterfactual analysis）和跨案例比较。本书将利用过程追踪，全面考察美国国家安全战略转变的前因后果。

四　本书安排

从结构安排上，本书主要分为以下几个部分。在导论部分，主要是提出本书的研究问题，并对学术界已有的研究进行文献综述，然后简单概要本书的基本研究思路。第一章是本书的理论构建部分，其主要内容是对美国外交决策过程，尤其是威胁的评估过程进行归纳和抽象，在此基础上构建了一个美国威胁评估的双向互动理论和次序传递理论。第二章主要讨论了 2006 年至 2011 年美国自军方到文官、从社会到总统对美国国家安全战略的讨论，解释了美国为什么最终选择了以反恐战争为战略重心的决策过程。第三章主要是分析 2009 年至 2015 年美国国内的威胁认知，以及这种认知对美国国家安全战略的影响，即美国为什么选择兼顾打赢反恐战争和应对大国挑战，但是在前期重心更多是在反恐战争，而后期更多是在应对大国挑战。第四章探讨了 2015 年后美国国家战略的大调整，这一章致力于解释为何特朗普政府以后将大国视为战略竞争对手，并且致力于加强军备，在军事上积极应对大国的挑战。

第一章　威胁评估与美国国家安全战略调整

我认为有两类威胁，这些问题的组合威胁到我们生死攸关的利益和安全。第一类是以新的方式挑战美国及其盟友的敌对国家和修正主义大国；……第二类对美国构成最大威胁的是与跨国恐怖组织有关联的跨国威胁，这些跨国恐怖组织往往与国际性的有组织犯罪网络有重叠。

——赫伯特·麦克马斯特①

在战略行为中，评估外部威胁是第一步，这关系到一个国家的外交战略成败。② 然而，威胁评估是一个复杂而漫长的过程，决策者要面临着多变的外部环境和艰难的自我选择。为了研究具有可行性，需要对这一过程进行简化处理。研究美国的威胁评估更是具有一定的特殊性：其一，美国是一个超级大国，其国家利益分布在全球各地，外部威胁不仅数量巨大，而且情况复杂。从新兴大国到恐怖主义，从地区冲突到大规模杀伤性武器扩散，从大规模暴力行为

---

① H. R. McMaster, "Annual Conference Transcript: Keynote Address by LTG H. R. Mc Master," Center for New American Security, June 28, 2017 (http://conference.cnas.org/wp-content/uploads/2017/07/CNAS2017_ Transcript_ McMaster-Keynote. pdf).

② 左希迎、唐世平：《理解战略行为：一个初步的分析框架》，《中国社会科学》2012 年第 11 期。

到跨国犯罪，这些挑战都需要美国应对。其二，美国拥有独特的政治体制，其决策程序与其他国家相比有鲜明的特征，以美国为样本构建的理论，仅仅能解释部分世界。尽管美国有一定的独特性，但是通过解剖麻雀，深入研究其威胁评估机制，这对于我们理解当前的美国国家安全战略制定具有重大意义。因此，有必要归纳并提炼美国过去十多年的行为模式，考察其威胁评估的进程，进而构建一个新的理论模式。

一　决策者与威胁评估

美国的威胁评估机制涉及外部威胁、决策者的认知和国家安全战略三个因素，其本质是决策者对外部威胁的认知，并在此基础上制定国家安全战略的过程。以总统为首的决策者从一开始就扮演着关键作用，因此有必要考察什么因素影响美国决策者的威胁评估，美国威胁评估的过程，以及美国威胁评估的作用机制。

（一）美国的外部威胁

冷战以原苏联东欧国家接受并加入美国主导的国际秩序的方式结束，这种安排暂时掩盖了体系的矛盾。在这种框架下，国家间的竞争模式发生了重大变化：冷战期间，美苏之间的竞争不仅是势力范围之争，更是两个政治体系之间的对立；冷战后，国家的权力斗争更加软性、柔和，美国主导的国际制度一定程度上束缚了国家之间的权力碰撞。进入 21 世纪后，美国在安全上面临着诸多威胁，这包括新兴大国的崛起、中小国家的挑衅、非国家行为体的挑战，大规模杀伤性武器及其他赋能技术的扩散。如果将这些因素置于力量、意图和过往行为的考量之下审视，可以归纳出两种抗争美国霸权的力量，即权力侵蚀和权力转移。

美国面临的第一个威胁是权力侵蚀。金骏远（Avery Goldstein）

曾经睿智地指出，冷战之后美国在国际安全领域主要有两个威胁，其一是核扩散、"流氓国家"和国际恐怖主义的致命混合，其二则是以中国为代表的崛起大国挑战美国建立的国际秩序。① 事实上，这一观察也指向了能够侵蚀美国霸权的两种主要力量。如果将第一种称为边缘力量，那么其抗争的方式与新兴大国截然不同，可以归纳为一条去权力、去规则的道路。

这类边缘力量的兴起以恐怖主义、"失败国家（failed state）"和核扩散等为代表。其中，核扩散存在技术门槛，谋求获得这一能力并不容易。相对而言，恐怖主义和"失败国家"可能是侵蚀美国霸权不可忽视的力量。"九一一事件"验证了这一历史趋势，然而，随后美国鲁莽地发动阿富汗战争和伊拉克战争，犹如打开了潘多拉盒子，释放出更多持续抗争美国霸权的边缘力量。美国打击恐怖主义，事实上为自己制造了更多的敌人。

在全球层面，存在两个值得注意的趋向：其一，国家主权趋于弱化，产生恐怖主义的土壤在增多。国家主权作为威斯特伐利亚体系的基本原则，也是支撑国际秩序的核心理念。目前这一原则正在弱化，这在中东地区尤为显著。主权弱化导致了轻武器、化学武器、生物武器和核武器材料的扩散，容易导致挑衅性的政府上台、滋生战争经济、培育恐怖主义等一系列问题。② 这些问题都是霸权国维持全球治理时的难题，也必然耗费大量的战略资源。其二，极端主义的组织创新。传统伊斯兰极端主义一般是思想上非常极端，但是组织形式较为落后。"九一一事件"以后，以"基地"组织为代表的"圣战"组织在战略、意识形态和组织结构上正在演化。"圣战"组织逐渐走上激进、极端和暴力恐怖主义道路是一个政治

① Avery Goldstein, "First Things First: The Pressing Danger of Crisis Instability in U. S. - China Relations," *International Security*, Vol. 37, No. 4, 2013, pp. 49 – 89.

② Edward Newman, "Failed States and International Order: Constructing a Post-Westphalian World," *Contemporary Security Policy*, Vol. 30, No. 3, 2009, pp. 429 – 431.

过程。①"伊斯兰国"兴起，意味着极端恐怖主义的组织形态有了新的变化。"伊斯兰国"在战争组织和社会管理方面都表现出极高的专业性，这值得引起注意。②

极端主义和恐怖主义对美国霸权的侵蚀主要表现在抗争美国的军事存在和解构美国建立的地区秩序两种方式。一方面，"九一一事件"之后，极端主义和恐怖主义逐渐将矛头转向美国，对美国采取了敌视的态度。以"基地"组织为代表的吉哈德主义更是主张进行军事斗争，对美国进行"圣战"，意图将美国赶出伊斯兰世界。另一方面，在中亚、南亚、西亚和北非等地区，恐怖主义的恶化使得地区秩序日趋碎片化。在这一点上，尽管传统的恐怖主义威胁到国家主权和国际秩序，但是这种挑战往往影响有限。"基地"组织和"伊斯兰国"则改变了这一态势，它们在恐怖主义组织和伊斯兰群体中都是独特的，其目的更是挑战现行的主权原则和整个国际社会。③不难发现，阿富汗战争和伊拉克战争消耗了美国大量的战略资源，权力真空、恐怖主义和"颜色革命"等因素混合在一起，成为边缘力量成长、壮大的温床，又反过来侵蚀美国的权力。

美国面临的第二个威胁是权力转移。在冷战结束后的十余年，新兴大国对美国的挑战非常有限。表现在国家实力上：俄罗斯长期羸弱，再也无力对抗美国；中国力量仍然较弱，并不具备制衡美国的能力；巴西和印度等国更是与美国比相去甚远。由于美国与新兴大国之间存在巨大实力差距，因此两者事实上形成了一种制衡的权

①　Bill Branniff and Assaf Moghadam，"Towards Global Jihadism：Al-Qaeda's Strategic，Ideological and Structural Adaptations since 9/11，"*Perspectives on Terrorism*，Vol. 5，No. 2，2011，pp. 36 - 49；钱雪梅：《基地的"进化"：重新审视当代恐怖主义威胁》，《外交评论》2015 年第 1 期。

②　王晋：《"伊斯兰国"与恐怖主义的变形》，《外交评论》2015 年第 2 期；刘乐：《社会网络与"伊斯兰国"的战略动员》，《外交评论》2016 年第 2 期。

③　Graeme Wood，"What ISIS Really Wants，"*The Atlantic*，Vol. 315，No. 2，2015，pp. 78 - 94.

力门槛。在一个缺乏制衡的世界里，美国拥有空前集中的权力资源，这一现实使得体系中制约美国安全政策的努力难以生效。① 换言之，当权力集中超越了一定的门槛，国际体系对美国安全政策的束缚逐渐丧失效用，因此美国不用过分担心体系性约束对其安全政策的束缚。在制衡美国的权力门槛过高时，新兴大国缺乏挑战美国的动力。没有国家制衡美国成为单极世界最为明显的特征之一，这一特征与均势理论的预言相违。②

然而，权力门槛只是暂时压制了新兴大国的抱负，新兴大国带来的张力却无法回避。以中国为代表的新兴大国的成长正在重新塑造整个世界，这种相对和缓的成长正在缩小与美国的权力门槛。如果对比中国、印度、巴西和俄罗斯等新兴大国与美国的实力差距，我们可以用经济实力和军事力量两个简单的指标来测量。为了方便比较，经济实力我们可以考察国内生产总值，军事实力我们仅仅考察军费开支。在经济实力上，以中国、印度、俄罗斯和巴西为代表的新兴大国增长较快，极大地缩小了与美国的实力差距。1990 年，巴西、中国、印度和俄罗斯四国的国内生产总值之和仅为美国的 27.86％；而到了 2015 年，巴西、中国、印度和俄罗斯四国的国内生产总值之和已经达到美国的 79.88％。③ 其中，中国的国内生产总值已经占美国的 61.03％，这尤其具有现实意义。如果未来中国经济继续保持较高的增长率，两国之间的差距将会进一步缩小。为了维持自身地位和利益，新兴大国积极将经济实力投入到军备上

① Stephen G. Brooks and William C. Wohlforth, *World Out of Balance: International Relations and the Challenge of American Primacy*, Princeton, N. J.: Princeton University Press, 2008.

② G. John Ikenberry, ed., *America Unrivaled: The Future of Balance of Power*, Ithaca, N. Y.: Cornell University Press, 2002；刘丰：《均势为何难以生成？——从结构变迁的视角解释制衡难题》，《世界经济与政治》2006 年第 9 期。

③ 相关数据，参见 http://data.worldbank.org/indicator/NY.GDP.MKTP.CD? page=2。

去。仅仅考察军费开支，就可以窥测新兴大国军事实力的成长。1995 年，巴西、中国、印度和俄罗斯四国的军费开支之和约为美国的 22.18%；而到了 2015 年，巴西、中国、印度和俄罗斯四国的军费开支之和则已经占到了美国的 61.1%，两者的差距快速缩小。① 其中，中国的军费开支已经达到美国军费开支的 36.02%。

　　2008 年国际金融危机后，美国及时调整，其经济增长也取得了不俗的成绩。加之奥巴马政府在外交政策上致力于战略纠错，夯实其权力基础，② 未来美国仍然不可小觑。然而，新兴大国在经济和军事上的实力成长，在一定程度上冲击了美国作为霸权国的权力基础。新兴大国成长对美国霸权的侵蚀有三个特点：其一，这种侵蚀作用更多是相对性的，也就是说，新兴大国对美国的挑战更多是相对力量对比的变化，而非美国绝对力量的下降。其二，这种侵蚀作用更多是长期的，不宜用短时间维度来审视。如果回顾冷战结束之初的国际结构，美国一家独大，其他新兴大国无足轻重。然而，时至今日，新兴大国的地位急剧上升，已经不可同日而语。其三，新兴大国成长带来一个必然的结果，即美国需要分摊更多的防务资源来应对新兴大国带来的张力。展望未来，新兴大国必将继续侵蚀美国的霸权地位。一些美国战略精英正是看到了问题的关键，呼吁以美国为首的西方国家调整国际制度，继续保持国际制度的开放性，以容纳新兴大国。③ 从现实影响来看，如果美国在国际制度中适应了新兴大国的崛起，虽然能够维护美国的合法性，但必将压缩美国的影响力，侵蚀美国自己在国际秩序中的主导地位。

　　综上，美国的霸权地位面临着新兴大国和边缘力量的双重威

---

① 相关数据，参见 http：//www. sipri. org/research/armaments/milex/milex_ database。

② 达巍：《全球再平衡：奥巴马政府国家安全战略再思考》，《外交评论》2014 年第 2 期。

③ G. John Ikenberry，"The Rise of China and the Future of the West：Can the Liberal System Survive？" *Foreign Affairs*，Vol. 87，No. 1，2008，pp. 23 – 37.

胁。如果重新审视美国当前面临的战略困境，这与人类社会组织形态演进的进程高度重合。换言之，美国当下的挑战，反映了人类通过战争解决争端的冲动和文化道德进步之间的张力，也彰显了人类社会不平等发展的内在矛盾。著名战争史学家约翰·基根（John Keegan）曾论述道："在经济蓬勃发展的工业化国家中，财富的增多和自由主义价值观的兴起使人们乐观地期望，自古以来人类生存面临的各种艰难将逐渐减退。然而，这种乐观情绪没能改变国家间解决争端所使用的手段。事实上，工业化创造的很多财富都用到了国家的军备上，于是，到 20 世纪战争爆发时，……富国的反应是加大自上而下的军事化，以冀打破僵局。随着战争的大潮波及世界的贫穷地区，那些地区兴起了致力于推翻欧洲殖民帝国，争取自由和西方式富裕的独立运动；运动的领导人迫使农民成为战士，因此开始了自下而上的军事化。"① 尽管描述的对象不同，时间刻度也不一样，但是如果用基根的观察来分析如今美国的困境，却出奇的贴切。

（二）决策者的认知

在对威胁评估的既有研究中，路径选择多种多样。相对而言，判断对手威胁是否可信，关注过往行为和现实权衡是两种比较有代表性的理论路径。② 根据这些研究，影响到一个国家的决策者评估外部的军事威胁，或者依据对其过往表现来判定，或者根据对现实力量对比的权衡。然而，这些研究往往将过往行为和现实权衡置于对立的地位，鲜有在理论上将二者有机统一的研究。本书将致力于把威胁评估时考察过往行为和现实权衡两种路径整合，在此基础上

---

① ［英］约翰·基根：《战争史》，林华译，中信出版社 2015 年版，第 64 页。
② Daryl G. Press, *Calculating Credibility：How Leaders Assess Military Threats*, Ithaca, N. Y.：Cornell University Press，2005.

试图发展一个新的解释美国威胁评估的理论。

在威胁评估时，现实权衡与过往行为两种方法是可以融合的。根据前文所述，外部威胁的大小可以通过力量、意图和历史记录三个因素来界定，其实现实权衡包括的是力量和意图两个因素，而历史记录是一个国家的过往行为。现实权衡主要是针对对手的军事力量进行一个基本的盘算，这主要是指其进攻实力。此外，对意图的评估也是现实权衡的重要组成部分，即对手是进攻性的还是防御性的，其国家安全战略的具体内容是什么，其国家安全战略是否会威胁到自身生存，这种威胁是否是紧迫的。历史记录主要是指根据对手的过往行为来判断其是否对自身构成了威胁。如果将过往行为与现实权衡结合起来看，在评估威胁的过程上，两个因素发挥作用的阶段不一样。现实权衡更多是评估威胁的最初阶段，其后才是依据过往行为评估对手是否具有威胁，这两者是存在次序关系的、是可以融合的。

对决策者而言，其对外部威胁的认知主要判定对手的力量多大，其意图是否具有进攻性，其历史记录是否具有潜在风险。然而，现实权衡和过往行为所起的作用却是截然不同的。由于现实权衡是威胁评估的最初阶段，其作用是框定威胁评估的范围。换言之，在威胁评估时，决策者首先评估对手的实力和意图。对决策者而言，最先考虑的是既有格局对自身的威胁，这些威胁存在两种情况：其一，威胁的大小可能仅仅能够被框定在一个区间，无法做到完全准确。其二，威胁的作用方向也可能难以确定，呈现出模糊的状态。之所以出现这两个问题，其原因之一在于决策者难以获得完全的信息，这会干扰决策者的判断，原因之二在于决策者的理性是有限的，对意图的判断充满了不确定性。也就是说，尽管现实权衡框定了威胁评估的范围，但是这个范围是模糊的，是不够清晰的。在此背景下，过往行为将发挥校准的作用。现实框定威胁评估的范围之后，决策者将综合对手过往行为模式，重新审视外部威胁。在此意义上而言，过往行为对决策者的影响更多是一种隐喻，其作用更多是一种潜移默化的塑造，是在现实权衡的基础评估威胁之后进行再评估，然后缩小选择范围。在性质上，这是一种校准的行为，通过比较对手的过往行为，最大程度上缩小威胁评估的估算误差，以提高威胁评估过程中的精准度。

一般而言，决策者对力量、意图和历史记录的认知，受到权力结构、组织文化和决策程序三个因素的影响。首先，影响美国国家安全战略的权力机构是相对稳定的。研究外交政策，必须打开国家这个"黑匣子（black box）"，考察政治精英如何评估外部压力，唯有如此，方能拥有足够的变量来建立和检验理论。[①] 罗杰·希尔斯曼（Roger Hilsman）等就认为，美国在防务政策上的权力结构是分层的，总统、总统的顾问、政治任命官员、国会和行政官员是内层，利益集团和新闻媒体是第二层，公众舆论和选民是外层。[②] 也有学者将权力机构的内层具体到国家安全委员会、管理与预算办公室、国务院、国防部、中央情报局、联邦调查局和国土安全部。[③] 在普遍意义上，除了总统外，国务卿、国防部长、参谋长联席会议主席和国家安全事务助理是最为重要的决策者。不过，总统可以根据需要赋予某些高级官员以关键性角色的地位，改变既有权力机构。在这种情况下，一些关键性角色的作用就非常凸显，其知识结构、个人偏好、成长经历和价值观念就成为决策的重要因素。

其次，组织文化也会影响到决策者对威胁的认知。从美国的历

① Bernard I. Finel, "Black Box or Pandora's Box: State Level, Variables and Progressivity in Realist Research Programs," *Security Studies*, Vol. 11, No. 2, 2001/2002, pp. 212 – 218.

② [美] 罗杰·希尔斯曼、劳拉·高克伦、帕特里夏·韦茨曼：《防务与外交政策中的政治：概念模式与官僚政治》，曹大鹏译，商务印书馆2000年版。

③ Roger Z. George and Harvey Rishikof eds., *The National Security Enterprise: Navigating the Labyrinth*, Washington, D. C. : Georgetown University Press, 2011.

史来看，美国的共和传统、盎格鲁－撒克逊式自由主义和民主式的人人平等观念深刻影响着美国的军事组织。① 具体到对外部威胁的评估上，有两种情况至关重要：一方面，如果美国决策层形成了一种主导性的组织文化，它往往无形中影响着决策者的威胁评估。例如，里根政府时期的旧保守主义和小布什政府时期的新保守主义，尤其是后者，在决策层形成了价值观念相近的"火神派（vul-cans）"，在安全上夸大美国面临的外部威胁。② 另一方面，军方的组织文化是寻求最大的自主权和资源支持，倾向于坚持通过进攻性行为或发动战争来解决冲突。③ 因此，这些组织的领导人在危机中会夸大外部威胁，以实现其政治目的。

最后，决策程序的差异也会影响到威胁评估。从政策过程来看，美国的安全决策存在诸多模式。④ 综合理论研究与现实态势，协商模式、官僚政治模式和小集团模式最为重要。其一，协商模式是指总统作为一个仲裁者，对各个部门提出的方案进行权衡利弊，协调分歧，最终形成被大多数接受的政策方案。这种决策模式以肯尼迪政府时期最具代表性，其对外部威胁的认知更多是一种各部门的综合。其二，官僚政治模式是一种广泛存在的决策模式。各部门的领导人根据组织赋予的权力和自身的能力界定利益，努力维持官僚组织的自主性和利益，通过与其他组织领导人讨价还价、互相让

---

① Eliot A. Cohen, *Citizens and Soldiers: The Dilemmas of Military Service*, Ithaca, N. Y.: Cornell University Press, 1985.

② James Mann, *Rise of the Vulcans: The History of Bush's War Cabinet*, New York: Viking, 2004.

③ 代表性的研究，参见 Barry R. Posen, *The Source of Military Doctrine: France, Britain, and Germany between the World Wars*, Ithaca, N. Y.: Cornell University Press, 1984; Jack L. Snyder, *The Ideology of Offensive: Military Decision Making and the Disasters of* 1914, Ithaca, N. Y.: Cornell University Press, 1984; Barry R. Posen, *Inadvertent Escalation: Conventional War and Nuclear Risks*, Ithaca, N. Y.: Cornell University Press, 1992。

④ 北京太平洋国际战略研究所：《应对危机：美国国家安全决策机制》，时事出版社 2001 年版。

步而制定和执行外交政策。① 因此，在威胁评估上，更多是各部门领导人根据个人影响力相互讨价还价的结果。其三，小集团模式是指外交政策由少数几个决策者把控，其决策过程一般是秘密的。在尼克松政府时期，尼克松和亨利·基辛格为了避免外交政策的机械化，形成了以二人为核心的决策圈。② 在奥巴马政府中，同样出现了一个总统核心圈，把持着外交政策的制定。③ 在理论研究中，小集团模式在威胁评估上存在缺陷，它往往低估外部威胁，自我过于乐观、缺乏警觉，把外部其他团体看作虚弱和不道德的。④

（三）国家安全战略

根据前文所述，动态的国家安全战略不仅包括宏观上的外交战略，也包含军事战略。在美国决定结束反恐战争以应对大国竞争之时，军事战略的调整是非常重要的，因此下文将重点讨论军事战略。如果按照外部威胁的来源是国家行为体还是非国家行为体，可以将美国的军事战略分为两类：一类是美国与其他大国或敌对联盟爆发大规模战争所需要的军事战略，另一类是应对非国家行为体的小规模非常规战争所需要的军事战略。⑤ 即使未来的冲突情景出现了一些变化，外部威胁大致仍然在此范围之内。⑥ 因此，有必要先

---

① 代表性的研究，参见 Graham T. Allison, *Essence of Decision: Explaining the Cuban Missile Crisis*, Boston: Little, Brown and Company, 1971; Francis E. Rourke, *Bureaucracy and Foreign Policy*, Baltimore, M. D.: The Johns Hopkins University Press, 1972; 周琪主编：《美国外交决策过程》，中国社会科学出版社 2011 年版。

② 对当时美国外交政策问题的讨论，参见［美］亨利·基辛格《美国对外政策》，上海人民出版社 1972 年版。

③ 刁大明：《决策核心圈与奥巴马外交》，《现代国际关系》2015 年第 5 期。

④ ［美］欧文·贾尼斯：《小集团思维：决策及其失败的心理学研究》，中央编译出版社 2016 年版。

⑤ United States Joint Forces Command, *The Joint Operating Environment 2010*, Suffolk, V. A., February 18, 2010, pp. 62 – 64.

⑥ United States Joint Forces Command, *The Joint Operating Environment 2035: The Joint Force in a Contested and Disordered World*, Suffolk, V. A., July 14, 2016.

总结出美国面临的两类威胁的军事战略，然后推导出美国的国家安全战略。

非国家行为体在军事上对抗美国主要通过消耗战。在常规战争中，消耗战是一种比较常见的战争形式。在越南战争中，越南作为弱势一方，消耗战有利于提升美国国内的政治成本，是一种成本高昂却成效显著的大战略。[①] 在非常规战争中，非国家行为体抵抗美国主要通过三种手段：其一，恐怖袭击拥有向美国施加政治压力和消耗其战略资源等多重社会功能。其二，非国家行为体也可以选择暴力行为，以此来破坏正常的地区安全秩序。其三，在一些国家治理出现严重问题的国家，往往会出现叛乱，甚至发展为游击战争，它们往往成为美国维持全球稳定的威胁。

国家行为体的军事战略相对比较多元一些，不过根据美国政府和战略界的讨论，中国、俄罗斯、朝鲜和伊朗是其面临的主要对手。相对而言，中国是美国长远的、最大的威胁，而俄罗斯、朝鲜和伊朗是美国当前的、紧迫的威胁。这些国家的军事战略有相似性：其一，其军事战略都是防御性的。其二，作为弱势一方，它们在非对称作战中往往追求通过特定手段获得局部优势，以威慑美国。以中国为例，其军事上采取的是积极防御性的战略，其战略目标是打赢信息化条件下的局部战争。[②] 从其渊源而言，中国的军事战略是基于 1996 年台海危机的历史教训和当前的现实态势来量身定做的，其目的是威慑美国以阻止其介入亚太地区的危机。中国和伊朗等国通过发展打击美国航空母舰导弹和反卫星武器，以拒止美国进入某一特定区域的战略，被美国战略界称之为"反介人"与

---

① 时殷弘：《从拿破仑到越南战争：现代国际战略十一讲》，团结出版社 2003 年版，第 11 章。

② 中华人民共和国国务院新闻办公室：《中国的军事战略》，新华网，2015 年 5 月 26 日（http：//news. xinhuanet. com/politics/2015－05/26/c_ 1115408217. htm）。

"区域拒止"。① 当然，尽管我们试图归纳这些国家军事战略的共同之处，但是它们的军事战略也存在很多区别。例如，朝鲜主要通过发展核武器来威慑、威逼美国，俄罗斯则是维持庞大的核武库来维持对美国的战略态势。此外，中国、俄罗斯、朝鲜和伊朗四国的军事战略并非一成不变，而是随着力量和环境的变化而调整。以中国为例，尽管当前的军事战略仍然是积极防御的，但是随着中国军事力量日益强大，其军事战略也会逐渐调整。尤其是随着军事实力和技术水平的提高，中国的军事战略越来越难以用"反介入"与"区域拒止"来涵盖，而是在几乎所有领域逐渐对美国形成了重大威胁。

综合以上两类威胁，可以将这两种战争划分为非常规战争和常规战争，在这两类战争中，美国的军事战略是区别较大的。在应对非常规战争时，美国的战略目的是应对权力侵蚀，其军事战略在宏观层面和中观层面有如下特点：在宏观层面，美国国家安全战略整体上是扩张性的，在地缘上需要以中亚和西亚为战略重心，战争方式多也是小规模战争。而在中观上，就军事战略本身而言有三个层面因素需要注意：其一，美国军事上面临多种威胁，包括失败国家、恐怖主义、叛乱组织、极端势力、大规模杀伤性武器扩散和大规模暴力犯罪等等。其二，在美国的军事战略上，后勤和通道是至关重要的，同时也是脆弱的环节。其三，在作战概念和作战方式上，反恐、反叛乱和维稳等是主要方式。

在应对常规战争时，美国的战略目的是预防权力转移带来的军事后果，防止有新兴大国的军事力量威胁到美国在全球和地区的首要地位。在宏观层面上，美国的国家安全战略从同时应对恐怖主义和新兴大国转变为主要应对新兴大国，其战略重心由中亚和西亚转

① Andrew F. Krepinevich, *Why AirSea Battle?* Washington, D. C.: Center for Strategic and Budgetary Assessments (CSBA), 2010.

移到亚太地区，战争的方式也转变为应对大规模战争。在中观层面，美国的军事战略以下几个特点：其一，美国的主要威胁有两类，即新兴大国和时常挑衅美国的一些地区中小国家。其二，美国在军事上的弱点，主要有两个方面：一是美国军事实力在追求质量和数量上的矛盾，也就是说，美国试图通过提高武器装备质量来弥补数量上的不足，这一战略存在诸多困难。二是由于地缘上的差异，美国在新兴大国近海海洋空间的战略优势会逐渐消失，既有战略平衡将被打破。① 其三，美国针对自身弱点提出了"反介入"与"区域拒止"、"抵消战略"等作战概念，针锋相对地来应对新兴大国的军事战略。

二　威胁评估的过程

美国国家安全战略中的威胁评估是一个复杂的过程。在这个过程中，从各部门的基层工作人员到总统，不同层级的组织和人员都发挥着重要作用；从国防部、国务院和总统，到利益集团、媒体和公众舆论，不同部门与力量也都发挥着不同角色。考虑到具体的历史进程，政府更替及其一系列意外事件都会对威胁评估产生深远影响，从而引起美国国家安全战略的调整。因此，准确认识国家安全战略制定的过程，必须考察各个部门塑造威胁评估的过程。

（一）威胁评估的双向互动

在外部威胁出现时，美国政府的决策者不仅必须面对要如何评估的问题，还要以评估结果为基础制定国家安全战略。影响威胁评

---

① 胡波：《中美在西太平洋的军事竞争和战略平衡》，《世界经济与政治》2014 年第 5 期。

估的因素繁多、过程复杂，参与主体也是多种多样。① 为了研究的需要，可以化繁为简。从威胁评估过程上来看，存在两个截然不同的互动进程：一是美国最高领导人如何看待外部威胁，并塑造核心组织部门和组织成员的威胁评估，我们将其称之为自上而下的威胁评估过程；二是核心组织部门和组织成员如何看待外部威胁，然后试图影响最高领导人，可以称之为自下而上的威胁评估过程。

在自上而下的过程中，总统发挥着最为核心的作用。其中，所谓上是指以总统为首的美国最高领导人，主要包括总统、国务卿、国防部长、参谋长联席会议主席和国家安全事务助理，另外中央情报局局长和国土安全部部长等在某些时候、某些议题也是重要的。尽管"水门事件"后美国总统的外事权力受到侵蚀，但是基于美国需要应对外部威胁的国际现实，总统仍然是外交政策制定中最有影响力的政治力量。② 当然，必须指出的是，美国总统不仅仅是一个个体，除了其直辖的内阁外，总统制度还包括一整套制度体系，这包括总统行政办公室、白宫办公厅、国家安全委员会和贸易代表办公室等机构。那么，美国最高领导人在威胁评估中发挥什么样的作用？有三种作用最为重要。

首先，对外部威胁进行定性。在美国战略精英看来，美国外交政策的终极目的是捍卫美国个人主义的生活方式，而对美国人民及其生活方式最大的外部威胁是帝国和无政府状态。③ 因此，判断外部威胁是什么性质成为美国最高领导人的首要任务。事实上，美国在冷战结束后对其外部威胁的判断有一个曲折的过程。早在冷战结

---

① Monica Duffy Toft and Talbot Imlay, "Strategic and Military Planning under the Fog of Peace," in Talbot Imlay and Monica Duffy Toft eds., *The Fog of Peace and War Planning：Military and Strategic Planning under Uncertainty*, New York：Routledge, 2006.

② Paul E. Peterson, "The President's Dominance in Foreign Policy Making," *Political Science Quarterly*, Vol. 109, No. 2, 1994, pp. 215 – 234.

③ Michael Lind, *The American Way of Strategy*, Oxford：Oxford University Press, 2006, pp. 21 – 22.

束后，美国就已经把一些非国家行为体视为对其首要地位、侵蚀自由世界秩序的重要威胁。时任国务卿的玛德琳·奥尔布赖特（Madeline Albright）就指出："世界上存在着充满地区冲突和潜在冲突的灰色地带，这些地区不符合任何国家的安全框架，如果不能得到妥善处理，就会侵蚀自由的基础，对世界和平造成威胁。"① 小布什就任总统后，最初将中国列为美国的"战略竞争者"（strategic competitor）。②"九一一事件"后，小布什政府又重新评估了外部威胁，将恐怖主义视为其首要威胁。奥巴马就任总统后，推出了亚太再平衡战略，将打击恐怖主义和应对中国崛起同时作为战略重心，特朗普政府则将大国竞争作为其首要威胁。

其次，发展国家安全战略的核心概念。在国家安全战略上，历届美国政府都会发展出一系列核心概念。在小布什政府时期，美国对华政策就形成了"吓阻""两面下注"和"威慑"三个核心概念，以应对中国的军事挑战；③ 在反恐上则提出了，"全球反恐战争"和"邪恶轴心"等概念。在奥巴马政府时期，则提出了"转向"（pivot）、"再平衡"和"抵消战略"等概念，以应对中国的威胁。在特朗普就任总统后，则提出了"美国优先"和"交易"等概念。总体而言，这些概念的提出有着特定的时代背景，不仅体现了美国的战略任务，也烙上了美国总统的个人风格。例如，小布什在反恐上往往体现了一定的宗教风格；奥巴马喜欢篮球，因此其国家安全战略会使用篮球的一些术语；特朗普是商人，其核心概念也体现了其职业特征。

最后，最高领导人还要进行利益协调。一方面，不同部门之间

---

① Madeleine Albright, "Realism and Idealism in American Foreign Policy Today," *U. S. Department of State Dispatch*, Vol. 5, No. 26, 1994, pp. 434 – 437.

② Department of Defense, *Quadrennial Defense Review Report 2001*, Arlington, V. A., September 30, 2001, p. 4.

③ 吴心伯：《试析布什政府对华安全政策的核心概念》，《美国研究》2007 年第 4 期。

存在资源和权力的竞争，使得文官部门成为掣肘军方的重要力量。例如国务院和国防部之间常有不同立场，从而形成了军政关系的紧张。另一方面，不同军种之间也有分歧，它们在军事学说、战略资源和组织职能上都有自己的利益，从而为了谋求更有利于自身的资源和地位进行竞争。由此，美国最高领导人需要加强文官控制，对各部门和各军种的竞争进行协调和分配，推动妥协的形成，进而形成相对均衡的格局。

那么，哪些因素影响到美国最高领导人如何进行威胁定性，如何发展国家安全战略的核心概念，以及如何进行利益协调？有三个因素不能忽视：其一，总统的个性与偏好。美国历任总统都有着鲜明的个性，其在哲学信念和操作信念上都存在很大差异。① 这些信念体系，主要回答"世界是怎么样的"与"我们应该怎么做"这两个问题。② 在威胁评估过程中，这些个性成为重要的影响因素。③ 其二，总统的顾问在威胁评估总也扮演着重要角色。事实上，美国总统并非能随心所欲，而是受到周围环境和工作人员的限制。总统能够塑造和支配其顾问系统的同时，也受到这些顾问的影响，他们向总统提供关键信息和政策建议，这成为政策决策过程中重要的变量。④ 其三，总统与高级官员之间的关系。外

---

① 对这两类信念的讨论，参见 Alexander George, "The 'Operational Code': A Neglected Approach to the Study of Political Leaders and Decision-Making," *International Studies Quarterly*, Vol. 13, No. 2, 1996, pp. 190 – 220。

② 冯惠云：《防御性的中国战略文化》，《国际政治科学》2005 年第 4 期。

③ John P. Burke and Fred I. Greenstein, "Presidential Personality and National Security Leadership: A Comparative Analysis of Vietnam Decision-Making," *International Political Science Review*, Vol. 10, No. 1, 1989, pp. 73 – 92.

④ Alexander L. George, *Presidential Decisionmaking in Foreign Policy: The Effective Use of Information and Advice*, Boulder, Colorado: Westview Press, 1980; Margaret G. Hermann and Thomas Preston, "Presidents, Adviser, and Foreign Policy: The Effect of Leadership Style on Executive Arrangements," *Political Psychology*, Vol. 15, No. 1, 1994, pp. 75 – 96; Steven B. Redd, "The Influence of Advisers on Foreign Policy Decision Making: An Experimental Study," *The Journal of Conflict Resolution*, Vol. 46, No. 3, 2002, pp. 335 – 364.

交决策主要关注政治精英如何评估外部威胁，进而制定战略，因此主要研究组织内部成员及其互动如何影响外交政策。[①]在这一问题上，不仅涉及总统与高级官员的个人关系，也关系到总统与各部门之间的关系。[②] 综合以上三点不难发现，自上而下的威胁评估过程是一种官僚政治模式，领导人根据组织赋予的权力和自身的能力界定利益，努力维持官僚组织的自主性和利益，通过与其他组织的领导人讨价还价、互相让步而制定和执行国家安全战略。

所谓下是指美军各军种的将领和外事部门的中低层外交官员，包括在战争一线中的将领和一线的外交官，他们负责军事战略和外交政策的执行与反馈。在技术变革如此迅速的今天，技术要求更加迅速、有效和不同系统之间的紧密互动，这给外部威胁评估带来了新挑战。[③] 作为基层组织的一部分，这些将领往往代表的是组织行为，这些行为则被视为组织的输出，在组织规则的范围内执行自己的指责，因此这自下而上的威胁评估具有鲜明的组织过程模式的特点。与自上而下的威胁评估过程相对应，自下而上的威胁评估主要发挥三种作用。

首先，感知、评估现实威胁，并与最高领导人的威胁评估进行对比和验证。不管是否在战时，这些一线的将军和官员像神经末梢一样，比身处办公室的最高领导人更容易感受到真实的威胁。因此，感知并评估威胁，及时与国家安全战略进行比对和验证，这成为一件重要的工作。相对而言，这些威胁的感知更加复杂，更加多

① Richard Snyder et al. , *Decision Making as an Approach to the Study of International Politics*, Foreign Policy Analysis Project, Foreign Policy Analysis Series No. 3, Princeton University, 1954. 对此的论述，也可以参见卢凌宇、林敏娟《外交决策分析与国际关系学范式革命》，《世界经济与政治》2015 年第 5 期。

② Sam C. Sarkesian ed. , *Presidential Leadership and National Security: Style, Institutions, and Politics*, Boulder and London: Westview Press, 1984; Carnes Lord, *The Presidency and the Management of National Security*, New York: The Free Press, 1988.

③ Thomas K. Adams, "Future Warfare and the Decline of Human Decisionmaking," *Parameters*, Vol. 31, No. 4, 2001/2002, pp. 57 - 71.

元。它不仅包括宏大的国家安全战略，它还包括更加微观和细小的威胁，诸如美军在某一场战斗或战役中的外部威胁，以及美军在未来面临的复合威胁。[1]

其次，总结实战经验，发展新作战概念，修改或颠覆战略核心概念。美国在长期的历史过程中形成了特有的战争方式，但是在新的战争形势下需要新的战争方式。[2] 实现这一目的一方面有赖于美军积极总结实战教训。有的将领就认为技术进步给美国带来了机遇，但是也带来了挑战，美国在陆上战争中的战略上存在时间与危险之间的张力，也存在火力和人力失衡的危险。[3] 也有将领认为，美国需要装甲部队，以威慑敌手的同时，赢得战争胜利。[4] 对实战经验的总结意味着美国军队是在适应战场形势，在这其中，士兵和低级军官发挥着重要的作用。[5] 另一方面也有赖于美军发展新的作战概念，例如反叛乱学说、"空海一体战"概念以及网络中心战概念等。这些经验和概念，使得美军在现实中不断改革、转变。

最后，争夺战略资源，维护自身组织自主性。竞争是不同组织和部门之间的常态，它们往往针对资源和职能存在不同立场和观

---

[1] Christopher O. Bowers, "Identifying Emerging Hybrid Adversaries," *Parameters*, Vol. 42, No. 1, 2012, pp. 39 – 50.

[2] Max Boot, "The New American Way of War," *Foreign Affairs*, Vol. 82, No. 4, 2003, pp. 41 – 58.

[3] Robert H. Scales Jr., *Yellow Smoke: The Future of Land Warfare for America's Military*, Lanham, M. D.: Rowman & Littlefield Publishers, INC., 2003; Frederick W. Kagan, "The U. S. Military's Manpower Crisis," *Foreign Affairs*, Vol. 85, No. 4, 2006, pp. 97 – 110.

[4] Chris McKinney, Mark Elfendahl, and H. R. McMaster, "Why the U. S. Army Needs Armor: The Case for a Balanced Force," *Foreign Affairs*, Vol. 92, No. 3, 2013, pp. 129 – 136.

[5] Thomas Meyer, "Flipping the Switch: Combat, State Building, and Junior Officers in Iraq and Afghanistan," *Security Studies*, Vol. 22, No. 2, 2013, pp. 222 – 258; Nina A. Kollars, "War's Horizon: Soldier-Led Adaptation in Iraq and Vietnam," *The Journal of Strategic Studies*, Vol. 38, No. 4, 2015, pp. 529 – 553.

点。由于美军中不同部门和军种面临外部环境的差异，在战争中它们往往地位有所差别，因此获得的资源和发挥职能也大不相同。在地面战争较多的时期，陆军和海军陆战队获得的资源可能更多；而在和平时期，海军和空军获得的份额占据优势。因此这些组织在面临外部威胁时，往往会因资源和职能产生争执。

（二）　威胁评估的次序传递

如果通过切割的方法进行划分，威胁评估同样存在一个次序传递的过程，即威胁评估有可能最先是从美国政府内部最核心的部门出现，然后逐渐向外围扩散，将评估结果传递到社会层面；也有可能是社会最先出现，然后逐渐影响到政府内部最核心部门的威胁评估。在这一维度上，美国的威胁评估过程像一个涟漪一样，存在内外之分、先后之别，并且这个过程也是双向的。

在决策过程中，谁是核心决策者？根据前文所述，我们可以将影响美国外交政策的行为体分为总统、总统的顾问、政治任命官员、国会和行政官员为代表的内层，利益集团和新闻媒体为代表的第二层，以及公众舆论和选民为代表的外层。有学者就认为，外交决策中存在一个权威性的决策集合体，在这其中是占据主导的领导者，某单一团体及其一些联盟。[①] 这些核心决策者占据着威胁评估的主导权，在进程上，一旦这些决策者做出了选择，威胁评估就完成了最重要的部分。然后，决策者依靠核心部门通过政策报告、公开演讲和思想库的吹风会和媒体采访，向外界释放威胁评估的结果。在此过程中，决策的第二层和外层也会或多或少地对核心决策者的威胁评估进行反馈、修正，最终完成了威胁评估的次序传递。

那么，这些核心决策者是如何评估威胁的？从政策选择模式上

---

① Margaret G. Hermann, "How Decision Units Shape Foreign Policy: A Theoretical Framework," *International Studies Review*, Vol. 3, No. 2, 2001, pp. 47–81.

来看，存在三种不同的决策模式，即总统主导模式、委员会模式和官僚政治模式。总统主导模式一般存在于强势总统时，总统一般具有较强的外交能力和政治能力，能够将国务院和国防部架空，进而牢牢控制制定外交政策的议程设置，对外部威胁有自己非常独到的判断。其中最具代表性的例子就是尼克松，由于他在外交政策上极具战略眼光，能够对世界格局和美国面临的外部威胁有一个准确的判断。委员会模式是指总统通过各组织部门之间的协商，最后达成共识，形成威胁评估的结果。在这其中，每个部门都会根据自身的判断提出评估的方案，然后进行对比和排序，达成一致的评估结果，这一决策模式以肯尼迪政府最具代表性。官僚政治模式主要是根据一套例行程序进行决策，这一模式的最大问题是为了形成一致性看法，把制定政策的目的掩盖了。①

事实上，美国的威胁评估传递到外层的速度和程度是不一样的，核心决策者会根据国家利益的需要进行操作。例如对中国威胁的评估相对而言比较平缓而有序，对"九一一事件"后恐怖主义威胁的评估就显得急促而剧烈。除了基于国家利益的考虑外，核心决策者对威胁评估次序传递的处理还受到三个方面的影响：其一，美国是个开放社会，开放政治过程是其政治体制决定的。其二，核心决策者可能是基于寻求政策合法性的考虑。其三，核心决策者为了寻求政策支持者，会选择多种方式将威胁评估过程向社会开放。从以上三个方面，我们需要反过来考虑外层如何影响决策内层的威胁评估过程。

公众舆论和选民，以及利益集团和新闻媒体都属于外层因素，它们试图通过各种途径影响到核心决策圈。在一般意义上，这是一个普通的政策过程。不过，在某些特殊的时刻，这些偏外层力量在

① Henry A. Kissinger, "Domestic Structure and Foreign Policy," *Daedalus*, Vol. 95, No. 2, 1966, pp. 503 – 529.

外部威胁评估上才能显示出其独特的作用。其一，一种情况是核心决策圈的威胁评估及其外交政策没有顾及社会的主流声音和利益，这往往会引起它们的不满，进而通过各种方式影响核心决策圈。其二，如果核心决策者被某一个组织操控和利用，使其偏离明智决策和个人偏好，核心决策者无法进行准确的威胁评估。① 其三，如果外交政策迟滞时，没有应对急迫的威胁，外交政策的成本逐渐高于其收益，偏外圈的力量往往会通过各种方式批评既有政策，推动对外部威胁进行重新评估。其四，如果核心决策者进行了错误的威胁评估，并且执行了错误的战略，这也会导致偏外圈力量的抗议。尤其是决策者或者可能消费情报人员的成果，使得情报无法为决策服务；② 或者决策者选择绕过情报分析人员，按照自我解读来评估威胁。③

从公众舆论、选民、利益集团和新闻媒体的角度来看，它们试图影响威胁评估一般是基于三种出发点：第一，它们代表了利益集团的利益。作为一个多元社会，美国的社会土壤和政治体系使得利益集团能够影响到其政策过程。早在建国之初，美国的国父们就预测到了这一历史趋势，并且提出了应对方法。④ 因此，不同的利益集团在界定美国外部威胁上利益不一，其作用也差别很大。第二，表达不同声音。在美国社会中，总是会存在一批活跃的少数派，他们志在影响政策，表达不同的声音。第三，代表了有利于国家利益的准确判断。对于核心决策者而言，他们也有可能犯错，因此公众

---

① Zeev Maoz, "Framing the National Interest: The Manipulation of Foreign Policy Decision in Group Settings," *World Politics*, Vol. 43, No. 1, 1990/1991, pp. 77 – 110.

② Richard K. Betts, "Analysis, War, and Decision: Why Intelligence Failures Are Inevitable," *World Politics*, Vol. 31, No. 1, 1978, pp. 61 – 89.

③ Stephen Marrin, "Why Strategic Intelligence Analysis Has Limited Influence on American Foreign Policy," *Intelligence and National Security*, Vol. 32, No. 6, 2017, pp. 725 – 742.

④ ［美］汉密尔顿、杰伊、麦迪逊：《联邦党人文集》，程逢如、在汉、舒逊译，商务印书馆 1980 年版，第 10 篇。

舆论、选民、利益集团和新闻媒体可能会针对这些错误进行批评，督促决策者作出政策调整。① 从政策手段上，这些行为体的选择比较多元，包括媒体发声、国会游说和听证会、给领导人写邮件、民意测验、朋友和私人渠道。以越南战争为例，大众通过写信、公开发声和面对面会见等诸多方式，推动政府改变对越南战争的态度。②

根据以上所述，决策内层与决策外层的政策过程就像两个口口相接的漏斗，从内层到外层是由窄及宽，从外层到内层是由宽及窄。从决策圈的维度来看，美国的决策体系就像一个洋葱一样，分为内外多个层次，不同的部门之间发挥着不同的功能。从总统到内阁，然后到思想库，再到利益集团，最后到公众，不同的部门获取信息和影响决策的程度差别很大，在威胁评估的外交政策过程上也呈现出显著的次序过程。

(三) 威胁评估的干预因素

在美国外交政策决策中，连续性是一个重要的特点。然而，这种连续性往往受到国内政治和国际政治的重要影响，从而打破既有的轨迹。从研究的角度来看，这些重大政治事件往往作为干预变量出现。总体而言，美国总统换届和国际重大意外事件是两个最重要的干预变量。

一方面，总统换届对威胁评估有重大影响。历史上，美国形成了两种理念鲜明的外交传统。③ 一种与共和党政府传统比较接近，

① 公众舆论对外交政策影响的讨论，参见 Ole R. Holsti, *Public Opinion and American Foreign Policy*, Revised Edition, Ann Arbor, Michigan: The University of Michigan Press, 2004。

② Mclvin Small, "Influencing the Decision Makers: The Vietnam Experience," *Journal of Peace Research*, Vol. 24, No. 2, 1987, pp. 185 – 198.

③ Hans J. Morgenthau, "The Mainsprings of American Foreign Policy: The National Interest vs. Moral Abstractions," *The American Political Science Review*, Vol. 44, No. 4, 1950, pp. 833 – 854; Michael H. Hunt, *Ideology and U. S. Foreign Policy*, 2nd edition, New Heaven: C. T. : Yale University Press, 2009.

自上承之于汉密尔顿、杰克逊和老罗斯福等政治家的理念，二战后经过乔治·凯南、尼克松与基辛格、里根等政治家发展。这一传统倾向于权力政治，主张在国际事务中相对克制，大多支持通过威胁界定利益，在威胁评估时更加注重外部世界的安全环境。① 另一种与民主党传统比较接近，它上承之于杰斐逊和威尔逊，二战以后以肯尼迪政府、克林顿政府和奥巴马政府最具代表性。这一传统主张在国际事务中保持接触，往往通过意识形态来界定国家利益，在威胁评估中容易受到自身价值观念的影响。② 美国两种鲜明外交理念分庭抗礼导致了一个政治后果，即一旦共和党政府与民主党政府更替，其外交政策将出现重大调整。二战结束以来，每次总统更替后，美国外交战略都会随之出现重大转向，党派易位时更是显著。以奥巴马政府和特朗普政府的更替为例，两任总统的亚太战略大相径庭。如果说近十年来美国的国家安全战略主题是调整与平衡，那么奥巴马和特朗普在亚太地区给出的处方却大相径庭。特朗普亚太战略的设计同样旨在解决美国的战略困境，但是从手段来看，其追求的途径大都是奥巴马没有兴趣或能力不及的领域，即追求美国优先，努力提高自身力量，同时通过利益界定威胁和谈判，试图让盟友分担更多的防务责任，以缓解外部压力，最终构建一个力量均衡的亚太安全秩序。

另一方面，国际重大意外事件也会扭转美国威胁评估的结果。在美国的外交政策实践中，一些国际重大意外事件会直接影响到其

---

① John Lamberton Harper, *American Machiavelli*: *Alexander Hamilton and the Origins of U. S. Foreign Policy*, Cambridge: Cambridge University Press, 2007; Walter Russell Mead, "The Jacksonian Tradition: And American Foreign Policy," *The National Interest*, No. 58, 1999/2000, pp. 5 – 29.

② Robert W. Tucker and David C. Hendrickson, "Thomas Jefferson and American Foreign Policy," *Foreign Affairs*, Vol. 69, No. 2, 1990, pp. 135 – 156; Thomas J. Knock, "Playing for a Hundred Years Hence," in G. John Ikenberry et al., *The Crisis of American Foreign Policy*: *Wilsonianism in the Twenty-first Century*, Princeton, N. J.: Princeton University Press, 2009.

威胁评估，甚至有可能使外交战略发生重大转变。在历史上，这一现象屡次出现：苏联拥有核武器后，美国对其威胁评估出现了重大转变；古巴导弹危机爆发后，美国视苏联的行为威胁到国土安全；苏联解体后，超级大国不再是美国的首要威胁；"九一一事件"发生以后，小布什政府在反恐问题上需要中国的支持，中美间其他问题暂时退居次要位置。[①] 于是，小布什政府不再宣称中国不再是美国的战略竞争对手，改称中美两国应该发展建设性合作关系。如果回顾国际关系历史，在特定的时刻，一些国际重大意外事件往往迫使美国扭转战略方向，调整对首要威胁的判定。因此，这些国际重大意外事件就成为美国威胁评估的重要干预变量。

三　威胁评估的理论机制

威胁评估是一个复杂的政策过程。决策者根据国内外政治态势，在复杂的环境下统合各种观点，进而做出威胁判断。在威胁评估中，不同的情境下会有不同的作用机制。总体而言，美国外交政策中的威胁评估存在共识生成、威胁流散和政策校准三个机制。

（一）共识生成机制

不管是自上而下和自下而上的双向运动，还是由内到外和由外到内的次序传递，在威胁评估的决策过程中，不同部门和力量之间如何互动、如何妥协始终是一个根本性问题。当然，在现实中并非自上而下或自下而上这么清楚，也并非由内到外或由外到内如此简单，不同部门和力量之间可能还有很多交叉影响之处，有必要简化决策进程，探讨威胁评估过程中的共识生成机制。事实上，在国际

---

① 周文重：《斗而不破：中美博弈与世界再平衡》，中信出版社 2017 年版，第 39 页。

社会中，不管是基于法律和规范谈判，还是基于权力的谈判，共识生成是国家之间维持合作关系的前提。① 与之相比，外部威胁评估在国内政治上达成共识的过程要复杂得多。

在威胁评估过程中，存在两种态势。其一，威胁评估只存在一个方案，由核心决策者或某一部门提出。在此情况下，参与决策的领导人和部门更多的是对这一方案的可行性进行争论，然后发现其不足，对其进行修改和细化，最大限度上满足政策需要。不过，在现实政治生活中，这种情况相对较少，更多时候是两个或多个方案同时存在。其二，威胁评估存在方案竞争，决策者和决策部门分别支持不同的方案。在这种情况下，威胁评估的完成需要决策者和决策部门达成妥协，生成最终共识。根据前文所述威胁评估的双向运动和次序传递，共识生成存在纵向耦合和横向耦合两个机制。

纵向耦合是指美国最高领导人与美军高级将领之间在威胁评估上互相接受的过程。实际上，这个涉及美国的军政关系，也就是政治与军事之间的关系。因此，纵向耦合是指上层文官与下层将领之间在战略与学说上彼此妥协，达成共识的过程，这也就是政治—军事整合问题。巴里·波森（Barry Posen）认为，加强政治—军事整合主要有三个方面的措施：第一是推动军人将政治标准纳入其军事学说，第二是文官应该加强对军事事务的了解，第三是决策者在各军事力量和任务间设定主次先后。② 通俗来讲，强化政治—军事整合，就是军队将愿意接受政治领导，文官愿意站在军事的角度思考问题，两者都能够接近其心理预期时，才能达成妥协。在理论上，

---

① Bruce E. Moon, "Consensus or Compliance? Foreign-policy Change and External Dependence," *International Organization*, Vol. 39, No. 2, 1985, pp. 297 – 329; Richard H. Steinberg, "In the Shadow of Law or Power? Consensus-Based Bargaining and the Outcomes in the GATT/WTO," *International Organization*, Vol. 56, No. 2, 2002, pp. 339 – 374.

② ［美］巴里·波森：《军事学说的来源：两次世界大战之间的法国、英国和德国》，梅然译，上海人民出版社 2013 年版。

只有彼此收益很高，且接近彼此认定的核心目标时，行为体才会试图做出妥协。[1]

横向耦合是指参与决策的各部门在威胁评估上达成一致。在威胁评估的决策过程上，这是各部门之间的协调问题，这同时意味着政治精英之间达成了基本共识。一般而言，精英共识对外交政策有重要影响，公众舆论的作用非常有限。[2] 此外，威胁评估过程中的横向耦合还意味着各部门接受了妥协的成本。有学者就认为，如果政策妥协破坏了部门的规范和信念，部门负责人必须权衡任何妥协的收益与成本，部门间不信任与组织文化差异将提升达成妥协的交易成本。[3] 因此，各部门达成共识的过程，也是各部门调整对成本和收益心理预期，消除不信任和差异，最终达成妥协的过程。

那么，什么因素能够塑造共识达成的过程？在这其中，强势的领导人、代表正确选择和保证程序正义最为关键。首先，强势的领导人有助于共识产生。根据前文所述，决策过程中领导人的个人性格和特性非常重要。埃利奥特·科恩（Eliot A. Cohen）分析了林肯、克里蒙梭、丘吉尔和本-古里安四个领袖，这些领袖的领导风格都非常强势，处理军政关系都比较有效。[4] 对于部门协调，这一规律同样适用。在威胁评估中，强势的领导人在共识建设、游说劝

---

① Gary Goertz, "Constraints, Compromises, and Decision Making," *Journal of Conflict Resolution*, Vol. 48, No. 1, 2004, p. 31.

② Sarah Kreps, "Elite Consensus as a Determinant of Alliance Cohesion: Why Public Opinion Hardly Matters for NATO-led Operations in Afghanistan," *Foreign Policy Analysis*, Vol. 6, No. 3, 2010, pp. 191 – 215；对于精英共识的研究，还可以参见［美］兰德尔·施韦勒《没有应答的威胁：均势的政治制约》，刘丰、陈永译，北京大学出版社 2015 年版。

③ Daniel W. Drezner, "Ideas, Bureaucratic Politics, and the Crafting of Foreign Policy," *American Journal of Political Science*, Vol. 44, No. 4, 2000, p. 737.

④ ［美］埃利奥特·科恩：《最高统帅：战争中的元首与他的将军们》，徐刚译，新华出版社 2004 年版。

说和谈判中往往能发挥独特的作用。① 一方面，强势的领导人容易形成权威，强化权力中心的地位，提高了各部门对共识的认同。② 另一方面，强势领导人能够统合部门纷争，消弭威胁评估的分歧，减少了达成共识的阻碍因素。

其次，威胁评估的方案代表正确选择也是重要的。在理论上，达成共识需要不同政策目标具有可行性，国内政治层面在手段和目的上的一致程度。③ 因此，如果核心决策者和某一部门提出的方案更具合理性和可行性，能够很好地应对外部威胁，能够捍卫国家利益，这样的方案往往更容易被接受。需要指出的是，这种评估方案往往要经受住时间的检验，一旦验证了现实世界，或预测了未来发展趋势，对这一威胁评估方案的共识将更容易达成。

最后，保证程序正义有助于共识达成。在威胁评估过程中的共识行程中，程序正义主要有两方面的含义。其一，在宏观制度设计上，制度安排应该合理而规范。以军政关系为例，美国构建起来了相对合理的制度分工。二战之后，塞缪尔·亨廷顿（Samuel Huntington）根据美国面临的政治现实提出了客观文官控制理论，他认为美国应该通过军队职业化，塑造军队成为国家的工具来实现文官控制。政治家应该尊重军人的专业和管理暴力的完整性，从而塑造军队专业主义的价值观。与此相对应，军人应该保持政治上的中

---

① Roger Hilsman, "Congressional-Executive Relations and the Foreign Policy Consensus," *The American Political Science Review*, Vol. 52, No. 3, 1958, pp. 725 – 744; Roger Hilsman, "The Foreign-Policy Consensus: An Interim Research Report," *Conflict Resolution*, Vol. 3, No. 4, 1959, pp. 361 – 382.

② Joe D. Hogan et al., "Foreign Policy by Coalition: Deadlock, Compromise, and Anarchy," *International Studies Review*, Vol. 3, No. 2, 2001, pp. 169 – 216.

③ Wolfram F. Hanrieder, "Compatibility and Consensus: A Proposal for the Conceptual Linkage of External and Internal Dimensions of Foreign Policy," *The American Political Science Review*, Vol. 61, No. 4, 1967, pp. 971 – 982.

立，并接受政治家的政治领导。[①] 彼得·费弗（Peter Feaver）也认为，美国应该给予军官依据其专业知识决定作战的自主权，文官则要对军队进行监督。[②] 其二，在微观决策程序上，规则应该清晰而公正。有学者就指出，一致通过规则的小组比多数通过规则的小组更容易实现认知共识。[③] 因此，在威胁评估时，可以通过公平正义的程序，提高不同方案之间达成妥协的可能。

（二）威胁流散机制

与共识生成机制相伴的，还有一个威胁流散机制。所谓威胁流散是指美国政治精英往往倾向于夸大外部威胁，一旦其政治成本上升，造成威胁评估的流失，决策者往往倾向于调整战略。因此，考察威胁是如何逐渐流失的，这成为我们理解美国威胁评估过程的必要内容。

在理论上，我们可以推导出关于威胁流散的三个核心观点。第一，当美国国内的决策者认为继续既有国家安全战略的政治成本大于改变此战略的政治成本时，往往转变对外部威胁的评估。既有安全战略是基于对以往外部威胁的评估，因此在战略执行过程中往往产生大量的政治成本。如果美国身处战争状态中，其军事行动中的军费开支、人员伤亡和战场表现会带来巨大的政治成本。即使美国没有进行战争，其现有的军事政策是否合理、军费开支是否过大和国内支持度是否足够都成为影响威胁评估的重要因素，并产生一定的政治成本。如果这些政治成本积少成多，并最终超过美国终止执

---

① ［美］塞缪尔·亨廷顿：《军人与国家：军政关系的理论与政治》，李晟译，中国政法大学出版社 2017 年版。

② Peter Feaver, *Armed Servants: Agency, Oversight, and Civil-Military Relations*, Cambridge, Mass.: Harvard University Press, 2003.

③ Susan Mohammed, "Cognitive Diversity and Consensus in Group Decision Making: The Role of Inputs, Processes, and Outcomes," *Organizational Behavior and Human Decision Processes*, Vol. 85, No. 2, 2001, pp. 310 – 335.

行既有国家安全战略所导致承诺可信度丧失的政治成本时，决策者将调整威胁评估。第二，当国际体系中出现更加严峻的威胁时，美国国内的决策者会选择终止既有国家安全战略。美国在全世界拥有众多的战略利益，因此也要面对更多的麻烦。不仅仅是在亚太地区，美国在中东地区、中亚地区和欧洲地区都有严峻的挑战。因此，一旦国际体系中出现了更加严峻的外部威胁时，美国国内的决策者会进行外部威胁的再评估，并作出战略调整。第三，如果战争爆发时，美国国内的决策者过度夸大了外部威胁，随着国内和国际政治的压力上升，政治精英对外部威胁的认知会下降，因此美国会选择终止既有国家安全战略。从根本上来说，美国存在着夸大外部威胁、过度反应的意识形态根源。有学者就认为，美式自由主义才是使得美国如今不自由的真正原因。特别是美国对"九一一事件"过度反应，并视恐怖主义如此危险的原因，与其说是对其机体的威胁，不如说是对其生活方式存在威胁。①

考察以上三个观点，不难得出美国先前评估的外部威胁存在三个流散机制。首先，对决策者而言，威胁可能会由国外转移到国内。尤其是在战争时期，美军在战场上的表现，以及战争的整体走向都会塑造国内民众的态度。一旦战争成本过高，久而不能取胜，支持战争的国内民众将缓慢流失，并有可能走到反对战争的一面。如果当国内政治压力达到一个均衡点，美国将面临停战和撤军与否的问题，这在朝鲜战争、越南战争和阿富汗战争中表现得非常明显。在这一态势下，美国面临着一个困境：如果停战或撤军，则有可能损害美国对盟友以及国际社会承诺的可信性。② 如果不停战或

---

① Michael C. Desch, "America's Liberal Illiberalism: The Ideological Origins of Overreaction in U. S. Foreign Policy," *International Security*, Vol. 32, No. 3, 2007/2008, pp. 7 – 43.

② Dominic Tierney, *The Right Way to Lose a War: America in an Age of Unwinnable Conflicts*, New York: Little, Brown and Company, 2015.

撤军，美国决策者将面对国内观众带来的政治成本。① 在这个均衡点，其发展趋势将是国内观众的政治成本持续增加，而决策者对外部威胁的认知逐渐流散。其次，美国面临的首要威胁可能会由甲转变为乙。在国际关系中，由于各国的力量格局变化以及国家安全战略调整，一个国家的首要威胁会发生变化，首要威胁可以由一个国家转变为另一个国家，由一个议题转变为另一个议题。尤其是在维持现状的国家处于相对衰落的时期，崛起国往往被视为头号对手。② 21 世纪以来，中国经济快速成长，中美两国之间的权力转移加速，使得美国必须调整国家安全战略，转变将恐怖主义视为首要威胁思路，中国逐渐成为美国的首要威胁。再次，决策者对外部威胁的认知会急剧下降。决策者对外部威胁认知下降的态势，主要存在两种情况。其一，从外交决策的角度来看，决策者在评估威胁时往往倾向于夸大外部威胁，为自身国家安全战略寻找合理性，由此导致了所谓的威胁通胀或威胁泡沫。③ 而国家安全战略一旦进入到实践阶段，往往会导致决策者重新对外部环境进行再评估，其对威胁的认知也随之发生改变。例如，美国冷战期间在东南亚地区形成了多米诺骨牌的战略信念，由此夸大了外部威胁，并发动了越南战争。④ 然而，随着越南战争的深入，美国决策者逐渐意识到这一信念的重大问题，并逐渐调整了国家安全战略。其二，领导人更替导致对外部威胁认知的变化。在总统选举之后，美国政府可能发生更替，新

① James D. Fearon, "Rationalist Explanations for War," *International Organization*, Vol. 49, No. 3, 1995, pp. 379 – 414.

② Jack S. Levy, "Declining Power and the Preventive Motivation for War," *World Politics*, Vol. 40, No. 1, 1987, pp. 82 – 107.

③ Richard K. Betts, "Conventional Deterrence: Predictive Uncertainty and Policy Confidence," *World Politics*, Vol. 37, No. 2, 1985, pp. 153 – 179; A. Trevor Thrall and Jane K. Cramer eds., *American Foreign Policy and the Politics of Fear: Threat Inflation since 9/11*, New York: Routledge, 2009.

④ Robert Jervis and Jack Snyder eds., *Dominoes and Bandwagons: Strategic Beliefs and Great Power Competition in the Eurasian Rimland*, Oxford: Oxford University Press, 1991.

总统对外部威胁的认知会与前任总统截然不同，并由此导致国家安全战略的调整。

（三）政策校准机制

在威胁评估过程中，决策者还会根据历史记忆和现实处境进行重新评估，进而对政策进行校准。因此，决策者对于历史记忆和现实处境的处理，就成为政策校准的重要因素。对历史记忆和现实处境两个因素的加工，是通过学习机制来是实现的。正如前文所述，学习行为可以分为负面学习和正面学习，前者是指从本国和他国历史经验中汲取教训，后者是指学习自己和他国的成功之处。在政策执行阶段，这两类学习行为会潜移默化地促使决策者重新审视既有威胁评估，决策者对历史记忆和现实处境的比对，从而起到政策校准的作用。

一是正面强化作用，即历史上一些正面的榜样和现实中的实践强化了决策者既有的威胁评估。一方面，经验，亦即正面的榜样可以强化决策者的威胁评估。在外交政策中，决策者从经验中学习，并且通过从经验中获得的推理来影响自身行为。[1] 经验不仅会强化自我对评估外部威胁的信心，使其强化对外部威胁的判定，而且会窄化对方案的选择，从而缩减决策者选择菜单上的方案。在这两个方面，决策者都会依据自我信念，对历史经验和现实情势进行认真比对，从而校准已经执行的政策。另一方面，实践也会推动决策者对威胁进行重新评估，进而推动自身转变，并调整既有政策。有些时候，决策者在实践过程中甚至会将规范内化到自身，进而导致行为模式发生转变。[2] 更多时候，决策在实践过程逐渐学习，推动自

① Jack Levy, "Learning and Foreign Policy: Sweeping a Conceptual Minefield," *International Organization*, Vol. 48, No. 2, 1994, pp. 279 – 312.

② 颜琳:《武装组织规范学习的动力与进程研究》,《世界经济与政治》2015 年第 8 期。

身组织体系和行为方式的转变，以适应新形势的要求，这在战争中表现得尤为突出。① 因此，领导者的战略学习能力也非常重要。具体到军事学说上，一国领导人必须提升自身学习能力，汲取经验教训，及时学习成功的军事学说。特别是在战场上，如果一种军事学说指导下的军事战略效用不大，则需要领导人及时提出新的军事学说，根据战争形势调整军事战略。在更深的层次上，领导人更需要以新军事学说为指导，推动军事制度的变革。在这其中，决策者对实践和历史两者的对比发挥着关键的作用。

二是负面强化作用，即历史教训通过决策者的类比作用强化了或弱化了既有的威胁评估。历史上，类比一直对决策者的威胁评估起到重要作用，慕尼黑教训、朝鲜教训、越南教训和伊拉克教训时刻提醒着决策者，不能重蹈覆辙，再犯历史上的错误。从中美关系的发展态势来看，随着中国实力的快速提升，对于两国之间权力转移的忧虑增加。尤其是中国实力接近美国的时期，中美两国是否会陷入古希腊时期雅典和斯巴达之间的困境？ 近年来，中美关系中的"修昔底德陷阱"出现也是基于这一类比作用。② 有学者就指出："领导人可能会根据以往的经历和历史实践，与现实进行比较，通过类比或学习历史经验，制定出反映信念体系学习效应的政策。"③ 也有学者认为，历史中的洞察力、类比和叙事是美国与外部世界互动的关键途径。④ 就国家安全战略的过程而言，这就是政策校准的过程，决策者在这一过程中时常面临着困境。有学者意识到，决策

---

① Philipp Rotmann, David Tohn and Jaron Wharton, "Learning Under Fire: Progress and Dissent in the US Military," *Survival*, Vol. 51, No. 4, 2009, pp. 31 – 48.

② Graham Allison, "The Thucydides Trap: Are the U. S. and China Headed for War?" *The Atlantic*, September 24, 2015 (https://www.theatlantic.com/international/archive/2015/09/united-states-china-war-thucydides-trap/406756/).

③ 冯惠云：《防御性的中国战略文化》，《国际政治科学》2005 年第 4 期。

④ Hal Brands and Jeremi Suri eds., *The Power of the Past: History and Statecraft*, Washington D. C.: Brookings Institution Press, 2015.

者试图正确地使用历史教训造成了两个困境：一个是平衡问题，知道多大程度上依赖历史为指导，以及多大程度上忽视它；另一个是选择问题，从经验中获得的某些教训会与另一些人的相矛盾。[①] 也就是说，每一次决策面临的外部环境都是新的，历史有可能会重复，但是不会简单地重复，政策校准的内在逻辑一般是有所区别的。因此，对决策者进行政策校准而言，是否选择以历史为指导，或者多大程度上以历史为指导，始终是要面临的艰难选择。对文官和军人战略家而言，避免错误的类比对历史记忆而言始终是重要的。[②]

　　历史记忆和现实处境产生了两种校准方式，这更多是理论上的推演。然而，在现实中，这种校准方式发挥多大作用，以及如何发挥作用，往往取决于决策者的具体选择。厄恩斯特·R. 梅（Ernest R. May）就认为，政治家一般对历史的运用都很糟糕，[③] 这无疑令理论研究者非常沮丧。事实上，历史记忆往往过于深刻，成为决策者脑海中挥之不去的阴影，使其汲取经验教训的能力大为下降。最具代表性的案例是美军在越南战争上的长久历史记忆。美军在越南战争后在军事战略上形成了越南迷思，这种局面一直持续到海湾战争，甚至在伊拉克战争和阿富汗战争都仍有类比。美国前国防部长梅尔文·莱尔德（Melvin Laird）撰文指出，美国不应该沉迷于对越南战争的情绪性曲解。[④] 然而，这种认识却难以抹除。越南战争的迷思仍然潜移默化地塑造着美军的军事战略，不仅强化了某

　　① Richard K. Betts, *Soldiers, Statesmen, and Cold War Crises*, Cambridge, Mass.: Harvard University Press, 1977, p. 164.

　　② Eliot A. Cohen, "The Historical Mind and Military Strategy," *Orbis*, Vol. 49, No. 4, 2005, pp. 575 – 588.

　　③ Ernest R. May, *"Lessons" of the Past: The Use and Misuse of History in American Foreign Policy*, Oxford: Oxford University Press, 1973.

　　④ Melvin Laird, "Iraq: Learning the Lessons of Vietnam," *Foreign Affairs*, Vol. 84, No. 6, 2005, pp. 22 – 43.

些信条，也弱化了另外一些信条。这种迷思，不得不令我们反思。

四　小结

威胁评估是各国战略决策的核心内容。因此，在一般理论意义上进行归纳、推演和构建，提炼出一个具有普世意义的理论，这对于我们理解国家行为具有重要的意义。然而，从另一个角度上看，各国在威胁评估上又有自己的特点和模式，这充分体现了决策过程的多样性。在理论建构上应该考虑到这两种情况。本章致力于以美国为蓝本，构建一个解释美国威胁评估的理论模式，初步形成了解释美国2006年以来国家安全战略的理论模式。

第二章　应对叛乱还是大国战争？

——美国反恐战略的再定位

事实是，陆军内建设实施反叛乱和稳定行动的能力会是以弱化常规作战的能力为代价的。

——吉安·金泰尔①

美国发动阿富汗战争和伊拉克战争后，战争开局顺利，美军在战场上取得了极大的进展。然而，很快美国在这两场战争中就陷入了叛乱频发的困境。2006 年至 2011 年，美国面临着艰难的选择：一方面，阿富汗和伊拉克的叛乱高涨，迫使美国继续以反恐战争为战略重心，要求美国持续增兵，打赢两场战争。另一方面，中国在这一时期快速崛起，经济力量相继超越了意大利、英国、法国、德国和日本诸国，一跃成为经济实力排名第二的世界大国，这要求美国调整战略重心，在军事上应对中国崛起。在这一段时期，美国内部存在两种截然不同的观点，即美军的战争方式是打击恐怖主义还是应对大国。由于对外部威胁评估存在差别，美国战略精英内部出现了一场战略辩论，这决定了美国国家安全战略的未来走向。

---

① Gian Gentile, "The Imperative for an American General Purpose Army That Can Fight," *Orbis*, Vol. 53, No. 3, 2009, p. 464.

一 阿富汗战争与伊拉克战争中叛乱的兴起

美国在阿富汗和伊拉克的发动反恐战争后，非常规战争（irreg-ular warfare）愈加凸显。面对挑战，美国在军事制度、军事学说、战略战术和武器装备上须做出相应调整。"九一一事件"之后，美国致力于改革其军事制度，调整其国防体系，以应对反恐的要求。[①] 此外，美军还致力于发展适用于非常规战争的新军事理论和战略战术，从而形成了成熟的反叛乱战略。

（一）非常规战争的兴起及其原因

进入21世纪以后，非常规战争愈加凸显，成为这个时代难以忽视的社会现象。与20世纪相比，21世纪以后的非常规战争频频爆发，这对于发动阿富汗战争和伊拉克战争的美军来说，挑战尤为凸显。通过"战争相关指数"数据库中截至2007年的数据统计，加上作者统计的2008—2017年的战争数据，我们可以考察非常规战争的历史地位变动。"战争相关指数"数据库中将战争简单分为四类：国家间战争（inter-state war），意指国家与国家之间的战争；超国家战争（extra-state War），指的是国家与本国外的非国家行为体之间的战争；国内战争（intra-state War），主要是国内出现的战争，包括学术界传统意义上的内战及其相关类型战争；非国家战争（non-state War），主要是指非国家行为体之间的战争。[②] 如果将这四类战争置于非常规战争的标准内，超国家战争和国内战争符合其定义要求，并以此考察其历史变迁。

---

① 左希迎：《反恐时代的美国军事制度改革：从唐纳德·拉姆斯菲尔德到罗伯特·盖茨》，《国际安全研究》2014年第4期。

② Meredith Reid Sarkees, "The COW Typology of War: Defining and Categorizing Wars," COW（http://cow.dss.ucdavis.edu/data-sets/COW-war/the-cow-typology-of-war-defining-and-cat egorizing-wars/view）.

根据"战争相关指数"数据库中的数据，1945 年到 1991 年，一共发生国家间战争 30 次，超国家战争 17 次，国内战争 119 次；在 1992 年到 1999 年，国家间战争有 6 次，超国家战争有 3 次，国内战争有 30 次；而 2000 年到 2007 年，国家间战争只有 2 次，分别是美国与阿富汗、伊拉克之间的战争，超国家战争有 3 次，国内战争有 20 次。① 2008 年以后，国际社会又爆发了一系列较大战争，根据笔者的统计如下：俄格战争（2008 年）、巴以加沙冲突（2008 年）、尼日利亚宗教冲突（2009 年）、索马里冲突（2009 年）、利比亚战争（2011 年）、叙利亚内战（2011 年）、也门内战（2011 年）、南苏丹内战（2013 年）、克里米亚战争（2014 年）、菲律宾南部武装冲突（2017 年），其中仅有俄格战争和利比亚战争是国家间战争，其余都是超国家战争和国内战争。

根据 1945 年以来的数据，可以发现三个特点：其一，国家间战争的频率下降非常明显，21 世纪以后仅有美国发动的对阿富汗和伊拉克的战争，以及俄格战争和利比亚战争。其二，超国家战争有了大幅增加。冷战期间虽有大量的超国家战争，但主要是反殖民战争。进入 21 世纪后，其战争的行为体转变为国家行为体和非国家行为体。其三，国内战争的频率相对比较稳定。综合三个方面来看，21 世纪以后的非常规战争爆发的频率有了比较显著的增加。如果我们将冷战期间超国家战争和国内战争高涨的趋势称之为第一次浪潮，那么可以将 21 世纪以来超国家战争和国内战争的复兴称之为第二次浪潮。

非常规战争为什么在 21 世纪后愈演愈烈？一般而言，每一种形态的战争兴起都有特定的时代背景，不管是二战前的全面战争，还是核革命后的有限战争，战争形式的变迁都是基于特定的社会基础，21 世纪后非常规战争再兴也必然不能例外。总体而言，美国

① "Chronological List of All Wars,"（http://cow. dss. ucdavis. edu/data-sets/COW-war/cow-war-list）.

干涉加剧、族群冲突凸显、政治参与扩大和技术变革加速是这一时期非常规战争复兴的重要原因。

首先，美国干涉加剧。美国的干涉往往使得国际局势更加复杂，这增加了非常规战争的频率。冷战结束后，美国通过扩展战略和民主推广战略，趁机巩固冷战胜利的果实。"九一一事件"之后，美国更是秉持先发制人和单边主义的原则，频频打击恐怖主义，通过军事力量在全球推广民主，这就是所谓的布什主义。[①] 21世纪以来，非常规战争的再兴与反恐战争、民主推广和保护的责任三个宏观趋势出现有着直接关系。

其次，族群冲突凸显。二战以后，有三波比较明显的族群冲突。第一个高峰期是在20世纪60年代，民族主义的高涨推动了民族解放运动，同时也加剧了族群之间的冲突。第二个高峰期是冷战结束前后，苏联解体诞生了一些新国家，以及南斯拉夫境内的族群关系紧张，催生了新的族群冲突。[②] 第三个高峰期是在"九一一事件"之后，美国积极推广民主，支持颜色革命，加剧了族群之间的对立和冲突。当然，在不同的历史阶段，族群冲突导致战争的作用机制也不一样。[③] 在理论上，族群冲突容易引发内战。[④]

---

① 周琪：《"布什主义"与美国新保守主义》，《美国研究》2007年第2期。

② Barry R. Posen, "The Security Dilemma and Ethnic Conflict," *Survival*, Vol. 35, No. 1, 1993, pp. 27 – 47.

③ Donald L. Horowitz, *Ethnic Groups in Conflict*, Berkeley, Calif.: University of California Press, 1985. David A. Lake and Donald Rothchild, "Containing Fear: The Origins and Management of Ethnic Conflict," *International Security*, Vol. 21, No. 2, 1996, pp. 41 – 75; Paul Collier and Anke Hoeffler, "Greed and Grievance in Civil War," *Oxford Economic Papers*, Vol. 56, No. 4, 2004, pp. 563 – 595.

④ 参见 Chaim Kaufmann, "Intervention in Ethnic and Ideological Civil Wars: Why One Can Be Done and the Other Can't," *Security Studies*, Vol. 6, No. 1, 1996, pp 62 – 100; Barry R. Posen, "The Security Dilemma and Ethnic Conflict," *Survival*, Vol. 35, No. 1, 1993, pp. 27 – 47; Stuart J. Kaufman, "Symbolic Politics or Rational Choice? Testing Theories of Extreme Ethnic Violence," *International Security*, Vol. 30, No. 4, 2006, pp. 45 – 86; Shiping Tang, "The Security Dilemma and Ethnic Conflict: Toward a Dynamic and Integrative Theory of Ethnic Conflict," *Review of International Studies*, Vol. 37, No. 2, 2011, pp. 511 – 536; 王凯、唐世平：《安全困境与族群冲突：基于"机制 + 因素"的分析框架》，《国际政治科学》2013年第3期。

再次,政治参与扩大。在民主化的过程中,政治参与急剧扩大,政治制度非常脆弱,充满了激情的选民与变化无常的权力精英都有可能令这个国家更加具有进攻性,更有可能发动战争。①

最后,技术变革加速。对于现代的常规战争而言,战争的双方力量比较均衡,技术的代差相对较小。对于非常规战争,技术因素呈现出巨大的差异性,因此对战争结果的塑造更具有分辨度。

(二) 反恐战争中叛乱的兴起

诚然,非常规战争的再次凸显与美国反恐战争之间存在互塑关系,然而这不妨碍我们将阿富汗战争和伊拉克战争置于这一历史背景下考察。早在反恐战争的初期,美国依仗强大的军事实力在战局上取得了良好的开端,然而,随着恐怖组织战争方式的调整,全球伊斯兰叛乱的力量越来越强大。②尤其是 2006 年以后,叛乱在阿富汗和伊拉克两场战争中陡然增加,给美军带来了前所未有的挑战。随着美军在阿富汗和伊拉克战场上的形势恶化,美国在越南的丛林里和苏联在阿富汗的大山里经受游击战困扰的局面重现。作为一个旧的概念,叛乱和反叛乱改头换面,在阿富汗和伊拉克以新的形态出现在国际社会中。③

从 2006 年开始,阿富汗的局势持续恶化,美军面临着艰难的困局。④尽管开局顺利,但是美军并未能速战速决。随着叛乱和恐怖袭击的高涨,美国的"浅脚印"战略宣告失败,这主要表现在以

---

① Edward D. Mansfield and Jack Snyder, "Democratization and the Danger of War," *International Security*, Vol. 20, No. 1, 1995, pp. 5 – 38;〔美〕杰克·斯奈德:《从投票到暴力:民主化和民族主义冲突》,吴强译,中央编译出版社 2017 年。

② David J. Kilcullen, "Countering Global Insurgency," *The Journal of Strategic Studies*, Vol. 28, No. 4, 2005, pp. 597 – 617.

③ Steven Metz, *Rethinking Insurgency*, Washington, D. C. : Strategy Studies Institute, Army War College, June 2007.

④ 刘青建:《试析美国在阿富汗的困局》,《现代国际关系》2009 年第 2 期。

下四个方面：

首先，简易爆炸装置（Improvised Explosive Device）袭击急速攀升，美军的反恐行动导致了越反越恐的结果。根据学者的统计，阿富汗在 2006 年的简易爆炸装置袭击有了爆炸性增长，其中自杀性爆炸袭击从 2005 年的 27 次增长到 2006 年的 139 次，远程遥控爆炸（remotely detonated bombings）袭击从 2005 年的 783 次增加到 2006 年的 1677 次。[1] 随后，局势并未缓解，阿富汗在 2007 年总共出现了 2615 次简易爆炸装置袭击，[2] 在此基础上，2008 年又增长了 26% 达到 3294 次，[3] 2009 年的袭击活动增加了 55%，其中简易爆炸装置占据三分之一[4]。

其次，"基地"组织和塔利班重新恢复了战斗力。随着美军在阿富汗战争的推进，"基地"组织和塔利班组织重新恢复了战斗力。"基地"组织通过组织演变，通过新的网络积极动员反美力量，重新具备了跟美国继续战斗的力量。[5] 这些"圣战"组织再次做大，背后的真正原因是阿富汗政府的软弱，难以提供有效的法律和秩序，也难以有效使用资源，执行政府政策。[6] 塔利班组织也重新恢复了战斗力，它依靠在部落地区建立网络，动员农村人口的支持，依靠在巴基斯坦边界地区的屏障和帮助，抵抗住了美军的反叛

---

① Seth G. Jones, "The Rise of Afghanistan's Insurgency: State Failure and Jihad," *International Security*, Vol. 32, No. 4, 2008, pp. 7 – 8.

② *Report on Progress toward Security and Stability in Afghanistan*, Report to Congress in Accordance with the 2008 National Defense Authorization Act, June 2008, p. 11.

③ *Report on Progress toward Security and Stability in Afghanistan*, Report to Congress in Accordance with the 2008 National Defense Authorization Act, January 2009, p. 31.

④ *Report on Progress toward Security and Stability in Afghanistan*, Report to Congress in Accordance with the 2008 National Defense Authorization Act, November 2010, pp. 53 – 55.

⑤ Bruce Riedel, "Al Qaeda Strikes Back," *Foreign Affairs*, Vol. 86, No. 3, 2007, pp. 24 – 40.

⑥ Seth G. Jones, "The Rise of Afghanistan's Insurgency: State Failure and Jihad," *International Security*, Vol. 32, No. 4, 2008, pp. 7 – 40.

乱战略。① 在这一时期，塔利班在跟美国竞争中逐渐占据了一定优势，对美国治理阿富汗形成了重大挑战。

再次，美军和平民伤亡人数急剧上升。在这一时期，由于简易爆炸装置袭击迅速增加，小规模冲突锐增，使得美军和平民伤亡人数快速攀升。2006 年至 2010 年，美军死亡人数分别为 98 人、117 人、155 人、311 人和 499 人，② 巨大的人员伤亡给美军带来了战略压力。

最后，阿富汗的经济落后，社会问题突出。由于地理环境闭塞，国内地形多山，阿富汗经济一直非常落后。美军发动阿富汗战争后，在纷乱的格局下，阿富汗经济更是困难重重，毒品成为阿富汗的经济支柱，这更是加剧了阿富汗局势的不稳定。在如此困局下，美军看不到战争胜利的希望，必须调整其战略了。

美军在伊拉克也面临着类似的局面。2004 年 6 月，伊拉克临时政府成立，次年组成了过渡政府，随后通过正式选举组建了伊拉克政府。然而，由于伊拉克政府软弱无力，难以管控整个国家，导致国内叛乱频发。美国通过伊拉克重建为阿拉伯国家树立"民主典范"的尝试遭遇挫折，"伊拉克综合征"出现。③ 到 2006 年年底，伊拉克国内的叛乱形势已经非常严峻。驻伊拉克美军司令彼得雷乌斯回忆道："当我在 2007 年 2 月初回到巴格达时，我发现形势比我预想的更加严峻。"④ 伊拉克逐渐恶化的国内安全环境包括几种情况：

首先，国内动荡，恐怖主义、叛乱分子、极端武装人员和犯罪

---

① Thomas H. Johnson and M. Chris Mason, "Understanding the Taliban and Insurgency in Afghanistan," *Orbis*, Vol. 51, No. 1, 2007, pp. 71 – 89.

② Susan G. Chesser, *Afghanistan Casualties: Military Forces and Civilians*, Washington, D. C.: Congressional Research Service, February 3, 2011, p. 1.

③ John Mueller, "The Iraq Syndrome," *Foreign Affairs*, Vol. 84, No. 6, 2005, pp. 44 – 54.

④ David Petraeus, "Foreword," in Peter R. Mansoor, *Surge: My Journey with General David Petraeus and the Remaking of the Iraq War*, New Heaven: Yale University Press, 2013, p. ix.

分子推动族群和教派竞争走向暴力。根据美国的统计，伊拉克的叛乱分子通过走私、绑架、伪造和抢劫获得了数亿美元。① 正是有了这些基础，叛乱分子才能够对美军形成巨大威胁。根据彼得雷乌斯的报告，伊拉克的暴力袭击活动在 2006 年年初后一直处于快速攀升的状态，到 2007 年 3 月份后才有所下降。②

其次，伊拉克国内的叛乱造成了大量伤亡，不仅美军士兵出现了更多的人员伤亡，民众伤亡也是出现了大幅增加。从 2006 年 1 月到 12 月，伊拉克国内暴力袭击造成的民众死亡从 500 人左右上升到 3000 人左右，美军对此非常敏感。③

再次，伊拉克的民主建构出现了困难。在美国的战略规划中，伊拉克的国内政治重建将是重要的一环。一个民主自由的伊拉克对于美国推进中东和平进程，为阿拉伯国家树立一个模范，这具有重要的意义。然而，由于伊拉克是一个分裂的社会，构建民主是一个非常危险的选择。④ 社会分裂导致的叛乱，有可能发展为明天的恐怖主义。⑤ 对于这一态势，可能是美国所始料不及的。

（三）非国家行为体的行为模式

长期以来，人们理解战争更多站在主导一方，乃至于胜者的一方，这往往令我们忽视了观察战争的其他维度。作为较弱的一方，

---

① John F. Burns and Kirk Semple, "Iraq Insurgency Has Funds to Sustain Itself, U. S. Finds," *The New York Times*, November 26, 2006.

② David Petraeus, *Report to Congress on the Situation in Iraq*, September 10/11, 2007.

③ David Petraeus, *Report to Congress on the Situation in Iraq*, September 10/11, 2007; Christopher Gelpi, Peter Feaver, and Jason Reifler, "Success Matters: Casualty Sensitivity and the War in Iraq," *International Security*, Vol. 30, No. 3, 2005/2006, pp. 7 – 46.

④ Daniel Byman, "Constructing a Democratic Iraq: Challenges and Opportunities," *International Security*, Vol. 28, No. 1, 2003, pp. 47 – 78.

⑤ Peter Bergen and Alec Reynolds, "Blowback Revisited: Today's Insurgents in Iraq Are Tomorrow's Terrorist," *Foreign Affairs*, Vol. 84, No. 6, 2005, pp. 2 – 6.

非国家行为体可以通过独特的行为模式来对抗强者。① 综合叛乱组织、恐怖组织和极端组织的特征，权衡战争中的强者和弱者选择，它们在非常规战争中有挑衅、动员、消耗和大规模战役四种主要的行为模式。

第一种战略行为是挑衅（provocation）。叛乱组织、恐怖组织和极端组织一般作为弱者而存在，为了自身生存，它势必审慎选择其斗争策略。其中，它们的挑衅行为是一种相对常见的策略，主要有三种方式：

首先，话语上的攻击。叛乱组织、恐怖组织和极端组织往往面对有不同文化和信仰的群体，因此通过话语上的攻击就成为一个重要选择。一般而言，它们倾向于通过宗教制造对立。例如，伊斯兰教的非政府行为体往往把一些基督教国家为"异教徒""十字军"，试图通过"圣战"来驱逐"侵略者"。

其次，叛乱组织、恐怖组织和极端组织可以通过恐怖袭击挑衅国家行为体。正如"基地"组织通过"九一一事件"挑衅美国，"基地"组织通过巴黎恐怖袭击挑衅法国，恐怖组织往往通过一些恐怖袭击，以挑衅国家行为体。相对而言，非国家行为体的恐怖袭击更加灵活，可以实现跨国执行，是一种政治成本相对较低的选择。②

最后，叛乱组织、恐怖组织和极端组织可以通过游击型袭击来挑衅国家行为体。通过小型、分散和流动的游击战同样是重要选

---

① 代表性的研究，参见 Ivan Arreguín-Toft，"How the Weak Win Wars: A Theory of Asymmetric Conflict，" *International Security*，Vol. 26，No. 1，2001，pp. 93 – 128；Andrew H. Kydd and Barbara F. Walter，"The Strategies of Terrorism，" *International Security*，Vol. 31，No. 1，2006，pp. 49 – 80. 类似的讨论，参见［澳］戴维·基尔卡伦《意外的游击战：反恐大战中的各类小型战争》，修光敏、王戎译，上海人民出版社2016年版，第38—41页。

② Stathis N. Kalyvas，"The Paradox of Terrorism in Civil War，" *The Journal of Ethnics*，Vol. 8，No. 1，2004，pp. 97 – 138.

择，这一挑衅行为的特点是更加难以防控，更加具有针对性，也对国家治理的冲击更为持久。如果比较这三者，话语上的挑衅是一种低水平的挑衅，恐怖袭击相对而言更为激烈，游击型袭击烈度最大。恐怖袭击挑衅的实施效果相对有限，国家往往不会做出强烈反制，游击型打击更可能招致国家的强烈回应，也因此是一种更为有效的挑衅手段。[①]

第二种战略行为是动员。在非常规战争中，叛乱组织、恐怖组织和极端组织的战略动员主要存在人力动员和经济动员两个维度。总体而言，它们可以通过两种笼统的策略来动员人力。

其一，媒体宣传是非国家行为体动员人力的重要手段。叛乱组织、恐怖组织和极端组织深谙媒体宣传的重要性，并且已经发展出了一套组织严密的宣传体系。在技术手段上，它们重视最新的互联网技术，借助于虚拟社区、社交新媒体来宣传理念。在宣传内容上，它们鼓吹民族主义，宣扬宗教思想，试图通过不同国家、文化和文明之间的分歧来赢得支持，笼络人心。在动员渠道上，这些非国家行为体建立了完备、周密的社会网络，以及一整套人员培训和分配机制。[②]

其二，叛乱组织、恐怖组织和极端组织可以通过激进策略来动员人力。有学者认为，极端主义者可以通过激进行为逼迫政府做出回应，进而激发民众对极端主义的支持，这种激发可能来源于反恐行为，也可能通过这种行为改变民众对政府动机的评估。[③] 特别是在族群关系复杂、宗教冲突严重和贫富分化严峻的地区，它们更容

[①] David B. Carter, "Provocation and the Strategy of Terrorist and Guerrilla Attacks," *International Organization*, Vol. 70, No. 1, 2016, pp. 133 – 173.

[②] 以"伊斯兰国"为例，它建立了一整套战略动员体系，吸纳追随者。参见刘乐《社会网络与"伊斯兰国"的战略动员》，《外交评论》2016 年第 2 期。

[③] Ethan Bueno de Mesquita and Eric S. Dickson, "The Propaganda of the Deed: Terrorism, Counterterrorism, and Mobilization," *American Journal of Political Science*, Vol. 51, No. 2, 2007, pp. 364 – 381.

易通过激进措施动员人力。

经济动员是另外一种重要的动员方式。维持稳定的经济来源是叛乱组织、恐怖组织和极端组织生存和发展的前提条件，因此征收税赋、黑色收入和资源掠夺等就成为不可或缺的手段。以"伊斯兰国"为代表，它会控制一定的领土和人口，因此通过对其控制领土和人口征收税赋就成为其财政收入的核心部分。[①] 黑色收入也是叛乱组织、恐怖组织和极端组织重要的财政来源。在具体资金来源上，它们可以通过勒索、抢劫、绑架和贩卖人体器官等方式获取大量财富。[②] 在渠道上，它们往往有一整套黑金的资金链，可以通过国际金融体系实现资金流通。这些手段极端、管道隐秘的财政汲取路径，为其提供了较为稳定的经济来源。此外，资源掠夺同样不能忽视。它们也会充分利用其控制领土上的资源，通过国际贸易换取必要的外汇储备和战略物资。例如，塔利班控制了大致一万处矿区，掠夺矿产已成为塔利班继海洛因贸易之后最大的收入来源，特别是通过掠夺青金石矿产为塔利班提供了大量的战争经费。[③]

第三种战略行为是消耗（attrition）。在非常规战争中，非国家行为体与国家之间的消耗战略远远比国家与国家之间更为复杂。[④] 正如前文所述，非国家行为体主要有三种手段：其一，恐怖袭击。实施恐怖主义可以被看成是一种斗争的战略，[⑤] 持续不断地消耗国

---

① Graeme Wood, "What ISIS Really Wants," *The Atlantic*, Vol. 315, No. 2, 2015, pp. 83 – 86；刘乐：《社会网络与"伊斯兰国"的战略动员》，《外交评论》2016 年第 2 期。

② 王心馨：《制造巴黎恐怖主义袭击的 IS 是从哪里获得钱财的？》，澎湃新闻，2015 年 11 月 15 日（参见 http://www.thepaper.cn/newsDetail_ forward_ 1397052）；刘乐：《社会网络与"伊斯兰国"的战略动员》，《外交评论》2016 年第 2 期。

③ 《塔利班掠夺阿富汗矿产资源》，中华人民共和国商务部，2016 年 9 月 14 日（http://www.mofcom.gov.cn/article/i/jyjl/j/201609/20160901392928. shtml）。

④ Avi Kober, "Israel Wars of Attrition: Operational and Moral Dilemmas," *Israel Affairs*, Vol. 12, No. 4, 2006, pp. 801 – 822.

⑤ Ariel Merari, "Terrorism as a Strategy of Struggle: Past and Future," *Terrorism and Political Violence*, Vol. 11, No. 4, 1999, pp. 52 – 65.

家的战略资源。其二，暴力行为，叛乱组织、恐怖组织和极端组织通过暴力行为，破坏正常的经济生活和社会治理，毁坏国家的政治秩序。其三，游击战争。大部分游击战争的烈度低、规模小，无法颠覆既有政权，却往往成为国家一个顽疾，消耗大量的战略资源。

第四种战略行为是发动大规模战役。叛乱组织、恐怖组织和极端组织有多种战略选择，除了低烈度的对抗，高烈度的大规模战役也是其重要选择。不过，大规模战役对力量和时机有一定的要求，相对而言出现频率较低。然而，大规模战役往往成为双方的焦点，左右着战争的胜负成败。如果获得战争胜利，它们或者可以显著削弱国家行为体的军事力量，也可以占据重要的工业中心和经济中心，控制战略要地和人口，为其后续发展壮大提供坚实基础。叛乱组织、恐怖组织和极端组织与国家爆发大规模战役有两种情况：第一种情况是国家行为体占据优势，主动打击它们，美国在阿富汗打击塔利班和"基地"组织、在伊拉克打击叛乱分子都是属于这种性质。第二种情况则是非国家行为体的实力达到了一定的门槛，可以在特定地区集结足够兵力，主动发动大规模战役。

二 大国对美国的挑战

与恐怖主义相比，还有另一股力量威胁到美国的国家安全，这就是大国的挑战。21 世纪以来，新兴大国的崛起引起了美国战略精英的注意，并试图将其作为战略重心，只是恐怖主义的凸显暂时耽搁了美国的战略调整。然而，这不妨碍我们分析这一态势，以考察美国威胁评估的内在机制。

（一）大国的快速成长

对美国而言，在能够对其形成挑战的国家只有中俄两国。因此，分析大国对美国的挑战，可以将重点考察中俄两国。以 2008

年全球金融危机为分界点，我们可以将中俄两国的成长分为前后两阶段来加以考察。尤其对于中国而言，此次金融危机是一个非常重要的时间点，在中美力量对比和外交政策风格上具有指向标的意义。

在经济上，中俄两国在 2008 年之前基本保持了较快的增长。对中国而言，根据世界银行的数据，2004 年后中国经济增长率一直在 9% 以上，这一趋势持续到 2011 年。① 与此同时，中国的国民生产总值先后超过了意大利、法国、英国、德国和日本。中国改革开放之所以成功，经济发展速度之所以如此之快，其背后有诸多原因。在张五常看来，中国之所以走向市场经济，实现经济腾飞，县际竞争和承包合约扩张两个原因最为重要。② 在罗纳德·科斯（Ronald Coase）和王宁从中国改革的二元体制出发，他们认为承包制、乡镇企业、个体户和经济特区四个力量引起的边缘革命是中国改革开放的重要推动力。③ 从学术上讨论中国的成功之处可能难以有定论，然而不管如何，中国加入世界贸易组织后的经济腾飞成为这一历史阶段的重要变量。与中国相似，俄罗斯在这一阶段也实现了经济的快速增长，其国内生产总值由 2006 年的全球第 11 名上升至 2008 年的第 10 名。其背后的原因，一方面在于俄罗斯国内的投资和消费需求旺盛，④ 另一方面则是国际能源局价格长期维持高位状态，这给俄罗斯经济发展提供了巨大的红利。

2008 年金融危机之后，局势发生了很大的变化。在金融危机的冲击下，中国政府通过强有力的政府干预，遏制了经济下滑的态势，保证了经济的稳定发展。中国经济实力快速增长，并在 2010

① 具体数据，参见 https：//data. worldbank. org. cn/indicator/NY. GDP. MKTP. KD. ZG？locations = CN。

② 张五常：《中国的经济制度》，中信出版社 2009 年版。

③ ［美］罗纳德·科斯、王宁：《变革中国》，中信出版社 2013 年版。

④ 关雪凌：《俄罗斯经济的现状、问题与发展趋势》，《俄罗斯中亚东欧研究》2008 年第 4 期。

年超越日本成为世界第二大经济体。俄罗斯则受到金融危机的影响比较大，但是俄罗斯很快就恢复了经济增长，并在 2011 年超过了金融危机之前水平。与中国和俄罗斯相比，西方国家受到金融危机的影响较大。尤其是欧洲，长期受到债务危机的影响，一体化进程的前景受到影响。美国处境相对好一些，但是仍然通过较大努力才走出危机。此次全球金融危机给国际政治带来了深远影响，主要表现在以下三个方面：首先，中国在逆势中保持了高速经济增长，极大地缩小了与美国的经济实力差距，这给了美国巨大的外部压力。其次，全球金融危机导致贸易保护主义抬头，各国为了解决危机，纷纷出台了更加民族主义的经济政策，这些政策在一定程度上挑战了自由贸易的规则，并冲击了国际经济格局。有学者就指出，危机使世界经济失衡加剧，并导致世界经济增速放缓，金融动荡将向全球实体经济蔓延。[1] 最后，全球金融危机重塑了地缘经济和地缘政治，对国际政治带来了深远的影响。[2] 对中国而言，在危机中通过债权人的地位，积极的影响美国的国际经济政策，进而塑造了大国关系。[3]

在经济力量逐渐强大的条件下，中俄两国逐渐投入大量资源提升军事能力，将经济力量转化为军事力量。刘华清就曾指出："我们要从战略着眼，加强对未来作战的研究预测，瞄准主要对手，研究打什么仗和需要什么武器有针对性地发展我军的新装备，力求尽快搞出几种高效顶用的'杀手锏'，维护国家的安全和统一。"[4]

---

① 黄卫平、胡玫：《美国次贷危机：对世界经济格局的再思考》，《美国研究》2009 年第 2 期。

② Wu Xinbo, "Understanding the Geopolitical Implications of the Global Financial Crisis," *The Washington Quarterly*, Vol. 33, No. 4, 2010, pp. 155 – 163.

③ Daniel W. Drezner, "Bad Debts: Assessing China's Financial Influence in Great Power Politics," *International Security*, Vol. 34, No. 2, 2009, pp. 7 – 45.

④ 刘华清：《搞好国防科技预研工作》，《刘华清军事文选》（下卷），解放军出版社 2008 年版，第 439 页。

1999 年，时任中央军委主席江泽民在回顾其过去十年在军委的工作时特别指出，集中力量发展武器装备，尤其是"杀手锏"武器装备上采取了正确的方针，取得了巨大的而进步。① 在这一时期，中国"国防建设与军队发展战略从临战状态下的军队应急建设转向和平时期加强以现代化为中心的长远建设"。② 《2006 年中国的国防》白皮书中指出，在这一时期，中国的国防政策主要是维护国家统一，保障国家发展利益。尽管中国加强了军队的信息化建设，但是仍坚持"坚持国防建设与经济建设协调发展的方针"。③ 而在《2008 年中国的国防》白皮书中则指出，要继续推进信息化。④ 总体来看，中国在这一时期军费开支稳步增长，⑤ 信息化稳定推进，军事改革已经提上日程，军事力量建设取得了巨大的成就。在这一时期，中国执行的是保卫陆地边界的防御性学说，边界防卫仍然是中国国防防卫的核心使命，换言之，中国的军事力量结构与防御性学说是高度契合的。⑥

　　对俄罗斯而言，这一时期军事力量也实现了快速提升。得益于经济的发展，因此不管从军费开支，⑦ 还是从军事信息化过程上来

① 江泽民：《十年来军委工作的回顾和总结》，《江泽民文选》（第二卷），人民出版社 2006 年版，第 461 页。

② 杨毅：《中国国防与军队建设的战略性调整》，《世界经济与政治》2008 年第 11 期。

③ 中华人民共和国国务院新闻办公室：《2006 年中国的国防》，2006 年 12 月（ht-tp：//www. mod. gov. cn/affair/2011 – 01/06/content_ 4249948. htm）。

④ 中华人民共和国国务院新闻办公室：《2008 年中国的国防》，2009 年 1 月（ht lψ：//www. mod. gov. cn/affair/2011 – 01/06/content_ 4249949. htm）。

⑤ 2006 年，中国的军费开支是 926 亿美元，占 GDP 的 2.0%；而在 2011 年，中国军费开支达到了 1560 亿美元，占 GDP 的 1.9%（https：//www. sipri. org/databases/milex）。

⑥ M. Taylor Fravel, "Securing Borders: China's Doctrine and Force Structure for Frontier Defense," *The Journal of Strategic Studies*, Vol. 30, No. 4 – 5, 2007, pp. 705 – 737; M. Taylor Fravel, "China's Search for Military Power," *The Washington Quarterly*, Vol. 31, No. 3, 2008, pp. 125 – 141.

⑦ 2006 年，俄罗斯军费开支 346 亿美元，占 GDP 的 3.5%；而在 2011 年，俄罗斯军费开始是 473 亿美元，占 GDP 的 3.7%（https：//www. sipri. org/databases/milex）。

看，俄罗斯都有了长足的进步。不过俄罗斯与中国不一样的地方在于，它在军事改革上走的更加深入，这延续了俄罗斯长久以来形成的战略传统。2008 年 12 月 10 日，俄罗斯公布了《关于俄罗斯2009 年武装力量改革基本方针》，公布了俄军新一轮改革的计划，这一计划试图推动：（1）裁减军官员额，建立一支现代化职业军队；（2）减少指挥层次，建设一支高度机动的常备军队；（3）改组空军作战指挥系统，打造新的空天防御一体化作战系统；（4）按照地域原则重组后勤系统，提升联合作战后勤保障能力。① 综合来说，中俄两国的军事力量成长给美国形成了巨大的战略压力。

（二）大国的战略行为

在这一阶段，随着经济力量的增加，加之国际环境的变化，大国（主要是中国与俄罗斯）的行为模式逐渐在发生转变。综合来看，中国和俄罗斯的这种转变呈现出三个鲜明的特点。

首先，中俄两国对美国的军事威胁越来越大。一方面，俄罗斯给美国带来了巨大的挑战。由于美国持续对俄罗斯施压，通过"颜色革命"、北约东扩和在东欧部署导弹防御系统等措施压缩俄罗斯的地缘空间，这导致了俄罗斯的强烈抵制。俄罗斯主要通过以下措施应对美国的战略压力：其一，提升俄罗斯的核力量，强化对美国的威慑能力。由于冷战以后俄罗斯力量弱小，其强大的核力量就成为补足其战略弱点，平衡美国常规优势的重要力量。为此俄罗斯研发新一代核武器，以强化其战略威慑能力。② 其二，推进国防现代化，通过研发新武器装备，提升俄军的现代化水平。其三，强化俄

---

① 彭亚平、王亮：《俄罗斯新一轮军事改革评析》，《俄罗斯中亚东欧研究》2009年第 5 期。也可以参见 Jim Nichol, *Russian Military Reform and Defense Policy*, Washington, D. C：CRS Report for Congress, August 24, 2011.

② 高科、许振强：《"9·11"后的俄罗斯军事安全战略实践探索》，《东北亚论坛》2007 年第 1 期。

罗斯的海外军事存在，保持对重要区域的影响力。① 另一方面，中国也给美国形成了巨大的战略压力。长期以来，中国坚持以经济建设为中心，国防现代化居于次要地位，这限制了中国军事力量的实力。然而，随着中国经济发展，国防现代化重新受到重视。在这一阶段，积极发展新武器装备，推进国防体系改革，军事实力有了显著的提升，这也引起了美国的重视。更为重要的是，中国的军事战略也在调整。以中国的国防白皮书为例，《2010 年中国的国防》与以往国防白皮书不一样的地方在于，在国防政策上把维护海洋安全置于重要地位，在军队现代化建设上重视增强战略威慑与反击能力。② 中国通过增强杀手锏武器反制美国的能力，引起了美国的极大警惕。

其次，中俄两国的外交风格越来越强势。改革开放以来，邓小平提出了"韬光养晦、有所作为"的战略思想，形成了长期影响中国的外交战略。事实上，"韬光养晦、有所作为"的战略思想事关中国的国际定位，包括实力定位、地缘战略定位、国家政体属性定位和国际角色定位。③ 因而，从本质上，这是一种实力相对较弱时代的战略选择。从美国的角度来看，这是一个通过接触政策，引导中国参与国际制度和国际组织，接受西方主导的国际规则的过程。④

然而，全球金融危机以来，中国国家实力的迅速增强，在地区事务中发挥着日益重要的作用，中国外交新定位的要求逐渐强烈。⑤

---

① 刘吕萍、崔启明：《俄罗斯海外军事存在的现状及前景分析》，《俄罗斯研究》2007 年第 1 期。

② 中华人民共和国国务院新闻办公室：《2010 年中国的国防》，2011 年 3 月（http://www.mod.gov.cn/regulatory/2011 - 03/31/content_ 4617810. htm）。

③ 王缉思：《中国的国际定位问题与"韬光养晦、有所作为"的战略思想》，《国际问题研究》2011 年第 2 期。

④ Alastair Iain Johnston, *Social States：China in International Institutions*, 1980 - 2000, Princeton University Press, 2008.

⑤ Yong Deng, *China's Struggle for Status：The Realignment of International Relations*, Cambridge University Press, 2008.

以往在"韬光养晦、有所作为"中往往强调"韬光养晦",国际态势的转变使得中国越来越多地强调"有所作为",也就是说,要在两者之间寻求新平衡。① 随着中国在地区秩序的议程设置中更为主动,来自周边国家的压力也加大。中国外交战略上的积极姿态,引起了周边国家的焦虑。最具代表性的就是钓鱼岛争端和南海争端。金融危机以后,中国一反常态,采取了相对积极的战略,在钓鱼岛争端和南海争端中的战略也逐渐发生转变。与中国相比,俄罗斯的选择更为激进一些。在这一时期,俄罗斯以攻为守,积极塑造有利于自身的安全环境。② 以俄格战争为例,米哈伊尔·萨卡什维利(Mikhail Saakashvili) 就任格鲁吉亚总统以后,全面接受美式民主,秉持亲美外交政策,对俄罗斯采取了强硬的外交政策,决心采取强力手段解决阿布哈兹和南奥塞梯问题。2008 年 8 月 8 日,俄格战争爆发,俄罗斯通过军事手段做出了强有力的回应,捍卫了自身的核心利益。③

最后,大国崛起导致国际秩序变革压力越来越大。时任中国国家主席胡锦涛 2005 年在联合国成立 60 周年首脑会议上提出了和谐世界的理念,这一理念是当时中国外交的指导思想,也体现了中国处理对外关系的基本思路。④ 然而,世界金融危机爆发以后,世界格局发生了重大变革,中俄两国趁机抓住机会,提升自身影响力。在应对美国的首要地位时,中俄两国都致力于提高自身地位。⑤ 区别在于,俄罗斯应对既有国际秩序的方式更为激进一些,更多依靠

① 朱锋:《在"韬光养晦"与"有所作为"之间求平衡》,《现代国际关系》2008年第 9 期。

② 王郦久:《俄罗斯安全战略全面转向"以攻为守"》,《和平与发展》2009 年第 2 期。

③ Oksana Antonenko, "A War with No Winners," *Survival*, Vol. 50, No. 5, 2008, pp. 23 – 36.

④ 吴建民等:《和谐世界与中国外交》,《外交评论》2006 年第 2 期。

⑤ Deborah Welch Larson and Alexei Shevchenko, "Status Seekers: Chinese and Russian Responses to U. S. Primacy," *International Security*, Vol. 34, No. 4, 2010, pp. 63 – 95.

武力捍卫或争取自身利益。而中国的方式更加灵活和温和,乐玉成在回答对中国外交越来越强势的质疑时就指出:"斗争和妥协都不是外交的目的,也不是评判外交好坏的标准,而只是实现外交目标的方式和选项。"[1] 有学者在总结这一阶段中国的外交行为时指出,中国在应对既有国际秩序时有接受国际规范、实现社会化的一面,也有依法抗争的一面。[2] 事实是,和谐世界更多是一种政治目标和战略图景,却远非是现实世界。现实中的国际关系,世界恰恰是不和谐的。[3] 中国力量和行为的变化引起了美国的忧虑,美国战略家对权力政治和炮舰外交回归充满了忧虑,[4] 有些战略家甚至已经在思考中国崛起之后西方的未来。[5] 对中国学者而言,也在思考国际大变局下的中美关系的走向。[6]

(三) 大国的军事威胁

对美国而言,中俄两国的崛起态势和强势行为加剧了地区秩序张力。美国作为地区安全秩序的主导者,越来越多感受到中俄两国的战略压力。为了应对中国的挑战,美国心态非常矛盾,一方面与中国合作,另一方面防范中国的威胁和挑战。[7] 俄罗斯在军事战略上则更为直接和强势,给美国形成了直接威胁。以中俄为代表的大国,自身国防基础扎实,具备了将强大经济力量转化为军事力量的

---

[1] 乐玉成:《世界大变局中的中国外交》,《外交评论》2011 年第 6 期。

[2] 蒲晓宇:《中国与国际秩序的再思考:一种政治社会学的视角》,《世界经济与政治》2010 年第 1 期。

[3] 张睿壮:《不和谐的世界:国际问题研究文萃》,上海人民出版社 2010 年版。

[4] Christian Le Mière, "The Return of Gunboat Diplomacy," *Survival*, Vol. 53, No. 5, 2011, pp. 53 – 68.

[5] G. John Ikenberry, "The Rise of China and the Future of the West: Can the Liberal System Survive?" *Foreign Affairs*, Vol. 87, No. 1, 2008, pp. 23 – 37.

[6] 代表性的文章,参见杨洁勉《国际体系转型期中美关系的新特点》,《世界经济与政治》2007 年第 12 期;袁鹏《中美关系向何处去?》,《外交评论》2010 年第 2 期。

[7] 崔立如:《中国和平崛起与国际秩序演变》,《现代国际关系》2008 年第 1 期。

能力，拥有在根本上冲击美国霸权的潜力，这被美国战略精英视为长期的、根本性的威胁。这种威胁在此阶段主要表现在两个方面。

一方面，中俄两国塑造地缘政治的能力正在提升。在中美关系上，有学者认为以往中美两国分别是作为一个陆权和海权国家而存在，两者的地缘政治错位有利于地区秩序的稳定，[①] 这一态势同样适用于美俄关系。以中国为例，随着中国大力发展海军，这种态势未来恐怕将被打破，中美关系面临着不确定性。特别是在 2008 年金融危机之后，中国的经济力量和军事力量快速成长，而美国的经济力量和军事力量都相对下降。[②] 中国军事实力的增长必然引起美国的忧虑，并导致中美两国在亚太地区的军事竞争，有可能形成一种安全困境的态势。[③]

另一方面，中俄与美国之间形成了针锋相对的军事战略。具体来说，鉴于中俄所处的位势与美国不同，两国军事战略走上了与美国差别很大的路径。以中国为例，汲取了 1996 年台海危机中的教训，中国发展了一批"杀手锏"武器，以威慑美军防止其干预台海问题。随着中国东风 21D 中程反舰导弹和东风 26 中远程弹道导弹列装，中国反介入的能力大幅提升。美国为了继续维系前沿防御，推出了"空海一体战"来应对中国，中美在海军上的竞争关系到西太平洋主导权的博弈，并引起两国关系走向紧张。[④] 不仅中国在做此种努力，俄罗斯和伊朗等国也走在同样的道路上，这些国家践行

---

① Robert S. Ross, "The Geography of the Peace: East Asia in the Twenty-first Century," *International Security*, Vol. 23, No. 4, 1999, pp. 81 – 118.

② Wu Xinbo, "Understanding the Geopolitical Implications of the Global Financial Crisis," *The Washington Quarterly*, Vol. 33, No. 4, 2010, pp. 155 – 163.

③ Adam P. Liff and G. John Ikenberry, "Racing toward Tragedy?: China's Rise, Military Competition in the Asia Pacific, and the Security Dilemma," *International Security*, Vol. 39, No. 2, 2014, pp. 52 – 91.

④ 对中美在西太平洋地区军事竞争的详细讨论，参见 Evan Braden Montgomery, "Contested Primacy in the Western Pacific: China's Rise and the Future of U. S. Power Projection," *International Security*, Vol. 38, No. 4, 2014, pp. 115 – 149。

的战略被美国战略家称之为"反介入"与"区域拒止"战略。①

　　整体而言，当前地区秩序紧张的主要原因在于中国崛起带来的权力转移问题。约翰·伊肯伯里（John Ikenberry）就认为，当前美国领导的国际秩序遇到了危机，这种危机是事关霸权主义内部权威的危机，是一种治理的危机。② 他认为，自由主义国际秩序面临困境，这种危机根本上源于现实的变化，即权力转移、主权规范的退化和集体暴力的兴起威胁到旧秩序的基础。换言之，这一时期美国同时临着大国崛起和恐怖主义两种威胁，只是两种威胁的性质不同，从而导致美国所选择的政策也是不同的。

　　就对美国的威胁性质而言，大国的军事威胁主要在于它会挑战到美国在亚太地区主导权的问题，本质上是一个权力转移的过程。根据权力转移理论，国际秩序中有维持现状的大国和崛起中的大国，崛起中的大国常常对现有秩序不满，会为争夺国际秩序的主导权挑战维持现状大国而引发战争。③ 在这一时期，中国经济的飞速发展，军事现代化捷报频频，令美国非常担忧，权力转移理论被广泛运用于解释和预测中美关系。有学者就认为，"在某些方面，中国的行动与探讨挑战者不满霸权支配理论的预测是一致的"。④ 对中国取代美国在东亚主导地位的关注，不可避免地涉及中国对未来亚洲秩序的冲击和破坏。⑤ 在大国崛起的态势下，在某些领域调整

---

　　① Andrew F. Krepinevich, *Why AirSea Battle?* Washington, D. C.：Center for Strategic and Budgetary Assessments（CSBA），2010.

　　② John Ikenberry, *Liberal Leviathan：The Origins, Crisis, and Transformation of the A-merican World Order*, Princeton, N. J.：Princeton University Press, 2011.

　　③ 关于权力转移理论，代表性的文献，参见 Abramo F. K. Organski, *World Politics*, New York：Alfred A. Knopf, 1968；Abramo F. K. Organski and Jacek Kugler, *The War Ledger*, Chicago：University of Chicago Press, 1981。

　　④ Avery Goldstein, *Rising to the Challenge：China's Grand Strategy and International Se-curity*, Stanford, California：Stanford University Press, 2005, p. 85.

　　⑤ David Shambough ed. , *Power Shift：China and Asia's New Dynamics*, Berkeley and Los Angeles, California：University of California Press, 2005.

和修改美国主导的国际规则成为一种必然的结果，这是一条争权力、争规则的道路。

与之相反，恐怖主义更多追求祛除西方建立的国际规则。恐怖主义活动抗争美国的军事存在。边缘力量作为麻烦制造者，是因为其组织形式多样，制造暴力更容易且成本低廉，消除这类暴力难度很大。以恐怖主义为代表的力量一般被认为是一种"邪恶的力量"，是一种非正式的力量。[①] 然而，恐怖主义是一种低烈度的暴力行动，恐怖分子并非毫无理性。实际上，恐怖主义的行为背后有着理性的政治考虑，即通过绑架、劫持、爆炸和自杀式恐怖袭击等活动实现自身政治目的。罗伯特·佩普（Robert Pape）就认为，自杀式恐怖主义与极端宗教关系不大，他们的自杀是恐怖主义行为有自己独特的战略逻辑，他们试图通过恐怖主义迫使西方国家从其领土上撤军。[②] 相对而言，恐怖主义是国际社会中弱者的极端抗争形式，是一种解构既有秩序的力量。边缘力量的冲击更多是针对底层的，而非国际结构的上层建筑，但是一旦大国力量干涉，破坏力往往向上蔓延。

就对美国的威胁紧迫程度而言，大国的军事挑战是一种结构性、长远性和根本性的威胁。也就是说，在未来可能会对美国的霸权地位形成冲击。然而，由于这些大国在经济上追赶美国仍需要相当长的时间，经济力量转化为军事力量也需要漫长的过程，因此在这一阶段并不属于急迫的挑战。与之相比较，恐怖主义则是一种侵蚀性、急迫性和边缘性的威胁。"九一一事件"之后，美国鲁莽地发动阿富汗战争和伊拉克战争，这俨然打开了潘多拉盒子，释放出持续抗争美国霸权的边缘力量。美国是打着打击恐怖主义的旗号，

---

① 郑永年：《国际政治中的三种非正式力量》，《联合早报》，2015 年 6 月 23 日。

② Robert Pape, *Dying to Win：The Strategic Logic of Suicide Terrorism*, New York：The Random House, 2005.

事实上美国自己制造了更多的敌人。虽然美国在一定程度上压制了恐怖主义的气焰,然而恐怖主义并未减缓,反而有越反越恐的势头。一方面,恐怖主义对美国国土安全和全球战略利益形成了严峻的挑战,美国有必要通过强力手段缓解这一局势。另一方面,美国已经发动了阿富汗战争和伊拉克战争,如何赢得战争的胜利是其首要考虑。

三 美国国内的战略辩论

发动阿富汗战争和伊拉克战争伊始,美国就面临着诸多质疑和批评。尤其是 2006 年两场战争局势恶化之后,政策制定者和战略家对美国的国家安全战略进行了持久而深入的辩论。[1] 从这场辩论来看,主要存在支持继续推进反恐战争的反叛乱派和支持准备打赢各种战争的大国战争派两个阵营。

(一) 反叛乱派

从内涵上而言,反叛乱是相对于叛乱来讲的,是指政府通过战争方式平定叛乱。反叛乱战略一般还包括提升政府能力、强化安全力量、推进经济治理和掌握信息资源。[2] 然而,从美国在阿富汗战场和伊拉克战场军事战略的形成过程来看,它们并非是一开始就是既定战略,而是通过实战逐渐学习形成的。在阿富汗战场和伊拉克战场,美国在早期遭受了诸多挫折,特别是在面对小规模游击战和简易爆炸装置袭击上应对不力。随后,美军基层通过学习,逐渐总结出一套反叛乱的经验。那么,这种生长于基层的战略能否被高层

---

① 赵明昊:《迈向"战略克制"?——"9·11"事件以来美国国内有关大战略的争论》,《国际政治研究》2012 年第 3 期。

② 葛腾飞:《美国在伊拉克的"反叛乱"战略》,《外交评论》2013 年第 2 期。

领导人接受，进而上升为美国在这一时期主导战略，帮助美国走出在阿富汗战场和伊拉克战场叛乱频发、战况糟糕的困境？美国国内的战略精英对此各抒己见，与反对者进行了激烈的争论。综合来看，反叛乱学派聚焦于反恐战争本身，急迫地希望美国能尽快赢得战争胜利。具体而言，反叛乱学派拥有三个核心观点。

反叛乱学派认为，恐怖主义是这一时期美国的首要威胁。"九一一事件"以后，美国战略精英对其国家安全战略重新进行了整体的评估，并将恐怖主义视为其首要威胁。尤其是美国相继发动阿富汗战争和伊拉克战争以后，取得战争胜利成为其军事战略的重中之重。对于反恐战争的性质，反叛乱学派普遍认为这是一场长期战争（Long War）。2006年以后，美国国防部开始用长期战争代替全球反恐战争的概念。① 在美国反叛乱派看来，这种长期战争可能会持续几十年时间，在某种程度上意味着从大规模常规战争行动到小规模反叛乱行动。② 由于反恐战争将长期成为美国国家安全战略的重心，因此美国需要一个长期的反叛乱战略。③

那么，这一威胁的本质是什么呢？美军上校丹尼尔·罗珀（Daniel Roper）认为，在全球反叛乱行动中，暴力恐怖主义在更广泛的观念上是另一种形式的政治活动，包括叛乱。④ 澳大利亚学者戴维·基尔卡伦（David Kilcullen）认为，反恐战争事实上是一种打击全球伊斯兰叛乱的运动，⑤ 思考这一运动可以通过四个理论框

---

① Department of Defense, *Quadrennial Defense Review Report 2006*, Arlington, V. A., February 6, 2006.

② Robert M. Cassidy, "The Long Small War: Indigenous Forces for Counterinsurgency," *Parameters*, Vol. 36, No. 2, 2006, pp. 47 – 62.

③ John James Patterson Ⅵ, "A Long-Term Counterinsurgency Strategy," *Parameter*, Vol. 40, No. 3, 2010, pp. 1 – 14.

④ Daniel Roper, "Global Counterinsurgency: Strategic Clarity for the Long War," *Parameters*, Vol. 38, No. 3, 2008, pp. 92 – 108.

⑤ David Kilcullen, "Countering Global Insurgency," *The Journal of Strategic Studies*, Vol. 28, No. 4, 2005, pp. 597 – 617.

架来考察，即对全球化的强烈抵制、一次全球性的叛乱、伊斯兰世界的内战和不对称性战争。① 在某种程度上，这与伊斯兰世界的复兴有着千丝万缕的关系。②

事实上，这一时期美国战略精英对全球恐怖主义和叛乱兴起的原因进行了深入的探讨。正如戴维·加鲁拉（David Galula）看来，叛乱和反叛乱是一体两面，与革命战争是一致的。③ 在反叛乱学派看来，打击恐怖主义的长期战争可以从历史上的诸多重大社会运动和战争中获得历史经验。从中国共产党通过游击战取得政权的过程，到英军在马来西亚丛林中的反叛乱作战，再到美军在越南战争中面对叛乱的遭遇，二战之后的民族革命战争和共产主义的扩展，似乎与叛乱、反叛乱如影随形。在沃尔特·罗斯托（Walt W. Rostow）看来，更好地理解这些问题，必须从更宏观的革命过程出发，在审视地理上南方欠发达地区，这些地区内各国的叛乱和游击战更多与旧社会变革、经济发展的过程相生相伴。④这也意味着，美国必须要调整战争方式，才能取得在阿富汗和伊拉克战争的胜利。

反叛乱学派也认为，美国为了赢得战争需要借鉴历史经验，加强组织适应能力。一方面，美军应该从历史中寻找经验和教训。对美军而言，有两个历史案例具有借鉴意义：一个是成功案例，即英军在马来西亚丛林中反叛乱成功的案例，给美国带来了正面启示和历史经验。另一个是不太成功的案例，美国在越南战争中的遭遇，

---

① ［澳］戴维·基尔卡伦：《意外的游击战：反恐大战中的各类小型战争》，修光敏、王戎译，上海人民出版社 2016 年版，第 16—36 页。

② ［美］亨利·基辛格：《世界秩序》，胡利平、林华、曹爱菊译，中信出版社 2015 年版，第 3 章。

③ David Galula, *Counterinsurgency Warfare: Theory and Practice*, Westport, C. T.: Praeger Security International, 2006.

④ Walt W. Rostow, "Guerrilla Warfare in Underdeveloped Areas," in U. S. Marine Corps ed., *The Guerrilla and How to Fight Him*, Quantico, V. A.: The Marine Corps Gazette, 1990.

这对美军的影响尤为深刻。肯尼迪就任美国总统以后，将"反叛乱"置于非常重要的地位，并以此作为重要指导思想，通过军事顾问和特种部队训练南越军队，并帮助南越军队平定叛乱。其中，支持这一军事学说的领导人主要是肯尼迪，罗斯托、罗伯特·肯尼迪（Robert Kennedy）、麦克乔治·邦迪（McGeorge Bundy）、莱曼·兰尼兹尔（Lyman L. Lemnitzer）等人，他们支持成立了"反叛乱特别委员"作为最高政策规划和协调机构。[①] 国防部加强对这一学说的研究，并在 1963 年和 1966 年分别出台了陆军野战手册 FM31—16（《反游击战行动》）和《平定计划与南越的长期发展》（PROVN）。随着南越局势的恶化，美国派往南越的军队越来越多，特种战争的规模不断扩大。约翰逊就任美国总统之后，美国对越的军事战略发生了转变。约翰逊最终决定扩大战争，对北越进行轰炸，并大规模派出地面部队。越南战争演变为一场常规战争。在战争方式上，以美国驻越南总司令威廉·威斯特摩兰（William Westmoreland）为代表的军方主张采取消耗战略，谋求扬长避短，弥补兵力不足带来的劣势，通过大规模的军事行动和绝对优势的巨大火力，以最快的速度击败越南军队。对于美国输掉越南战争的惨痛教训，美国的战略精英长时间一直在反思并总结历史教训。[②] 反叛乱学派认为，美国陆军的军事学说仍然停留在二战时期，它以应对常规战争为主，威斯特摩兰强调战争中压倒性火力的重要性，主张通过摧毁战术和消耗战，追求通过强有力的火力来最大限度地降低人员伤亡，这种军

---

① 时殷弘：《美国在越南的干涉和战争（1954—1968）》，世界知识出版社 1993 年版，第 86 页。

② 对于如何输掉越南战争，美国学术界拥有海量的研究，此处仅仅列举代表性文献。参见 Andrew F. Krepinevich, *The Army and Vietnam*, Baltimore, M. D.: The Johns Hopkins University Press, 1986; David Petraeus, *The American Military and the Lessons of Vietnam: A Study of Military Influence and the Use of Force in the Post-Vietnam Era*, Ph. D. Dissertation, Princeton University, 1987; H. R. McMaster, *Dereliction of Duty: Lyndon Johnson, Robert McNamara, the Joint Chiefs of Staff*, New York: Harper Collins Publishers, 1997.

事战略忽视了反叛乱作战在越南战争中的重要地位。①

　　另一方面，美军需要进行组织学习，以适应战场形势。以往美军的组织形式主要是为了应对大国战争，反恐战争使得美军的组织形式面临着前所未有的挑战，反叛乱学派坚定地认为，美军必须在组织形式上做出调整，以适应反恐战争的新战争形态。彼得雷乌斯就认为，我们必须持续评估局势，认定和分享学习到的教训和最佳实践，并且努力保证我们的单位是学习型组织。② 美国陆军参谋长乔治·凯西（George W. Casey）也指出，"为了建设和维持我们的灵活性，我们必须保持做一个学习型组织，快速汲取教训，分享它们，并将它们应用于当前和未来的问题。其中最为关键的是制度化我们的学习是一个适应性的学说，这个学说必须以在战场上日常学习得来的艰苦教训为基础来成长和适应"。③ 如果回顾美军在这两场战争中的实践，美军确实在不断学习、适应和调整。美国陆军参谋长凯西认为，通过在伊拉克和阿富汗的日常学习，美军的知识增加迅速，组织形式也不断在适应战场形势。④ 尤其是 2006 年，叛乱高潮后，美军基层军官和士兵很快就在战场上通过不断学习，改进了组织、指挥和战术层面的战斗能力；从战略形成的过程而言，这是一种自下而上的战略调适。⑤ 在伊拉克和阿富汗战争中，通过在

---

　　① Andrew F. Krepinevich, *The Army and Vietnam*, Baltimore, M. D.：The Johns Hopkins University Press, 1986；John A. Nagl, *Learning to Eat Soup with a Knife：Counterinsurgency Lessons from Malaya and Vietnam*, Chicago：The University of Chicago Press, 2002.

　　② David Petraeus, "Counterinsurgency Concepts：What We Learned in Iraq," *Global Policy*, Vol. 1, No. 1, 2010, p. 117.

　　③ George W. Casey, "The Army of the 21st Century," *Army Magazine*, Vol. 59, No. 10, 2009, p. 36.

　　④ "An Interview with George W. Casey, Jr. ," *Joint Force Quarterly*, No. 52, 2009, p. 19.

　　⑤ Philipp Rotmann, David Tohn and Jaron Wharton, "Learning Under Fire：Progress and Dissent in the US Military," *Survival*, Vol. 51, No. 4, 2009, pp. 31 – 48；Nina A. Kollars, "War's Horizon：Soldier-Led Adaptation in Iraq and Vietnam," *The Journal of Strategic Studies*, Vol. 38, No. 4, 2015, pp. 529 – 553.

战争中的学习，美军调整自身以适应这一复杂战争形态，在军事技术、军事训练和军事学说上做出自身调整。

反叛乱学派还认为，只有反叛乱战略才能解决美军在阿富汗和伊拉克遇到的战略难题。"九一一事件"以后，随着战争持久的不确定性和复杂性的凸显，反叛乱学派认为，美军应该发展一些新的概念。麦克马斯特认为，这些概念应该是以"战斗为中心"，而非"知识为中心"，它们应该是基于真正的和正在出现的威胁，体现出最近的战斗经验，并且连接旨在实现政策目标和目的的直接军事力量的场景，然后我们必须设计和建造均衡的力量，以能够执行与我们发展的概念相一致的行动。[①] 概括而言，反叛乱学派所谓的反叛乱战略主要包含三个方面：

首先，陆军和海军陆战队需要转变战争方式。反叛乱学派认为，美国应该扭转颓势，打赢已经发动的战争。约翰·内格尔（John A. Nagl）就认为："当子弹飞时，士兵就在伤害的路上，并且就关系到国家利益，陆军必须全力以赴以赢得已经发动的战争。未来冲突是重要的，但是当前的冲突是极其重要的。"[②] 在内格尔看来，如果不解决当前的冲突，美国可能输掉阿富汗战争，并重蹈美军在伊拉克战场的覆辙。所以，美国当前最为急迫的任务是打赢已经发动的战争，而非应对未来的战争。对于反叛乱学派而言，叛乱组织常用的简易爆炸装置并不仅仅是一个炸弹，而是综合了人类和技术事件整个链条后的最终结果，这包括特殊技能、融资、后勤支持、通讯和技术专家，所以陆军和海军陆战队需要转变军事学说，适应新的局势。[③] 以伊拉克战场为例，由于环境极端恶劣，陆军进行创新非常困

---

① H. R. McMaster, "Learning from Contemporary Conflicts to Prepare for Future War," *Orbis*, Vol. 52, No. 4, 2008, pp. 465 – 584.

② John A. Nagl, "Let's Win the Wars We're in," *Joint Force Quarterly*, No. 52, 2009, p. 21.

③ Bradley T. Gericke, *David Petraeus: A Biography*, Santa Barbara, C. A.: Greenwood, 2011, chapter 15.

难。与越南战争不一样，美军在伊拉克战场形成了一种网络集中化的趋向，使得包括指挥官、工程师、维修工和焊接工在内的任何单元都要有足够的时间赶到，以解决护卫难题。① 在这种战争环境下，装甲部队显得非常重要。②

其次，反叛乱学派主张反叛乱行动以民众为中心。由于反叛乱要面对的是非常规的战斗组织，这需要一种综合全面的方法来应对。在反叛乱的旗帜人物彼得雷乌斯看来，最为关键的是人口的安全。他认为，不仅仅要保护平民的安全，还要进一步防止叛乱的发生。③ 美军的这种反叛乱战略，被金泰尔称之为"以民众为中心的反叛乱（Population-centric COIN）"，④ 也被有的学者称之为"新古典反叛乱（Neo-Classical COIN）"⑤。如果回顾这一时期美国的战略生态，针对如何在非常规战争践行新战术在过去十年中被深入、激烈地讨论，美国的战略精英逐渐意识到，在军事打击的同时，通过国家重建和经济建设，关心民生，赢得人心的反叛乱战略同样重要。⑥

最后，在反叛乱学派看来，国家建设是反叛乱战略的重要组成部分。事实上，在美国发动阿富汗战争和伊拉克战争以后，美国的

---

① Nina A. Kollars, "War's Horizon: Soldier-Led Adaptation in Iraq and Vietnam," *The Journal of Strategic Studies*, Vol. 38, No. 4, 2015, pp. 543 – 548.

② Chris McKinney, Mark Elfendahl and H. R. McMaster, "Why the U. S. Army Needs Armor: The Case for a Balanced Force," *Foreign Affairs*, Vol. 92, No. 3, 2013, pp. 129 – 136.

③ David Petraeus, "Learning Counterinsurgency: Observations from Soldiering in Iraq," *Military Review*, Vol. 86, No. 2, 2006, pp. 5 – 6; David Petraeus, *Report to Congress on the Situation in Iraq*, September 10/11, 2007.

④ Gian Gentile, "A Strategy of Tactics: Population-centric COIN and the Army," *Parameters*, Vol. 39, No. 3, 2009, pp. 5 – 17.

⑤ Frank G. Hoffman, "Neo-Classical Counterinsurgency?" *Parameters*, Vol. 41, No. 2, 2007, pp. 71 – 87.

⑥ Fred Kaplan, *The Insurgents: David Petraeus and the Plot to Change the American Way of War*, New York: Simon & Schuster, 2013.

战略精英很快就发现这两场战争跟以往战争的区别。践行推广民主的美国，同时肩负着重建阿富汗和伊拉克的重任，而由于两国的国家政权脆弱，重建就成了战争的关键。① 因此，对于彼得雷乌斯及其支持者而言，伊拉克重建需要推进制度建设，使伊拉克政府成为一个强有力的政府，伊拉克的政府军和警察力量能够维持国内安全秩序，伊拉克本国的政治领导人则发挥关键作用。② 在阿富汗战场，驻阿富汗美军司令麦克里斯特尔也认为，美国应该集中打击南部"基地"组织的老巢，把重点放在控制重要的人口密集区，除反恐军事行动外，美国还需要安抚阿富汗人民的反美情绪，进而发展经济，推进阿富汗政府的建设。③ 对于反叛乱学派而言，彼得雷乌斯和麦克利斯特尔推动下的战争方式，是美国面临艰难环境下的选择，带有明显的时代特征，体现着"彼得雷乌斯的艺术"和"麦克利斯特尔的战争方式"。④

（二）大国战争派

有些美国战略精英不同意反叛乱学派的观点，这些战略精英更多是秉持着自上而下的路径，从大战略及其全球格局的层面来看待美国的国家安全战略。它们认为，美国面临着多种威胁，恐怖主义

① Bing West, "Afghan Awakening," *The National Interest*, No. 98, 2008, pp. 17 – 24.

② David Petraeus, "Learning Counterinsurgency: Observations from Soldiering in Iraq," *Military Review*, Vol. 86, No. 2, 2006, pp. 2 – 12; George W. Casey, "The Army of the 21st Century," *Army Magazine*, Vol. 59, No. 10, 2009, pp. 25 – 40; Peter R. Mansoor, *Surge: My Journey with General David Petraeus and the Remaking of the Iraq War*, New Heaven: Yale University Press, 2013.

③ Stanley McChrystal, "Initial United States Forces: Afghanistan (USFOR-A) Assessment," Memorandum to US Secretary of Defense Robert M. Gates, 30 August, 2009 (http://media. washingtonpost. com/wp-srv/politics/documents/Assessment_ Redacted_ 092109. pdf).

④ T. X. Hammes, "The Art of Petraeus," *The National Interest*, No. 98, 2008, pp. 53 – 59; Gary Hart, "The McChrystal Way of War," *The National Interest*, No. 124, 2013, pp. 81 – 88.

只是其中的一种，大国的军事挑战是美国未来最大的威胁。总体而言，这一派更加强调大国常规战争的潜在风险。针对反叛乱学派的观点，大国战争派一一作出了批评和回应。

首先，反叛乱学派夸大了恐怖主义的威胁，忽视了大国崛起的威胁。从大国战争派的观点来看，它们集中在两个方面，即批评美国夸大了恐怖主义的威胁，同时忽视了大国的军事威胁。

一方面，恐怖主义对美国的威胁被夸大，这主要表现在三个方面。第一，恐怖主义组织对美国的威胁被夸大了。事实上，"基地"组织比很多人想象的威胁更低，此前对其网络的威胁评估被夸大了。[1] 也就是说，在"九一一事件"刚爆发时，美国对恐怖主义的判定是存在过度恐慌的可能的。第二，在这一情势下，美国对"九一一事件"过度反应了。小布什就任美国总统时，美国面临着非常优越的战略环境。对于野心勃勃的小布什政府来说，"世界新秩序正在稳步发展，新自由主义世界将是不可避免甚至是美好的，但是'九一一'恐怖袭击彻底摧毁了人们对于这些信念的残存的信心"。[2] 从决策者到社会大众，美国人民对恐怖主义出现了一种焦虑感，一种错觉，即恐怖主义会长期影响美国的国家安全和民众的公共安全，因此美国对"九一一事件"做出了过度反应。[3] 美国的这一行为，也被有些学者称之为威胁通胀（threat inflation）。[4] 第三，小布什政府的战略是错误的。在某种程度上，小布什政府有意过度估计了恐怖主义的威胁，并且错误地将所有恐怖主义当成敌

---

① Mette Eilstrup-Sangiovanni and Calvert Jones, "Assessing the Dangers of Illicit Networks: Why al-Qaeda May Be Less Threatening Than Many Think," *International Security*, Vol. 33, No. 2, 2008, pp. 7–44.

② ［美］韩德：《美利坚独步天下：美国是如何获得和动用它的世界优势的》，马荣久等译，上海人民出版社 2011 年版，第 295 页。

③ John Mueller and Mark G. Stewart, "The Terrorism Delusion: America's Overwrought Response to September 11," *International Security*, Vol. 37, No. 1, 2012, pp. 81–110.

④ A. Trevor Thrall and Jane L. Cramer eds., *American Foreign Policy and the Politics of Fear: Threat Inflation since 9/11*, New York: Routledge, 2009.

人，发动了全球反恐战争。① 随后，小布什政府在"九一一事件"后从来没有重新评估在此地区的战略重点。② 导致的结果就是，美国在中东地区的政策失败了，美国在中东地区拥有权力，却没有影响力。③

另一方面，大国战争派认为，大国的军事力量才是首要威胁。近年来，中国崛起的速度非常迅速，随着中国发展，中国未来成为超级大国已经不可避免。④ 针对中国崛起在亚洲和全球的重大影响，中国军事现代化在地区层面和全球层面的幅度和节奏，美国必须将中国作为战略重点来看待。⑤ 阿隆·L. 弗里德伯格（Aaron L. Friedberg）就认为，对美国而言，中国日益增长的军事技术水平是一个巨大的军事威胁。⑥ 尤其是 2009 年以后，中国外交越来越强势，现实主义的色彩越来越浓厚，美国应该准备好未来与中国的冲突。⑦

其次，美国面对的威胁是复杂的，美军需要拥有赢得所有战争的能力。第一，对反叛乱学派而言，美军首要的目标是打赢既有战

---

① Federick W. Kagan，"Grand Strategy for the United States，" in Michèle A. Flournoy and Shawn Brimley eds.，*Finding Our Way: Debating American Grand Strategy*，Washington，D. C.：Center for a New American Security，June 2008；赵明昊：《迈向"战略克制"？——"9·11"事件以来美国国内有关大战略的争论》，《国际政治研究》2012 年第 3 期；[美] 傅立民：《美国在中东的厄运》，周琪、杨悦译，社会科学文献出版社 2013 年版。

② Barnett R. Rubin and Ahmed Rashid，"From Great Game to Grand Bargain: Ending Chaos in Afghanistan and Pakistan，" *Foreign Affairs*，Vol. 87，No. 6，2008，p. 36.

③ Jeremy Pressman，"Power without Influence: The Bush Administration's Foreign Policy Failure in the Middle East，" *International Security*，Vol. 33，No. 4，2009，pp. 149 – 179.

④ Arvind Subramanian，"The Inevitable Superpower: Why China's Dominance Is a Sure Thing，" *Foreign Affairs*，Vol. 90，No. 5，2011，pp. 66 – 78. 事实上，这一观点背后的理论基础是权力转移理论，在本章的前文已经有所介绍，此处不再展开。

⑤ Thomas G. Mahnken，"China's Anti-Access Strategy in Historical and Theoretical Perspective，" *The Journal of Strategy Studies*，Vol. 34，No. 3，2011，pp. 299 – 323.

⑥ Aaron L. Friedberg and Robert S. Ross，"Here Be Dragons: Is China a Military Threat?" *The National Interest*，No. 103，2009，pp. 19 – 34.

⑦ David Shambaugh，"Coping with a Conflicted China，" *The Washington Quarterly*，Vol. 34，No. 1，2011，pp. 7 – 27.

争，然而对于大国战争派而言，未来的威胁是复杂的，美军仅仅应
对恐怖主义并不能保证美国的安全。克雷皮内维奇认为，随着战争
形态的变化，美国在 21 世纪面临着七种最为致命的场景，美国不
仅仅面临伊斯兰极端主义的威胁，还面临着巴基斯坦崩溃、全球网
络攻击、从伊拉克撤军和中国军事力量的崛起等诸多挑战。①也就是
说，威胁的多样性迫使美国必须不仅仅关注恐怖主义，而是应该全
方位地应对威胁。第二，在大国战争派看来，反叛乱只看到了一种
威胁，无法应对所有威胁。与内格尔"让我们打赢既有战争"的观
点相左，金泰尔则认为，阿富汗和伊拉克的战争固然重要，但是过
于依赖反叛乱的理念使得陆军有可能丧失应对未来威胁的能力，为
此，美国需要建设一支赢得所有战争的陆军。② 所以对美国而言，
是时候拆解指导反叛乱的《战地手册3—24》了。③ 第三，大国战
争派不赞同反叛乱学派对历史的类比。在反叛乱学派看来，美国要
汲取在越南战争中的教训，学习克雷顿·艾布拉姆斯（Creighton
Abrams）"心灵与智慧（hearts and minds）"项目的经验，避免威斯
特摩兰"搜索和摧毁（search and destroy）"战略的错误。④ 然而，
在大国战争派中的两个代表性学者金泰尔和道格拉斯·波奇
（Douglas Porch）对这一观点通过翔实的细节、证据和强有力的论
点反驳了反叛乱学派的观点。⑤ 他们坚持反叛乱学派歪曲了历史，

① Andrew F. Krepinevich, 7 *Deadly Scenarios*: *A Military Futurist Explores War in the* 21*st Century*, New York: *A Bantam Book*, 2009.

② Gian P. Gentile, "Let's Build an Army to Win All Wars," *Joint Force Quarterly*, No. 52, 2009, pp. 27 – 33; Gian P. Gentile, "The Imperative for an American General Purpose Army That Can Fight," *Orbis*, Vol. 53, No. 3, 2009, pp. 457 – 470.

③ Gian P. Gentile, "Time for the Deconstruction of Field Manual 3 – 24," *Joint Force Quarterly*, No. 58, 2010, pp. 116 – 117.

④ Lewis Sorley, *Westmoreland*: *The General Who Lost Vietnam*, New York: Houghton Mifflin Harcourt, 2011.

⑤ Douglas Porch, *Conterinsurgency*: *Exposing the Myths of the New Way of War*, New York: Cambridge University Press, 2013; Gian P. Gentile, *Wrong Turn*: *America's Deadly Embrace of Counterinsurgency*, New York: The New Press, 2013.

对于反叛乱学派以越南战争为类比，金泰尔揶揄道："在过去、现在和未来这三者中，这一叙事存在着无数的和可补救的缺陷，它对过去的解读建立在艾布拉姆斯将军依靠'心灵与智慧'项目赢得在越南的战争的陈词滥调，这是一种自私的虚构。"①

最后，大国战争派认为反叛乱学派所主张的战争方式错了，他们批评反叛乱学派不仅仅局限于反叛乱本身，更是集中于以民众为中心并不能解决问题。一方面，在大国战争派看来，反叛乱并非唯一能够取得战争胜利的法宝。大国战争派反对这样一种叙事点：即他们（反叛乱学派），而且只有他们掌握了打败叛乱分子的秘密，而在大国战争派看来，反叛乱并非阿富汗和伊拉克的正确路径。②事实上，更好的战略、领导者、强制和变化环境的偶然性，而非公众支持，决定这小规模战争和叛乱的胜负。③对于陆军学习和调适，在金泰尔看来这当然重要，但是首先是能够通过联合武装作战的能力。④另一方面，在大国战争派看来，被反叛乱学派称之为美国陆军新战争方式的以民众为中心的反叛乱战略，在现实中公众支持并非是必要的。在金泰尔看来，以民众为中心的反叛乱将战争的重心沉淀于民众工作，聚焦于国家建设，这是一种以战术为导向的战略，在这一路径下，战术将埋葬战略。⑤而波奇的批评更为尖锐，他梳理了游击战争和叛乱的历史，通过扎实的考据，对反叛乱学派

---

① Gian P. Gentile, "A (Slightly) Better War: A Narrative and Its Defects," *World Affairs*, Vol. 171, No. 1, 2008, p. 57; Gian P. Gentile, "The Better War that Never Was," *The National Interest*, No. 118, 2012, pp. 89 – 96.

② Gian P. Gentile, "A (Slightly) Better War: A Narrative and Its Defects," *World Affairs*, Vol. 171, No. 1, 2008, pp. 57 – 64.

③ Douglas Porch, *Counterinsurgency: Exposing the Myths of the New Way of War*, New York: Cambridge University Press, 2013, p. 303.

④ Gian P. Gentile, "Learning, Adapting and the Perils of the New Counter-insurgency," *Survival*, Vol. 51, No. 6, 2009/2010, pp. 189 – 202.

⑤ Gian P. Gentile, "A Strategy of Tactics: Population-centric COIN and the Army," *Parameters*, Vol. 39, No. 3, 2009, pp. 5 – 17. 更详细的论述，参见 Gian P. Gentile, *Wrong Turn: America's Deadly Embrace of Counterinsurgency*, New York: The New Press, 2013。

的观点——批判，并且提出了令人信服的观点。在波奇看来，任何常规力量都可以应付叛乱和游击战，打击叛乱和游击战并不需要以民众为中心。[①]

（三）共识生成

从这一段时间美国战略共识的生成过程来看，威胁评估存在两个过程。一是威胁评估的双向互动过程。在这一过程中，自下而上的力量来自于美国在阿富汗和伊拉克两个战场上的基层军官和指挥者，以彼得雷乌斯和麦克利斯特尔为代表，他们更多地感受到了战场上的威胁，并由此导致了三个后果：其一，这些军官对美国外部威胁的判定是将恐怖主义界定为首要威胁，并主张美军首先要打赢正在进行的战争。其二，这些军官总结实战经验，发展出了美军军事战略的核心作战理念，即反叛乱学说，用以指导美国正在进行的两场战争。其三，这些军官支持美军在两场战争中投入更多的战略资源，并主张对陆军进行改革。

然而，还有一股自上而下的力量，主要来自于美军的中高层军官，以金泰尔为代表，有一些最高领导人支持他们的观点，这些观点包括：第一，美国当前的首要威胁的确是恐怖主义，然而美国面临着诸如大国崛起的威胁，因此美国要准备应对所有的威胁。第二，批评反叛乱学派的核心理念，提出了应对全部威胁的战争理念。第三，美国最高领导人协调反叛乱学派和大国战争派的观点，总体上满足了反叛乱学派的要求，但是也在一定程度上顾及到了大国战争派的索求。

如果从威胁评估的内外互动过程角度，这一时期美国的威胁评估还有另外一个过程。如果审视横向的决策过程，以总统为首的核

[①] Douglas Porch, *Counterinsurgency: Exposing the Myths of the New Way of War*, New York: Cambridge University Press, 2013.

心决策者发挥着最为重要的作用。然而，这一过程受到公众舆论、选民、利益集团和新闻媒体等因素的影响，从而在一定程度上对核心决策者的选择有重要影响。

在威胁评估的双向互动过程和次序传递过程的综合作用下，在纵向和横向上都实现了威胁评估的共识耦合。美国最高领导人和基层军官达成了战略共识，即美军需要首先打赢正在进行的战争，取得阿富汗战争和伊拉克战争的胜利。也就是说，在这一次战略争论中，反叛乱学派占据了优势。然而，大国战争派并非一无所得，他们的呼吁同样引起了美国最高领导人的重视。也就是说，随着战争的深入，美国战略精英对阿富汗战争和伊拉克战争的威胁判断事实上在发生变化，这从另外一面反映出反恐战争的威胁正在逐渐流失。

四　美国反叛乱战略的形成

反叛乱学派和大国战争派的争论促使美国战略精英重新思考反恐战争在美国国家安全战略中的地位，并积极调整军事战略，以打好两场战争。从军事战略的制定过程来看，美军内部初步达成了共识，为美国反恐战略的再定位奠定了基础。威胁评估完成后，美军进行了一系列的战略调整，主要包括三个方面。

（一）以打击恐怖主义为重点

在国内战略争论如火如荼之际，美国也在清晰化、明确化自身面临的外部威胁。不管是在美国最高领导层，还是在美军内部，抑或是在阿富汗战场和伊拉克战场，对美国所面临的外部威胁还是有比较高的战略共识的。在2009年版的《美国陆军顶层概念》中，对美军未来作战环境做了全面而深入的分析。《美国陆军顶层概念》指出："对美国安全最大的威胁，或许在于以下两者的结合：

拥有大规模常规部队并具有发展大规模杀伤性武器能力的敌对国家，以及得到国家支持，并能够在敌对国家或法治丧失的地方作战的跨国恐怖主义组织。"① 在美军的 2010 年版《四年防务评估报告》中，尽管美军意识到了中国和印度的崛起正在重塑整个国际体系，但还是非常明确地指出："美国仍处于战争状态，当前的冲突结果如何，将直接塑造未来几十年的全球安全环境，在当前的作战行动中取胜是国防部的首要任务。"② 2010 年的《国家安全战略》中也指出："对美国人民而言，最大的威胁是大规模杀伤性武器，尤其是暴力极端主义分子对核武器的追求以及核武器向其他国家的扩散所造成的威胁。"③

在美国战略精英看来，尽管战争的本质不会变化，但是美国面临的威胁是不断变化的，为了维护美国的利益，必须寻找富有挑战的断点，然后做出相应的预案。不过，在此之前，美国必须获取阿富汗战争和伊拉克战争的胜利。在 2011 年的《国家军事战略》报告中，美国国防部指出："在当前的作战环境，就意味着我们联合部队的各个部分将团结一致打赢目前在阿富汗的战争、推动与巴基斯坦的安全合作，并打击全球暴力极端主义。"④

综合以上美军战略报告的论述，美国在这一阶段仍然将恐怖主义作为其首要威胁，并试图尽快结束正在进行的阿富汗战争，以赢得战争的胜利。不能忽视的是，首要威胁并不意味着美军将所有的注意力都放在反恐战争上，恰恰相反，美军在这一阶段同样注意

① Department of the Army, *The U. S. Army Capstone Concept*, Fort Eustis, V. A. , December 19, 2009, p. 6.

② Department of Defense, *Quadrennial Defense Review* 2010, Arlington, V. A. , February 2010, p. 5.

③ The White House, *National Security Strategy* 2010, Washington, D. C. , May 2010, p. 4.

④ Department of Defense, *The National Military Strategy of the United States of America*: *Redefining America's Military Leadership*, Arlington, V. A. , February 8, 2011, pp. 1 – 2.

到，并且时刻防范大国的军事挑战。只是，在反恐战争尚未结束的时刻，美国将重心放在了反恐战争上了而已。一旦反恐战争取得进展，或者美军决定撤出战争，国家安全战略调整就不可避免了。

（二）增兵伊拉克和阿富汗

美国还决定增兵伊拉克和阿富汗，决心打赢正在进行的两场战争。由于美国军队在阿富汗和伊拉克面临着困难局面，兵力严重不足，经过谨慎评估后，美国决定增兵伊拉克和阿富汗。在 2006 年年底，小布什总统就考虑向伊拉克增兵，以应对极度恶化的局面。为此，他要求国防部长盖茨拟定计划，向伊拉克增兵两万人。2007年 1 月 23 日，小布什在国情咨文中继续呼吁国会支持增兵伊拉克，以应对危局。随后，美国逐渐向伊拉克增兵，并在 2008 年达到增兵的高峰（参见图 2 - 1）。随着，美军增员力量加入战斗，美军逐渐缓和了在伊拉克的局势。在美国增兵伊拉克的同时，阿富汗的局势逐渐紧张起来。

随后美军制定了在伊拉克逐渐撤军，增兵阿富汗的战略。早在 2009 年 3 月 27 日，奥巴马政府就制定了全新的阿富汗—巴基斯坦战略，其战略核心是"破坏、瓦解并最终击败'基地'组织及其极端主义同伙塔利班"。① 美军随后的战略战术是以打击组织"基地"成员为目标，着重利用特种部队、空袭轰炸等方法打击"基地"组织。然而，这一战略存在很多问题，引起了驻阿富汗司令麦克里斯特尔及其团队的不满。2009 年 9 月，麦克里斯特尔呼吁奥巴马政府增兵阿富汗战场。在一份长文报告中，麦克里斯特尔断

---

① Barack Obama, "Remarks by the President on a New Strategy for Afghanistan and Pakistan," The White House, Washington DC, United States, March 27, 2009（http：// www. whitehouse. gov/the _ press _ office/Remarks-by-the-President-on-a-New-Strategy-for-Afghanistan-and-Pakistan/）.

言，如果不增兵，美国在阿富汗将会失败，这一报告被美国媒体披露。[①] 在这个报告中，麦克里斯特尔提出了一整套不同于奥巴马政府的阿富汗战略，他认为，美国应该集中打击南部"基地"组织的老巢，把重点放在控制重要的人口密集区。除此之外，美军还需要与阿富汗平民打成一片，极力减少平民伤亡，安抚阿富汗人民的反美情绪，进而发展经济，推进阿富汗政府的建设，巩固美军与阿富汗政府的合作，以平民重建为先，这需要美军增兵4.4万人。[②] 报告一经披露，便引起奥巴马政府内部的激烈争论。在经过激烈漫长的讨论之后，奥巴马政府基本接受了麦克里斯特尔的建议，重新评估原先的阿富汗战略，并于2009年年底宣布增兵30000人（参见图2-1）。

如果综合考察美国在伊拉克战争和阿富汗战争中的增兵计划，不难发现，美国想要获得战争的主动权，进而从战争中抽身，都是遵循了先增兵、后撤兵的路子，这已经成为一个具有规律性的现象，有的学者将其称之为"以正确的方式失去战争"。[③] 思考美国对战争局势的评估，研究美国在战争中的行为模式，这对于我们理解美国的国家安全战略调整具有重要的意义。

（三）反叛乱战略的升级

在伊拉克战争和阿富汗战争的困境使得美军重新思考如何打击恐怖主义和反叛乱分子，由此"反叛乱"理论引起了美国政府的高

---

① Bob Woodward, "McChrystal: More Forces or 'Mission Failure'," *The Washington Post*, September 21, 2009; Eric Schmitt and Thom Shanker, "General Calls for More U. S. Troops to Avoid Afghan Failure," *The New York Times*, September 21, 2009.

② Stanley McChrystal, "Initial United States Forces: Afghanistan (USFOR-A) Assessment," Memorandum to US Secretary of Defense Robert M. Gates, August 30, 2009 (http://media. washingtonpost. com/wp-srv/politics/documents/Assessment_ Redacted_ 092109. pdf).

③ Dominic Tierney, *The Right Way to Lose a War: America in an Age of Unwinnable Conflicts*, New York: Little, Brown and Company, 2015.

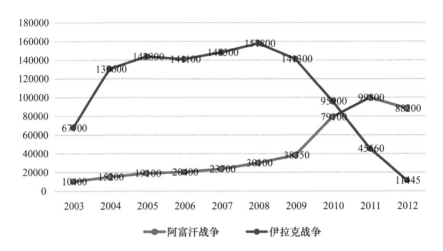

图 2 - 1　美国在阿富汗战争和伊拉克战争中的军队数量统计

资料来源：2003—2008 年的数据，参见 Amy Belasco，"Troop Levels in the Afghan and Iraq Wars，FY2001—Fy2012：Cost and Other Potential，" CRS Report for Congress，July 2，2009，p. 9；2009—2012 年的数据，每年的数据取第二个季度，参见 Heidi M. Peters et al.，"Department of Defense Contractor and Troop Levels in Iraq and Afghanistan：2007 - 2017，" CRS Report for Congress，April 28，2017，pp. 4 - 9.

度重视，并逐渐成为美国反恐战略转向"反叛乱"战略的理论依据。[1] 2006 年 12 月，美国陆军和海军陆战队推出了新版《反叛乱手册》，这份手册详细总结了美军在伊拉克战争和阿富汗战争中的教训，对美国反叛乱概念进行了重大修改，并建议美军将更多精力放在培训伊拉克军队和警察上，关注普通公众和国家重建工作。[2]

　　在现实中，美军调整了战争方式，重视空军在战争中的作用。在"反叛乱"行动中，美军充分发挥空军的作用：第一，空军的打

---

　　[1]　葛腾飞、苏昕：《美国"反叛乱"理论的发展及其困境》，《美国研究》2012 年第 1 期。

　　[2]　Headquarters Department of the Army，*Field Manual* 3 - 24，*Counterinsurgency*，Fort Eustis，V. A.，December 2006.

击作用。特别是精确制导武器的使用，成为"反叛乱"行动中避免人员伤亡，获取胜利的重要手段。第二，情报搜集。战争中决策是否正确非常依赖于情报的准确性，而空军在情报搜集上则具有无可比拟的优势。第三，后勤保障。空军不仅可以在没有后勤保障的情况下进行远距离打击，同时也可以配合陆军行动，为陆军保障后勤。此外，随着战争形态的变化，为了应对"反叛乱"，美军的作战单位也逐渐小型化。

随后，美军陆续出台了一系列的文件与理念，重塑美军在反叛乱中的概念和原则。美国联合部队司令部撰写的《联合作战环境》就指出了美军面临的威胁，在其看来，在 2030 年之前，美军将面临两种艰难的情况，即大国之间的大规模战争和非常规战争。在非常规战争中，由于敌人已经在策略和战术上不断学习和适应，美军必须考虑到未来战争中的后勤和通道两个重要因素，以赢得战争胜利。[①] 2012 年出台的《联合作战进入概念》更是强调在低层级上的"跨域协同"理念，以加快作战节奏，把握战争时机。[②] 这一作战概念，则更多是针对大国的"反介入"与"区域拒止"战略。回顾这一时期，美军不但在发展应对非常规战争的作战理念，同时在评估可能到来的大国冲突，只是侧重点有所不同而已。

---

① United States Joint Forces Command, *The 2010 Joint Operating Environment*, Suffolk, V. A., February 28, 2010, pp. 62 – 64.

② Department of Defense, *Joint Operational Access Concept*, Arlington, V. A., January 17, 2012.

第三章 从中东反恐到亚太再平衡
——奥巴马政府的战略转变

> 当定义新国际环境的亚太世纪出现，美国必须强化和深化在这一区域的战略接触和领导角色。
>
> 科特·坎贝尔[1]

2008 年金融危机是全球权力格局变化的关键界标。吴心伯就认为："2008 年金融危机并非开启了一个新趋势，而是快速终结了一个旧时代，曝光了已经变革的深度和广度。"[2] 在此之后，中国经济一骑绝尘，以美国为首的西方国家经济发展暂时遇到了一些困难，对中国的领先优势被极大地缩减。与此相关，中国外交政策的模式悄然间发生着变化，尤其是十八大以来，中国新一届领导人把握住历史机遇，提出了全新的外交思路，在国际舞台上奋发有为，取得了巨大的外交成就。奥巴马政府则面临着艰巨的挑战：在国内层面要重振美国经济，在国际层面要扭转以反恐为战略重心的外交政策，兼顾到亚太地区。回顾奥巴马第一任期的历史，美国在这一

---

① Kurt M. Campbell, "Principles of U. S. Engagement in the Asia-Pacific," Testimony before the Subcommittee on Eat Asian and Pacific Affairs, Senate Foreign Relations Committee, Washington, D. C. , January 21, 2010 (https：//www. foreign. senate. gov/imo/media/doc/CampbellTestimony100121a. pdf) .

② Wu Xinbo, "Understanding the Geopolitical Implications of the Global Financial Crisis," *The Washington Quarterly*, Vol. 33, No. 4, 2010, p. 156.

时期基本形成了亚太再平衡战略。然而必须看到，亚太再平衡是一个不断变动的战略，在奥巴马第二个任期，美国对中国的行为进行了再次评估，并且调整了亚太再平衡战略。

一 奥巴马政府对外部环境的评估

奥巴马政府逐渐调整了美国外交政策理念。总体而言，奥巴马政府汲取了小布什政府在外交政策上的经验和教训，通过重新评估现实世界的环境和美国自身的力量，试图重新调整美国外交政策，推进美国全球战略的再平衡。① 奥巴马政府推进全球战略的再平衡，是基于对美国外部威胁的再评估。

（一）奥巴马政府前期的威胁评估

在奥巴马政府第一个任期，美国更多的精力是谋求在伊拉克和阿富汗战争的胜利，尽管鼓吹重返亚太，但是并未给中国过多的压力。奥巴马就任总统之后，美国战略分析家就提出了 G2 的概念，建议中国发挥更大作用，提议中美合作来解决国际社会中的诸多难题。2009 年 7 月 27 日，奥巴马在中美战略经济对话上也曾指出，中美关系将塑造 21 世纪。② 这一时期，奥巴马政府及其国内战略精英对美国自身实力和外部环境进行了评估，从内容来看主要包括四个方面。

首先，美国没有衰落，但是优势受到侵蚀。美国是否衰落是美国国内一个经久不衰的话题，尤其是在美国遇到战略困难的时候。

---

① 达巍：《全球再平衡：奥巴马政府国家安全战略再思考》，《外交评论》2014 年第 2 期。

② Barack Obama, "Remarks by the President at the U. S. /China Strategic and Economic Dialogue," Ronald Reagan Building and International Trade Center, Washington, D. C., July 27, 2009（https：//obamawhitehouse. archives. gov/realitycheck/the-press-office/remarks-president-uschina-strategic-and-economic-dialogue）.

"九一一事件"后，小布什政府发起了反恐战争。美国不仅长期没有赢得战争，而且深陷泥潭难以自拔。对此，美国国内进行了辩论，讨论美国是否正在走向衰落这一问题。约瑟夫·奈就撰文指出，在未来几十年，美国将是"首要"的，但却不是"唯一"的，因此美国要更好地结合硬实力和软实力。① 有战略分析家也指出，美国相对衰落时应该继续从事自由主义秩序的构建，以规则来领导世界秩序，寻求同其他国家就霸权契约进行再协商，美国重新建立在全球的部署。② 罗伯特·卡根（Robert Kagan）则认为，美国目前仍未衰落，并且美国的衰落并不是一个不可避免的选择。③ 总体而言，奥巴马政府并不承认美国已经衰落，但是承认美国面临的困境，并且意识到其战略优势正在受到诸多挑战。

其次，恐怖主义仍然是美国的首要威胁。尤其是在 2006 年后，伊拉克和阿富汗的叛乱频发，形势不容乐观。为此，尽管美国不得不对以中国为代表的崛起中大国予以关注，但是奥巴马政府仍然坚持在兼顾大国崛起的同时，将反恐战争置于国家安全战略的重中之重。在 2010 年的美国《国家安全战略》报告中明确指出："对美国人民而言，最大的威胁即大规模杀伤性武器，尤其是暴力极端主义分子对核武器的追求以及核武器向其他国家的扩散所造成的威胁。"④ 在 2010 年版的《四年防务评估报告》中更是直言不讳："国防部的使命是保护美国人民，促进我们的国家利益。我们在履行上述职责的过程中必须首先认识到，美国是一个正处于战争状态

---

① Joseph S. Nye, Jr., "The Myth of Isolationist America," *Project Syndicate*, February 24, 2014 (http://www.project-syndicate.org/commentary/joseph-s-nye-refutes-the-increasingly-widespread-view-that-the-us-is-turning-inward).

② G. John Ikenberry, *Liberal Leviathan: The Origins, Crisis, and Transformation of the American World Order*, Princeton, N. J.: Princeton University Press, 2011.

③ Robert Kagan, *The World America Made*, New York: Vintage Books, 2012.

④ The White House, *National Security Strategy 2010*, Washington, D. C., May 2010, p. 4.

的国家。"① 因此，对美国而言，其战略选择是："在当前的作战环境下，这就意味着我们联合部队的各个部分将团结一致打赢目前在阿富汗的战争、推动与巴基斯坦的安全合作，并打击全球暴力极端主义。"② 因此，奥巴马政府试图首先打赢业已发动的战争。

再次，亚太地区是美国未来繁荣之所在，美国要持续关注。美国领导人在这一段时间内通过穿梭外交，重新重视东南亚，积极向东亚国家释放积极参与亚洲事务的信号。奥巴马在2009年11月14日访问日本，在东京发表演讲并阐述美国的亚洲政策，奥巴马表示会积极参与亚洲事务。他指出："美利坚合众国虽然发源于大西洋沿岸的一系列港口和城市，但我们世世代代始终是一个太平洋国家。亚洲和美国并没有被太平洋阻断，而是被太平洋联系在一起。"③ 2010年1月12日，希拉里（Hillary Clinton）在夏威夷檀香山发表演讲，阐述了美国重返亚洲的外交政策，她特别强调："美国的未来系于亚太地区的未来，亚太地区的未来依赖于美国。"④ 2010年1月21日，坎贝尔在参议院的听证会上提出美国介入亚太事务的原则，他认为美国应该深度介入亚太地区，在亚太地区维持强大的存在。⑤ 与这些战略目标相匹配，美国在防务上也追求实现

---

① Department of Defense, *Quadrennial Defense Review Report 2010*, Arlington, V. A., February, 2010, p. III.

② Department of Defense, *The National Military Strategy of the United States of America*, Arlington, V. A., February 8, 2011, p. 1.

③ Barack Obama, "Remarks by President Barack Obama at Suntory Hall," Suntory Hall, Tokyo, Japan, November 14, 2009 (https://obamawhitehouse.archives.gov/realitycheck/the-press-office/remarks-president-barack-obama-suntory-hall).

④ Hillary Clinton, "Remarks on Regional Architecture in Asia: Principles and Priorities," Honolulu, Hawaii, January 12, 2010 (http://www.state.gov/secretary/20092013clinton/rm/2010/01/135090.htm).

⑤ Kurt M. Campbell, "Principles of U. S. Engagement in the Asia-Pacific," Testimony before the Subcommittee on East Asian and Pacific Affairs, Senate Foreign Relations Committee, Washington, D. C., January 21, 2010 (http://www.state.gov/p/eap/rls/rm/2010/01/134168.htm).

军事力量的再平衡。[①] 2011 年 10 月，希拉里在《外交政策》杂志上发表文章，鼓吹美国将转向亚太地区。[②] 美国的这一系列表态，显示了奥巴马政府对于亚太地区的重视，并赋予亚太地区越来越重要的地位。

最后，美国认为中国越来越强势。冷战结束之后，国际社会最重大的一个事件就是中国的崛起。[③] 自 2008 年全球金融危机以后，中国在国际舞台上的外交行为越来越主动。中国在处理中美关系中的积极姿态，引起了美国政府官员与学者的焦虑，他们判定中国在国际事务中越来越强势，对美国越来越咄咄逼人。[④] 以至于沈大伟（David Shambaugh）惊呼："2009—2010 年度将因是中国在世界上很难相处的年份而被铭记，因为北京不仅对她的许多亚洲邻国越来越独断专行，而且对美国和欧盟也是如此。"[⑤] 随着中国崛起程度加深，中美两国之间存在着严重的不稳定因素。[⑥] 这些学者认为，对中国崛起必须做最坏的打算，因而需要对中国进行制衡和遏制。这一派观点的代表人物是米尔斯海默，他对中国能否和平崛起比较悲观，他宣称：（1）尽管中国政府对外声称的和平崛起，但在理

① Department of Defense, *Quadrennial Defense Review Report 2010*, Arlington, V. A., February, 2010.

② Hillary Clinton, "America's Pacific Century," *Foreign Policy*, No. 189, 2011, pp. 56 – 63.

③ Nirav Patel, "The Strategic Environment of U. S. -Sino Relations," in Abraham Denmark and Nirav Patel eds. , *China's Arrival：A Strategic Framework for a Global Relationship*, Washington, D. C. ：Center for a New American Security, September 2009, p. 5；Charles Glaser, "Will China's Rise Lead to War?" *Foreign Affairs*, Vol. 90, No. 2, 2011, p. 80.

④ Aaron Friedberg, "The New Era of U. S. -China Rivalry," *The Wall Street Journal*, January 17, 2011；Thomas J. Christensen, "The Advantages of an Assertive China：Responding to Beijing's Abrasive Diplomacy," *Foreign Affairs*, Vol. 90, No. 2, 2011, pp. 54 – 67.

⑤ David Shambough, "Coping with a Conflicted China," *The Washington Quarterly*, Vol. 34, No. 1, 2011, p. 7.

⑥ Alastair Iain Johnston, "Stability and Instability in Sino-US Relations：A Response to Yan Xuetong's Superficial Friendship Theory," *The Chinese Journal of International Politics*, Vol. 4, No. 1, 2011, pp. 5 – 29.

论和现实中层面上，中国都无法和平崛起；（2）中国未来必然以追求地区霸权为战略目标；（3）周边国家必然恐惧中国成为一个地区霸权，因而倾其全力制衡中国；（4）为了制衡中国的崛起，中国的周边国家会加入美国领导的制衡联盟。[①] 中国过于攻击性的军事姿态会促成周边国家结成联盟共同反对中国，从而削弱中国的软权力。[②]

（二）奥巴马政府后期的威胁评估

然而，随着中美关系的变化以及国际局势的发展，奥巴马政府第二任期逐渐调整了对打击恐怖主义和应对中国崛起的认知。尤其是中共十八大以来，中国外交一改原来风格，变得更加积极进取、奋发有为。从亚投行到"一带一路"倡议，从新型大国关系到人类命运共同体，中国的大战略框架搭建和制度规划的轮廓越来越清晰，逐渐进入实践阶段，美国越来越多地感受到中国的威胁。2014年以后，美国对中国的威胁认知出现了重大的变化。

一方面，中国提出了一些重大的战略思路。为了补足亚洲地区在基础设施投资方面的缺额，中国借鉴已有的先进理念和规则，同时提出创新性的理念和规则，倡导创设亚投行，以推动亚洲地区的多边开发。亚投行是中国创设国际制度的一次重大尝试，并且在规则设定等领域对美国主导的地区秩序造成一定冲击。[③] 此外，中国提出了"一带一路"倡议，试图通过互联互通来推动中国与周边地

---

① John J. Mearsheimer, "The Gathering Storm: China's Challenge to US Power in Asia," *The Chinese Journal of International Politics*, Vol. 3, No. 4, 2010, pp. 381 – 396.

② Joseph S. Nye, Jr., "The Future of American Power," *Foreign Affairs*, Vol. 89, No. 6, 2010, pp. 4 – 5.

③ 陈绍锋：《亚投行：中美亚太权势更替的分水岭?》，《美国研究》2015 年第 3 期。

区的经济合作。① 有学者认为，较之于以往在国际秩序内中国主要秉持的是寻求"维护自主性"的主导策略，当前"寻求影响力"成为国际秩序观的主导。② 中国还提出了新型大国关系概念，用来处理中美关系，试图通过新路径和新框架来避免传统上崛起国与霸权国之间冲突的宿命。中国外交取得了重大成效，这首先表现在中国的国际地位有了极大的提升。2016 年 10 月 1 日，人民币正式加入 SDR 货币篮子，这是人民币国际化的重要里程碑。人民币成为仅次于美元和欧元的第三大储备货币。在周边外交中，中国也取得了一些实实在在的战略成效。在海洋争端中，东海防空识别区划设，以及对钓鱼岛定期巡航，都是重大的外交成就；在南海争端中，中国通过填海造岛改变了以往在南沙被动的局面。

在此背景下，奥巴马政府对外部环境进行了再评估，其内容主要包含两个方面。一方面，在全球层面，大国的权力政治正在挑战既有秩序。在奥巴马政府的第二个任期，有两个重大事件促使美国对外部威胁进行再评估。第一，乌克兰危机。2013 年 11 月，乌克兰再次发生颜色革命，亚努科维奇被罢免总统职务，这引起了政治危机，亲俄的克里米亚地区趁机宣布独立，乌克兰危机爆发。2014 年 5 月，乌克兰政府采取全年军事行动，克里米亚战争爆发。俄罗斯介入乌克兰危机并扩大了军事冲突，使其演变成为一场有限战争。③ 在奥巴马看来，俄罗斯滥用人道主义原则，使用强权侵害乌克兰的领土和主权，破坏了国际社会的基本规则。④ 因此，美国在

---

① 李向阳：《构建"一带一路"需要优先处理的关系》，《国际经济评论》2015 年第 1 期。

② 孙伊然：《亚投行、"一带一路"与中国的国际秩序观》，《外交评论》2016 年第 1 期。

③ Lawrence Freedman, "Ukraine and the Art of Limited War," *Survival*, Vol. 56, No. 6, 2014/2015, pp. 7 - 38.

④ Barack Obama, "Statement by the President on Ukraine," South Lawn, March 20, 2014 (https://obamawhitehouse. archives. gov/the-press-office/2014/03/20/statement-presi-dent-ukraine) .

乌克兰战争爆发后采取了一系列措施，对俄罗斯进行经济制裁和政治孤立。① 第二，南海问题。从2014年开始，中国政府在南海岛礁开展陆地吹填工作。根据美国统计，截至2015年6月，中国在南海一共填海3000英亩陆地，大概相当于南海其他相关方过去40年填海造岛面积的17倍。② 这引起了美国的极大不满，并强烈批评中国的单方面行为。③ 中国在南海的行为，被美国称之为"切香肠战术（salami tactics）"，并被视为对美国的挑战。④ 艾立信（Andrew S. Erickson）就认为，中国在南海问题上为维护关键利益咄咄逼人，美国同样需要保护自身的关键利益。⑤ 此外，美国在这一时期更是对中国南海岛礁的军事化非常担忧。丹尼尔·罗素（Daniel Russel）在国会听证会上认为，中国将南海岛礁用于军事用途，这会侵蚀本地区的信任，并威胁南海的和平、安全和稳定。⑥ 尤其是2016年7月南海仲裁案公布判决以后，中国政府决绝接受这一判决。美国则表示支持这一判决，支持通过国

---

① U. S. Department of the Treasury, "Ukraine-/Russia-related Sanctions," (https://www. treasury. gov/resource-center/sanctions/Programs/Pages/ukraine. aspx).

② Terri Moon Cronk, "Pacom Chief: China's Land Reclamation Has Broad Consequences," Department of Defense, July 24, 2015 (http://www. defense. gov/News-Article-View/Article/612689); Ronald O'Rourke, *Maritime Territorial and Exclusive Economic Zone (EEZ) Disputes Involving China: Issues for Congress*, CRS Report, Prepared for Members and Committees of Congress, December 22, 2015, p. 28. (https://fas. org/sgp/crs/row/R42784. pdf).

③ Ash Carter, "A Regional Security Architecture Where Everyone Rises," IISS Shangri-La Dialogue, Singapore, May 30, 2015 (http://www. defense. gov/News/Speeches/Speech-View/Article/606676).

④ Patrick M. Cronin et al., *Tailored Coercion: Competition and Risk in Maritime Asia*, Washington, D. C.: Center for New American Security, March 2014.

⑤ Andrew S. Erickson, "Hearing on America's Security Role in the South China Sea," Testimony before the House Committee on Foreign Affairs Subcommittee on Asia and the Pacific, Washington, D. C., July 23, 2015.

⑥ Daniel Russel, "Testimony before the Senate Foreign Relations Committee: Maritime Issues in East Asia," Washington, D. C., May 13, 2015.

际法和国际规则来解决争端和冲突。① 从威胁评估的调整过程来看，美国将俄罗斯在克里米亚和中国在南海的行为归为一类，都改变了地区秩序的现状，都是权力政治的操作，这促使美国重新审视中俄两国的行为模式。

另一方面，崛起中的中国及其越来越强势的外交政策正在威胁到以规则为基础的国际秩序。对于美国战略家而言，长期以来的忧虑在于中国的战略目标是与美国竞争主导地位。② 如果说奥巴马政府早期欢迎中国崛起的表态是认真的，但是随着国际局势的发展，美国不得不逐渐加码，开始防范中国。尽管奥巴马政府在 2015 年版的《国家安全战略》报告中明确指出"美国欢迎一个稳定、和平和繁荣的中国崛起，并寻求发展与中国建设性的伙伴关系，给两国人民带来福利，推进亚洲和世界的安全与繁荣"③。然而，该报告同样对中国日益增长的军事现代化，以及在东海和南海的强势行为忧心忡忡。2014 年版的《四年防务评估报告》更是直言不讳："中国军事现代化的快速节奏和全面范围持续，并且与中国领导人在军事实力和意图上相对缺乏透明度和公开性相结合。"④ 在奥巴马政府看来，中国日益增长的实力，以及越来越强势的外交政策，对既有以规则为基础的地区秩序造成了极大地损害。

二 从中东反恐到亚太再平衡

在奥巴马政府的国家安全战略上，它同时将恐怖主义和大国崛

---

① John Kirby, "Decision in the Philippines-China Arbitration," Department of State, July 12, 2016 (https://2009–2017. state. gov/r/pa/prs/ps/2016/07/259587. htm).

② Aaron L. Friedberg, *A Contest for Supremacy: China, America, and the Struggle for Mastery in Asia*, New York: W. W. Norton & Company, 2012.

③ The White House, *National Security Strategy 2015*, Washington, D. C., February 2015, p. 24.

④ Department of Defense, *Quadrennial Defense Review 2014*, Arlington, V. A., March 4, 2014, p. 4.

起视为挑战，但是以 2014 年为界，之前更侧重于反恐战争，试图在战略上纠偏，之后更侧重于应对大国，试图应对潜在挑战。

（一）调整反恐战略

由于美国过度反应，在反恐战争上投入了巨大的战略资源。随着反恐战争的深入，美国面临着巨大的战略压力：其一，美国在反恐战争上投入的战略资源越来越多，却难以实现既定目标。其二，长期将反恐战争作为国家安全战略的重心，使得美国难以腾出手来应对大国崛起。在此背景下，奥巴马政府试图从两个方面着手，调整美国的反恐战略。

一方面，奥巴马政府希望及时止损，从反恐战争中抽身。奥巴马就任美国总统以后，他面临的是一个反恐战争难以持续的烂摊子，美国同时在伊拉克和阿富汗进行两场战争，并且难以取得胜利。在伊拉克，由于小布什政府期间已经持续增兵，并在战争上取得了重大进展。奥巴马政府启动了从伊拉克撤军的行动，2011 年 12 月 15 日，帕内塔宣布美国完全撤出伊拉克，伊拉克战争结束。[①] 与在伊拉克战争相比，奥巴马更加重视阿富汗战争。在阿富汗，奥巴马同样出台了新战略，试图寻找战争的获胜之道，并最终结束阿富汗战争。[②] 从战争文化来看，美国从战争中抽身一般遵循先增兵、后撤军的传统，[③] 这在阿富汗也不例外。

2009 年 2 月 17 日，奥巴马政府决定向阿富汗增兵 17000 名，这比原有阿富汗战场上 36000 名士兵增加了近 50%。同年，奥巴马政府又两次分别向阿富汗增兵 4000 名和 30000 名，加上后面几次

---

① Leon E. Panetta, "U. S. Forces-Iraq End of Mission Ceremony," Baghdad, Iraq, December 15, 2011（http: //archive. defense. gov/Speeches/Speech. aspx? SpeechID = 1641）.

② Anthony H. Cordesman, *The Obama Strategy in Afghanistan*: *Finding A Way to Win*, Washington, D. C: The CSIS, 2016.

③ Dominic Tierney, *The Right War to Lose a War*: *America in an Age of Unwinnable Conflicts*, Boston: Little, Brown and Company, 2015.

增兵，在 2011 年的顶峰时期，美国在阿富汗驻扎了超过 100000 名士兵。2011 年 6 月 22 日，奥巴马发表演讲，宣布美国将在年底从阿富汗撤出 10000 名士兵，并在 2012 年的夏天撤出 23000 名士兵。截至 2014 年 2 月，奥巴马宣布已经将驻阿富汗的士兵从 68000 名缩减到 34000 名，并将在 2014 年年底结束在阿富汗的战斗任务，仅仅保留 9800 名美国士兵。然而，由于阿富汗的局势复杂，美国屡次延缓从阿富汗撤军的计划。2016 年 7 月，奥巴马宣布将在阿富汗保留 8400 名士兵，而非之前宣布的 5500 名士兵。总体来看，奥巴马政府在开始追求的是在阿富汗打一场"好战争"，到最后不得不接受"足够好的阿富汗"，这反映了美国在阿富汗面临的艰巨挑战。①

另一方面，奥巴马政府推进在中东地区进行战略收缩。奥巴马政府试图进行战略收缩，减少在中东地区的战略投入，推进中东和平进程。为此奥巴马政府的战略调整主要体现在三个方面：

首先，奥巴马政府在中东地区的战略设计是修复同伊斯兰世界的关系。② 为此，奥巴马政府在两方面做出了努力：其一，奥巴马政府改善了与大部分伊斯兰国家的关系。他在战略层面强调重塑美国与伊斯兰世界关系的重要性，在具体政策上试图积极修补并调整与土耳其和沙特等传统盟友的关系，推进巴以和谈的进程，并从伊拉克撤军。③ 其二，奥巴马政府选择淡化与以色列的关系。在巴以关系上，美国调整了对以色列的态度，这主要有两个方面的考虑：一是淡化美以关系可以在一定程度上迎合伊斯兰国家，这符合美国中东战略的整体安排；二是在犹太人定居点和加沙问题上，奥巴马

① Mark Landler, "The Afghan War and the Evolution of Obama," *The New York Times*, January 1, 2017.

② ［美］马丁·英迪克、李侃如、迈克尔·奥汉隆：《重塑历史：贝拉克·奥巴马的外交政策》，赵天一译，中国社会科学出版社 2016 年版，第 4 章。

③ 刘中民：《和平与反恐：奥巴马政府中东政策面临的双重挑战》，《外交评论》2009 年第 5 期。

对以色列的行为非常不满，他认为以色列的行为不利于巴以问题的解决。① 基于以上两方面考虑，在奥巴马执政时期，美国与以色列的关系长期处于低迷状态，这一情况到特朗普政府时期才得以改善。

其次，奥巴马政府拒绝在中东地区投入过多的战略资源。小布什政府在中东地区采取单边主义的外交战略，以反恐战争为旗帜，在外交上积极进取，但是这也导致美国深陷泥潭，投入了过多的战略资源。奥巴马政府积极纠偏，他不仅拒绝过度介入中东地区事务，在利比亚危机、"阿拉伯之春"和叙利亚危机中都保持了战略审慎。他还推动美国从伊拉克撤军，从中东的战争泥潭中抽身，在反恐战争上以最少的战略投入，试图取得最大的战略收益。

最后，奥巴马政府选择改善与伊朗的关系，并推动签署了《伊朗核协议》。奥巴马政府逐渐将伊朗核问题作为中东地区战略的重点之一。2011 年 12 月 31 日，美国发布了《2012 财政年度国防授权法》，规定自 2012 年 6 月 28 日起，对伊朗进行石油制裁和金融制裁。经过几年的施压和博弈，2015 年 7 月 14 日，美俄中英法德六国与伊朗达成了《联合全面行动计划》，即《伊朗核协议》，该协议限制伊朗发展核计划，然后分阶段解除对伊朗的制裁。② 《伊朗核协议》改善了美国与伊朗的关系，使得美国可以腾出手来，全力推进伊拉克的国家重建和在中东地区的反恐战争。

（二）重返亚太战略

在长期陷入反恐战争的泥潭后，美国战略精英逐渐形成了战略

---

① Adam Entous, "The Maps of Israel Settlements that Shocked Barack Obama," *The New Yorker*, July 9, 2018 (https://www.newyorker.com/news/news-desk/the-map-of-israeli-settlements-that-shocked-barack-obama).

② State of Department, "Joint Comprehensive Plan of Action," (https://www.state.gov/e/eb/tfs/spi/iran/jcpoa/).

共识，推动美国从反恐中抽身以应对中国的挑战。因此，在调整反恐战略、从中东抽身的同时，奥巴马政府试图将亚太地区作为其战略重心。不过从美国提出和推进亚太再平衡战略的过程来看，这一战略分为两个时期，前期主张强化对亚太地区的接触，加大对亚太地区的战略资源投入，后期强调用国际规则塑造中国，构建以国际规则为基础的亚太安全秩序。

在奥巴马政府的前期，美国主要在两个方面推进重返亚太战略的实施。

首先，奥巴马政府试图在军事和经济重返亚太地区。在军事上，奥巴马政府的领导人也相继在国内外发表看法，积极释放积极参与亚洲事务的信号，勾勒美国新的亚太安全战略。[①] 2012 年年初，美国国防部发布《防务战略指南》，正式提出亚太再平衡战略。在这一报告中，美国国防部明确指出："美国的经济和安全利益与一条弧形地带的发展状况息息相关，该地带从西太平洋和东亚延伸至印度洋和南亚，在该地带孕育的挑战和机遇不断演变，因此美军在继续为世界安全做贡献的同时，必须对亚太地区的防务态势进行再平衡。"[②] 亚太再平衡战略意味着美国将战略重心放在亚太地区，中国成为首要防范的对象。2014 年版的《四年防务评估报告》中，全方位制定了面向 2020 年的美国防务战略，试图保持美国的全球领导地位和军事优势。在这一报告中，美国将亚太再平衡摆在首位，视为其面向 2020 年美军防务的重中之重，为此，美军重申了 2020 年前将美军海空力量的 60% 部署在亚太地区的计划，提升东南亚和澳大利亚在美军战略格局中的地位，并且发展了一系列新军

---

① Hillary Clinton, "America's Pacific Century," *Foreign Policy*, No. 189, 2011, pp. 56 – 63; Brack Obama, "Remarks by President Obama to the Australian Parliament," Canberra, Australia, November 17, 2011 (http://www.whitehouse.gov/the-press-office/2011/11/17/remarks-president-obama-australian-parliament).

② Department of Defense, *Sustaining U. S. Global Leadership: Priorities for 21st Century Defense*, Arlington, V. A., January 2012.

事理念和新军事战略。① 奥巴马此举的意图非常简单，即从中东地区战略收缩，将有限的战略资源集中在亚太地区。

在经济上，奥巴马政府推动《跨太平洋伙伴关系协定》（TPP），试图重塑国际贸易规则，以与军事上的战略相配合，形成了完整的亚太再平衡战略。奥巴马政府决定参与《跨太平洋伙伴关系协定》谈判。2009 年 11 月，奥巴马政府正式提出扩大跨太平洋伙伴关系，积极将自身的贸易理念加入其中，试图塑造新的贸易规则。从推动《跨太平洋伙伴关系协定》的行为逻辑来看，美国试图通过推进新的贸易规则，对中国、印度和巴西等新兴经济集团形成谈判压力，进而牢牢控制美国在多边贸易谈判中的规则主导权。奥巴马曾经在多个场合宣扬其核心观点，《跨太平洋伙伴关系协定》将确保美国书写 21 世纪的贸易规则，而非由中国来书写。② 对美国而言，《跨太平洋伙伴关系协定》是其亚太再平衡战略的重要组成部分，但是对中国则是一个巨大的挑战。③

其次，调整联盟关系。奥巴马政府则推动盟友承担更多的责任，以减轻美国的战略负担。第一，推进美日同盟的转型。对于美国来说，其目的相对简单，即通过加强美日安全合作鼓励日本承担更多责任，分担自身在亚太地区的战略负担。美日同盟转型的内容主要包含两个方面：其一，美国鼓励日本在地区事务和全球事务中发挥更大作用，支持日本解禁集体自卫权，使自身在应对周边安全问题上拥有使用军事力量的更大空间。其二，在安全防卫方面，美日推动双方合作的制度化。在 2013 年 10 月举行的美日安全磋商委员会（"2 + 2"）会议上，两国自 1997 年以来首次更新《美日防卫

① Department of Defense, *Quadrennial Defense Review 2014*, Arlington, V. A., March 4, 2014.

② Barack Obama, "The TPP Would Let America, Not China, Lead the Way on Global Trade," *The Washington Post*, May 2, 2016.

③ 李向阳：《跨太平洋伙伴关系协定：中国崛起过程中的重大挑战》，《国际经济评论》2012 年第 2 期。

合作指针》，力求维持一个强有力的联盟，推动日本分担更多的责任。① 2015 年 4 月 27 日，美日两国外长、防长"2 + 2"磋商会议上正式修改《美日防卫合作指针》，扩大了日本自卫队对美国军事行动的支援范围，准许日本自卫队在全球范围内支援美军。②

第二，美国强化与菲律宾的安全合作。2009 年以后，中菲两国在南海问题上对抗日趋激烈，局势迅速恶化。为了推进亚太再平衡战略，美国加强了与菲律宾的军事合作。美国一方面增加了对菲律宾的军事援助。奥巴马提出亚太再平衡战略后，大力强化对菲律宾的军事援助，为其提供一系列军事设备。2001 年以来，美国向菲律宾提供了三亿美元的军事援助，在 2015 年继续向菲律宾提供4000 万美元的军事援助。③ 美国另一方面加深美菲两国安全合作的制度化水平。2011 年 11 月 16 日，两国签署《马尼拉宣言》，美国承诺与菲律宾在军事和经济领域开展合作，提升两国同盟关系。在2014 年 4 月 28 日奥巴马访问菲律宾期间，两国签署了一个为期十年的《美菲加强防务合作协议》，旨在提升两国的协同能力，推动菲律宾军队的现代化，加强两国在海洋安全领域的合作。④

第三，调整美韩同盟。长期以来，美韩同盟存在的目的主要是为了应对来自朝鲜的威胁。奥巴马政府希望韩国在地区和全球层面发挥更大的作用。2009 年 6 月 19 日，奥巴马与李明博发表联合声

① "Joint Statement of the Security Consultative Committee: Toward a More Robust Alliance and Greater Shared Responsibilities," Department of State, Arlington, V. A., October 3, 2013（http://www.state.gov/r/pa/prs/ps/2013/10/215070.htm）.

② "The Guideline for U. S. – Japan Defense Cooperation," Department of Defense, April 27, 2015（http://www.defense.gov/pubs/20150427_ –_ GUIDELINES_ FOR_ US – JAPAN_ DEFENSE_ COOPERATION_ FINAL&CLEAN.pdf）.

③ "Philippines-U. S. Strategic Dialogue Participants Press Conference," Manila, Philippines, January 21, 2015 （http://translations.state.gov/st/english/texttrans/2015/01/20150123313143.html#axzz3QC0PpHK9）.

④ "Enhanced Defense Cooperation Agreement between the Philippines and the United States," *Official Gazette*, April 29, 2014 （http://www.officialgazette.gov.ph/2014/04/29/document-enhanced-defense-cooperation-agreement/）.

明，以扩展双边合作的框架，将其超越朝鲜半岛并扩展到地区和全球层面。① 奥巴马政府还加强与韩国的防务合作。从 2011 年开始，美韩启动了由双方外长和防长参加的"2＋2"会谈，旨在强化双边的防务合作，协调地区事务。在奥巴马 2014 年 4 月访问韩国期间，两国同意建立"一个强大而有力的联盟"，并在诸多防务问题上加强合作。②

第四，奥巴马政府强化了与澳大利亚的联盟关系。美国增加了在澳大利亚的军事部署。根据 2011 年 11 月 17 日奥巴马与澳大利亚总理茱莉亚·吉拉德（Julia E. Gillard）达成的协议，美国向澳大利亚增派海军陆战队员。2014 年 8 月 12 日，两国签署《军力部署协议》，从而为美军驻扎提供了法律依据。两国还商定，截至 2017 年，美国向澳大利亚增兵至 2500 人。

在奥巴马政府的后期，美国越来越重视对以规则为基础的亚太安全秩序的构建。前文所提及的美国国家安全战略更多的是工具性手段，如何将它们捏合在一起，形成一个有机统一的国家安全战略，则需要想象力。事实上，奥巴马政府的战略精英有一种想象力，他们试图构建一个以规则为基础的亚太安全网络。在 2016 年第 6 期的《外交事务》杂志上，时任国防部部长的阿什·卡特（Ash Carter）发表了名为《再平衡与亚太安全：构建一个以规则为基础的安全网络》的文章。在文章中，他认为美国的亚太再平衡有两个阶段：第一个阶段是从 2011 年到 2015 年，美国主要是加强在

---

① "Joint Vision for the Alliance of the United States of America and the Republic of Korea," The White House, Washington, D. C. , June 19, 2009（http：//www. whitehouse. gov/the_ press_ office/Joint-vision-for-the-alliance-of-the-United-States-of-America-and-the-Republic-of-Korea/）.

② "Joint Fact Sheet：The United States-Republic of Korea Alliance：A Global Partnership," The White House, Washington, D. C. , April 25, 2014（http：//www. whitehouse. gov/the-press-office/2014/04/25/joint-fact-sheet-united-states-republic-korea-alliance-global-partnershi）.

亚太地区的军事部署，在冲绳、关岛和夏威夷保持强有力的军事力量，以保证美国能够在本地区发挥关键性作用；第二个阶段是2015年到现在，美国主要是部署更加先进的武器，推动抵消战略，以掌握主动权。①

其实，美国意在构建一个以规则为基础的亚太安全网络。这是因为，国际格局近年以来发生了重要的变化，美国已将亚太地区视为关系到其国家命运的关键区域。为此，奥巴马政府持续深化再平衡战略，积极构建一个以美国为中心、以规则为基础的亚太安全网络，应对中国崛起的挑战。在卡特看来，这个网络主要有三部分构成。其一，美国与盟友、战略伙伴之间的三边机制。这主要包括美日韩、美日澳和美日印三边合作关系，分别在应对中国崛起和朝鲜核问题等议题上发挥着重要作用。其二，亚太地区各国的双边和三边机制。特别是日韩、日澳、日越、日菲和菲越双边安全合作机制以及日澳印三边合作机制，这些较弱国家通过合作，能够一定程度上抵消中国崛起带来的冲击。其三，亚太地区的多边安全机制，例如以东盟防长扩大会议，这种地区性的多边安排有着重要意义。②究其本质而言，奥巴马政府的这种努力与克林顿政府时期推动构建以国际制度为中心的"新全球主义"有异曲同工之妙，即推动人类社会从"强权政治"走向"法制世界"。③

为了构建以规则为基础的安全网络，奥巴马政府推动了一系列进程。最为重要的是推进亚太安全架构的网络化进程，并保证美国在这个网络中居于中心地位。从结构上来看，这个网络化进程是多

---

① Ash Carter, "The Rebalance and Asia-Pacific Security：Building a Principled Security Network," *Foreign Affairs*, Vol. 95, No. 6, 2016, pp. 65 – 75.

② Ash Carter, "The Rebalance and Asia-Pacific Security：Building a Principled Security Network," *Foreign Affairs*, Vol. 95, No. 6, 2016, pp. 72 – 74.

③ 王缉思：《克林顿的外交遗产：冷战后美国外交的归宿》，载王缉思《大国战略》，中信出版社2016年版，第295—299页。

层次的，行为主体不仅包括盟友，也包括战略伙伴和其他国家。①
从功能上来看，这个网络也涵盖了安全、经济和政治多个领域。不
难发现，在结构和功能上，网络化进程都体现出了鲜明的复合型特
征。此外，制度化也是重要的进程。美国一直试图做规则的制定者
和维持者，不管是在朝核问题上，还是在南海问题上，它都不愿意
看到规则被破坏的情况。这在一定程度上给中国带来了不少压力。
构建以规则为基础的安全网络，奥巴马政府还试图构建第三种力
量。为了维持最低的战略成本，美国鼓励其他国家发展经济，提升
军事力量，加强彼此合作，以提高制衡中国的能力。这与凯南建议
美国扶植欧洲作为第三种力量对抗苏联的战略有诸多类似之处。美
国构建以规则为基础的亚太安全网络，就是通过掌握国际规则的主
导权，利用新安全网络，充分发挥一切效能，驯服对手遵守规则，
相对而言，这是一种成本较低的战略。

三　奥巴马政府在亚太地区的军事战略

在军事战略上，奥巴马政府在后反恐战争时代面对的是内外交
困的局面：国内防务支出被削减，国际社会中大国崛起导致权力格
局重组。奥巴马政府在亚太地区逐渐形成了清晰的思路，积极战略
纠错，以缓和战略困境。为此，奥巴马政府挖掘内部潜力，在三个
方面进行了调整。

（一）推动联合部队的再平衡

奥巴马政府推动联合部队的再平衡成为美国政府长期的目标。

---

①　对于美国亚太联盟网络化的讨论，参见吴心伯《论奥巴马政府的亚太战略》，
《国际问题研究》2012 年第 2 期；孙茹《美国亚太同盟体系的网络化及前景》，《国际问
题研究》2012 年第 4 期；周方银《美国的亚太同盟体系与中国的应对》，《世界经济与政
治》2013 年第 11 期。

在 2010 年版的《四年防务评估报告》中，国防部部长罗伯特·盖茨（Robert Gates）就提出"要帮助重新平衡美国武装力量，提高执行保护和促进国家利益关键使命的能力"。[①] 这是因为，当时美国正投身于反恐战争，重点是服务于反叛乱、维稳和反恐行动。在这一时期，防务资源主要向陆军和海军陆战队倾斜。然而，对奥巴马政府而言，美国面临的国际环境正在发生深刻的变化。其一，中国和印度等新兴大国正在崛起，尤其这些国家在军事力量建设上取得的成就正在持续冲击、重塑既有国际秩序。其二，技术革新速度加快，信息流通速度加快使得其他国家和非国家行为体获得了巨大的影响力。其三，大规模杀伤性武器的扩散，尤其是核武器的扩散，给美国带来了巨大的安全压力。在此基础上，奥巴马政府形成了联合部队再平衡的基本内容。

首先，军事战略目标的再平衡。奥巴马政府面临诸多外部挑战，在这一时期，美国不仅正在从事反恐战争，还要应对大国崛起，如何在这些战略目标中维持一个大致的均衡，这是至关重要的。奥巴马政府在 2010 年版的《四年防务评估报告》中确定了四大优先目标：一是在当前的战争中获胜；二是预防和摄止冲突；三是准备在多种应急行动中击败敌人并取得胜利；四是维持和加强联合部队。[②] 大体上，奥巴马政府试图在军事战略上平衡赢得反恐战争和应对大国崛起，并以此为基准，重新平衡整体军事建设。

其次，国防预算紧缩下的战略资源的再平衡。金融危机以后，美国出现财政危机，为了解决这一危机，国会推动削减预算赤字，启动"自动削减赤字（sequestration）"机制。为此，参议院

---

① Department of Defense, *Quadrennial Defense Review 2010*, Arlington, V. A., February 2010, p. vii.

② Department of Defense, *Quadrennial Defense Review 2010*, Arlington, V. A., February 2010, p. iv.

和众议院共同推动在 2011 年通过了《2011 年预算控制法案》，制定长期削减赤字方案。① 2014 年版的《四年防务评估报告》也指出，国防部面临着不断变化的、相当不确定的财政环境。因此，如何利用有限的国防预算，这成为奥巴马政府要面对的重大抉择。

最后，武装力量的结构再平衡。奥巴马就任美国总统以后，随着美国逐渐从反恐战争中抽身，武装力量的再平衡不可避免，资源逐渐向空军和海军倾斜。以此来看，所谓美国武装力量的再平衡，是美国国防部试图将有限的战略资源通过内部结构平衡的方式，以求发挥最大的战略效用。具体而言，美军武装力量的结构调整主要包括：其一，地面部队能够实施全频谱行动，具备单独或者联合进行反叛乱、维稳和反恐行动的能力。不过就陆军的总体数量而言，奥巴马政府试图控制陆军数量，将陆军从最高峰时期的 57 万人缩减到 44 万—45 万人。其二，海军将继续维持强大的前沿部署，实施强有力的投送行动。在力量建设上，海军要维持可靠、现代和安全的海基威慑力量，维持并强化非对称优势。其三，在空军力量上，第五代战斗机 F—35、远程轰炸机和 KC—46A 空中加油机是美军建设的重中之重。②

（二）调整亚太地区的军事部署

在军事战略上，亚太再平衡战略要求奥巴马政府调整军事部署，优化防务布局。总体而言，这主要是基于两个因素的考量：一方面，由于中美在西太平洋地区的地缘优劣不同，随着中国发展弹道导弹和巡航导弹等先进的精确打击武器，其威慑力量的上升一定

---

① "Budget Control Act of 2011," *Public Law 112 - 25*, S. 365, 112th Congress, August 2, 2011.

② Department of Defense, *Quadrennial Defense Review Report 2014*, Arlington, V. A., March, 2014, pp. 27 - 30.

程度上抵消了美国原来的战略优势，威胁到美军在西太平洋地区的军事部署。另一方面，美国需要考虑到既有军事基地的维持成本，尤其是在奥巴马政府经费预算捉襟见肘的大背景下，如何优化防务布局，以最少的战略资源实现最大的战略效用，这是至关重要的。因此，美军一直在思考如何调整亚太地区的军事部署，保持其领导地位。在奥巴马政府时期，美军持续优化防务布局，这一战略主要包括两个部分。

其一，从一些前沿军事基地后撤，构建以关岛为中心的美军亚太军事基地体系。在西太平洋地区，中美之间在海上存在激烈的竞争，两国形成了动态的攻守平衡。对美国而言，中国海上力量的增长将导致其防务布局的调整。在这些调整中，关岛处于关键地位。美国构建以关岛为中心的亚太军事基地体系，主要在三个方面着手：第一，对关岛和其他军事基地的设施和装备进行更新换代，提高基地和设施的抗毁性。例如，在 2010 年版的《四年防务评估报告》中，美国国防部认为些措施包括加固关键设施不受攻击，重复设置、分散部署，实施反情报活动，采取积极防御，利用远程武器装备开展情报与攻击行动。[①] 第二，前沿基地的调整和搬迁。近年来，随着中国海上力量的增长，中国对海权提出了新要求。在未来三十年，中国可能会追求"近海控制、区域存在和全球影响"的海权之路，也就是说，要在近海实现一定程度的战略优势或海上控制，在西太平洋地区保持有效军事存在，在全球海域拥有重要影响。[②] 在一定程度上，这迫使美国重新调整前沿防御的基地布局问题，将容易受到中国威慑和打击的军事基地外迁。2016 年 9 月 29 日，时任美国国防部部长卡特在演讲中宣称，美国已经开始将部分

---

① Department of Defense, *Quadrennial Defense Review Report 2010*, Arlington, V. A., February, 2010, p. 33.

② 胡波：《后马汉时代的中国海权》，海洋出版社 2018 年版，第 136—149 页。

海军陆战队从冲绳向关岛、夏威夷和澳大利亚撤离。① 第三，增加关岛的军事力量。在奥巴马政府时期，美国致力于把关岛发展成为美军在西太平洋地区的战略重心。从作战方面来看，关岛地理位置重要，美军强化在关岛的军备可以降低突发事件时军力和人力调动的时间与成本，也能够灵活应对周边的紧急事态。为此，美军增加了在关岛部署的军队人数，增加了部署关岛的海空力量。②

其二，针对南海局势紧张和美军在这一区域的力量不足，美军加强在南海周边的防务部署。冷战结束以后，由于地区局势趋于缓和，美军在南海地区的军事存在逐渐减弱。然而，随着南海局势的紧张，尤其是中国在南海进行岛礁建设以后，美国逐渐强化了在南海的军事存在。在军事部署的层面，美军主要在三个层面进行了调整：第一，美军加强了在这一地区的军事部署。美国试图在南海加强军事存在，并试图在 2018 年之前在新加坡部署四艘濒海战斗舰。③ 美军的这些举措，旨在优化军事部署，提高应对挑战的能力。不过从现实情况来看，美军在南海地区部署的军舰数量上仍然严重不足，并且濒海战斗舰也无法满足其战略需求。第二，强化与盟友、伙伴关系的战略协调。2014 年 4 月 28 日，奥巴马访问菲律宾期间与菲律宾签署了一个为期十年的《美菲加强防务合作协议》，菲律宾允许美军使用其军事基地。美国还加强了与新加坡、澳大利亚和越南等国的防务合作。第三，奥

---

① Ash Carter, "Remarks on 'The Future of the Rebalance: Enabling Security in the Vital & Dynamic Asia-Pacific '," San Diego, California, September 29, 2016 (https://www. defense. gov/News/Speeches/Speech-View/Article/959937/remarks-on-the-future-of-the-rebalance-enabling-security-in-the-vital-dynamic-a) .

② ［美］安德鲁·埃里克森、贾斯汀·米科雷：《关岛与美国在太平洋地区的安全》，载《美国亚太再平衡战略评估：美军在亚太地区的基地部署和前沿存在》，陈育功等译，李辉校，军事科学出版社 2016 年版。

③ Franz-Stefan Gady, "4 US Littoral Combat Ships to Operate Out of Singapore by 2018," *The Diplomat*, February 19, 2015 (http://thediplomat. com/2015/02/4-us-littoral-combat-ships-to-operate-out-of-singapore-by-2018/) .

巴马政府还强化自由航行，宣示在南海地区的军事存在。在奥巴马政府时期，美在南海进行了三次自由航行，分别是在 2015 年 10 月 27 日拉森号巡航渚碧礁和美济礁，2016 年 1 月 30 日柯蒂斯·威尔伯号巡航西沙中建岛，2016 年 5 月 10 日威廉·劳伦斯号导弹驱逐舰永暑礁。从现实操作来看，美军的自由航行行动具有很高的政治化和试探性，使得中美两国在南海的军事对抗强度上升。

（三）发展新军事概念

在奥巴马政府期间，美国战略界发展了一系列新军事概念，以指导美军应对日趋复杂的外部威胁。在这其中，有两个军事概念主要是针对中国的挑战，即"空海一体战"和"抵消战略"。

空海一体战 到了奥巴马政府时期，美国战略界为什么会提出"空海一体战"这一概念？[①] 主要原因有两个：一方面，21 世纪以来，中国弹道导弹和巡航导弹技术进步迅速，进而在西太平洋地区具备了较强的战略威慑能力，这被美国战略界概括为"反介入"与"区域拒止"，并认为这对美国在西太平洋地区的主导地位提出了挑战。对美国而言，中国军事力量的进步，使得美国在西太平洋地区的军事优势逐渐衰落，其投送力量受到极大的限制，这给美国出了一道战略选择题：要么接受这一新现实，要么获取进入这一区域

---

① Department of Defense, *Quadrennial Defense Review Report 2010*, Arlington, V. A., February, 2010, p. 32; Jan Van Tol, et al., *Airsea Battle: A Point-of-Departure Operational Concept*, Washington, D. C.: Center for Strategic and Budgetary Assessments, 2010; Air-Sea Battle Office, *Air-Sea Battle: Service Collaboration to Address Anti-Access & Area Denial Challenges*, Arlington, V. A., May 2013; David W. Kearn, Jr., "Air-Sea Battle and China's Anti-Access and Area Denial Challenge," *Oribs*, Vol. 58, No. 1, 2014, pp. 132－146; Raymond Millen, "Air-Sea Battle and the Danger of Fostering a Maginot Line Mentality," *Military Review*, Vol. 95, No. 2, 2015, pp. 125－132; 刘鹏《试析美军"空海一体战"的特点和问题》，《现代国际关系》2010 年第 9 期。

的能力。① 因此，对于美军而言，发展一种新的军事概念以确保美国能够实现对关键战略区域的战略投送，就成为一项紧迫的工作。另一方面，奥巴马政府的防务开支受到大幅削减，军方寻求各军种之间资源和职能的再平衡，优化战略资源和战略目标的关系。在此背景下，美国国防部逐渐将战略资源向空军和海军倾斜，并借鉴"空地一体战"的成功经验，发展出一套空军和海军联合作战的新概念，加强空军和海军之间的配合。

在内容上，"空海一体战"主要可以通过组织层面和作战层面进行考察。在组织层面，"空海一体战"的中心理念是联合部队的跨域协同，② 尤其依赖于空军和海军力量的伙伴协同和联合行动，彻底击败对手阻止美军通过兵力投送介入地区事务的努力。对美军而言，建立有弹性的沟通网络，加强人与组织之间的联系，使之网络化，并且推动空军和海军在组织和功能上融合协同。在作战层面，美军在"空海一体战"中追求的是全面打击，通过阻断、摧毁和击垮对手，突破对手的"反介入"与"区域拒止"，成功进入到关键战略区域。③ 不过，美国国防部考虑到这一新军事概念仅仅适用于空军和海军是不够的，因此对其进行了重大调整。尽管"空海一体战"更名为"全球公域介入与机动联合"，但是其实质并未发生变化，即通过培育各军种之间更持久、更制度化的合作关系，提高应对中国日益增长的威慑能力。

抵消战略 回顾历史，美国曾经出现过两轮抵消战略。20世纪

① Andrew F. Krepinevich, *Why AirSea Battle*? Washington, D. C.: Center for Strategic and Budgetary Assessments, 2010.

② Department of Defense, *Joint Operational Access Concept*, Arlington, V. A., January 17, 2012.

③ Norton A. Schwartz and Jonathan W. Greenert, "Air-Sea Battle: Promoting Stability in an Era of Uncertainty," *The American Interest*, February 20, 2012 (https://www.the-american-interest. com/2012/02/20/air-sea-battle/).

50 年代，由于苏联常规力量上占据了优势，为了抵消苏联的战略优势，艾森豪威尔政府提出了大规模报复战略，充分利用美国的核武器优势和导弹优势，对苏联进行战略威慑，通过核武器和导弹技术优势来抵消常规武器方面的不足，这就是所谓的第一次"抵消战略"。然而，随着苏联核武器和导弹技术的进步，美国"抵消战略"的基础亦不复存在。第二次抵消战略出现在越南战争之后，那时美国在美苏竞赛中处于劣势，卡特政府和里根政府为了扭转美国的颓势，提出了一系列新军事概念，通过发展高精尖技术，塑造苏联战略资源投入的程度和方向，进而改变了美苏竞赛的结果，最终美国取得了巨大的胜利。①

奥巴马政府同样面临着巨大的战略困境，为了重新获得优势，美国政府提出了第三次"抵消战略（offset strategy）"，试图以技术优势抵消数量不足。2014 年 8 月 5 日，时任国防部常务副部长鲍勃·沃克（Bob Work）在演讲中指出，为了占领军事制高点，美国必须实施第三次抵消战略。② 随后美国国防部领导人在一系列演讲中进行了详细阐述。③ 此次美国重拾"抵消战略"这一概念，其目的与以往两次一脉相承，即通过颠覆性技术群的创新，引导组织结构、管理水平和作战理论的全面提升，全面掌握未来战争和对抗的

---

① 具体的讨论，参见刘磊《"抵消战略"与卡特时期美国核战略的延续与变化》，《美国研究》2014 年第 5 期；李健、吕德宏《歧路徘徊：略论美军新"抵消战略"》，当代中国出版社 2015 年版。

② Bob Work, "Remarks on National Defense University Convocation," National Defense University, Washington, D. C., August 5, 2014（https：//www.defense. gov/News/Spee-ches/Speech-View/Article/605598）.

③ Chuck Hagel, "'Defense Innovation Days' Opening Keynote," Newport, Rhode Island, September 3, 2014（https：//www.defense. gov/News/Speeches/Speech-View/Article/605602）；Bob Work, "The Third U. S. Offset Strategy and Its Implications for Partners and Allies," Willard Hotel, Washington, D. C., January 28, 2015（https：//www.defense. gov/News/Speeches/Speech-View/Article/606641/the-third-us-offset-strategy-and-its-implications-for-partners-and-allies）

主导权。①

从原因上来看，奥巴马政府之所以提出"抵消战略"主要基于三个方面的背景因素：首先，奥巴马政府一直面临国防预算削减的困境，如何利用好有限的战略资源，这成为摆在美军面前的首要考虑。其次，美军的军事文化是技术导向的，也就是说，美军重视技术创新，也愿意尝试使用新技术，以图在战争中给予对手巨大的杀伤力，避免自身出现巨大的人员伤亡。最后，随着中国军事力量崛起，美国在军事上面临巨大的挑战。尤其是在西太平洋地区，尽管中国的武器装备和作战平台技术略逊一筹，但是相对而言成本较低，因此在数量上占据着巨大的优势，这导致美军的战略优势正在被侵蚀。为了抵消中国军事力量在数量上的巨大优势，美军试图从颠覆性技术出发，重新获得未来战争的主导权。

四　评估奥巴马政府亚太再平衡战略

如何在战略功效上评估奥巴马政府的亚太再平衡战略？奥巴马政府是否扎牢美国已显破败的篱笆？公允来讲，奥巴马政府的亚太再平衡战略的确收益颇多，但是也存在着诸多问题。

---

① 对此的讨论，参见 David Ochmanek, *The Role of Maritime and Air Power in DoD's Third Offset Strategy*, Santa Monica, C. A.：Rand, 2014；Robert Martinage, *Toward a New Offset Strategy*：*Exploiting U. S. Long-Term Advantages to Restore U. S. Global Power Projection Capability*, Washington, D. C.：Center for Strategic and Budgetary Assessments, 2014；Elbridge Colby, *Nuclear Weapons in the Third Offset Strategy*：*Avoiding a Nuclear Blind Spot in the Pentagon's New Initiative*, Washington, D. C.：Center for New American Security, 2015；Timothy A. Walton, "Securing the Third Offset Strategy：Priorities for the Next Secretary of Defense," *Joint Force Quarterly*, Vol. 82, No. 3, 2016, pp. 6 – 15；James R. McGrath, "Twenty-First Century Information Warfare and the Third Offset Strategy," *Joint Force Quarterly*, Vol. 82, No. 3, 2016, pp. 16 – 23；虞卫东：《美国第三次"抵消战略"：意图与影响比较研究》，《国际关系研究》2015 年第 3 期。

（一）奥巴马政府的战略收益

奥巴马政府的亚太再平衡战略在三个方面是正确的、意义重大的：首先，奥巴马政府致力于战略纠错，重新将战略重心转移到亚太地区。回顾21世纪以来的美国外交战略，小布什政府时期四面出击，同时进行了两场反恐战争。其结果是，美国浪费了巨大的战略资源，仍然没有能够获得战争的最终胜利。与此同时，以中国为代表的竞争对手集中精力发展经济，在短时间内快速崛起，极大地冲击了美国主导的国际秩序。奥巴马政府看到了小布什政府时期美国在外交政策上的战略透支，并试图回调，平衡欧洲地区、中东地区和亚太地区的力量部署，以纠正小布什政府时期的战略失误。在战略布局上，奥巴马政府试图从中东抽身，并将60%的海空力量部署在亚太地区，以应对中国的崛起。

其次，奥巴马政府以一种较低的成本维持全球秩序运转，为美国休养生息提供了保证。奥巴马政府的休养生息政策主要体现在三个方面：第一，奥巴马政府着手于恢复美国国内经济发展，努力增加就业，试图从金融危机中走出来，这给美国夯实经济基础提供了重要保证。第二，奥巴马政府强调"软实力"和"巧实力"，通过一种更柔和的方式维持秩序，不再追求过度依赖使用军事力量来解决争端和冲突。相对而言，这一选择不仅抓住了美国的优势所在，有利于通过比较柔和的方式实现美国的战略目的，而且改善了美国的国家形象，纠正了小布什政府时期过度依赖武力的声誉。第三，奥巴马政府还减少开支，尤其是大规模减少军费开支，这在一定程度上解决了美国面临的财政困境。

最后，奥巴马政府重视国际规则，占据了道德的制高点。与小布什政府不同，奥巴马政府重拾民主党的外交传统，重视人权、民主和国际规则，持续向对手施压，这使得美国占据了道德的制高点。在乌克兰危机中，美国在道义上坚持国际规则，在现实中施加经济制裁，给俄罗斯带来了巨大的压力。在南海问题上，美国坚持自由航行原则，坚持通过国际规则和国际法解决争端，同样给中国带来了巨大的战略压力。

（二）奥巴马政府的政策辩论

不能忽视的是，中国崛起给奥巴马政府带来了巨大的挑战，甚至成为美国战略调整的内在动力，美国国内战略精英重新反思，再次评估对华政策。回顾历史，冷战结束以后，美国国内有一些战略精英一直对中国的快速崛起深感忧虑，并主张对中国进行遏制，以防挑战美国的主导权。然而，由于受反恐战争牵绊，美国长期未能完成国家安全战略调整。到了奥巴马政府后期，局势发生了重要的转变：其一，中国实力增长突飞猛进，外交政策也越来越奋发有为；其二，美国在阿富汗和伊拉克的反恐战争结束，可以腾出手来进行战略调整。在此背景下，美国国内出现大辩论，重新反思美国对华政策，这种辩论在 2015 年达到一个高潮。①

从观点上来看，对华强硬派有两个核心论点：其一，中国是美国的主要威胁，是美国的主要竞争对手，中美两国未来可能会走向战争。事实上，中国是美国首要威胁的观点在美国长期存在，但是在这一时期与中国奋发有为的外交行为进行比对，从而被赋予了更为深刻的战略意义。米尔斯海默认为，随着中国发展迅速，美国将再次面临一个强有力的竞争者。② 2015 年 3 月，罗伯特·布莱克维尔（Robert D. Blackwill）和阿什利·泰利斯（Ashley J. Tellis）发布了一份战略报告，该报告认为："中国当前是并将在未来几十年仍

---

① 参见 Harry Harding, "Has U. S. China Policy Failed?" *The Washington Quarterly*, Vol. 38, No. 3, 2015, pp. 95 – 122；陶文钊：《美国对华政策大辩论》，《现代国际关系》2016 年第 1 期。

② John J. Mearsheimer, "Can China Rise Peacefully?" *The National Interest*, October 25, 2014（http://nationalinterest.org/commentary/can-china-rise-peacefully-10204）.

然是美国的最重要的竞争者，为此，美国早该就对中国日益增长的权力做出更加连贯的回应。"① 这一报告影响巨大，是美国战略界对中国进行再评估的重要时间界点。此外，弗里德伯格也赞同这一判断，中国是美国最大的威胁，并且他从冷战结束之后就秉持这一观点。② 对于崛起中大国与霸权国之间大多难逃走向冲突的命运，这被格雷厄姆·艾利森（Graham Allison）称之为修昔底德陷阱，一些学者人为当下的中美关系存在这种风险。③ 白邦瑞（Michael Pillsbury）更是认为中国的战略目标是取代美国成为全球超级大国，赢得百年马拉松的胜利。④

其二，美国对华的接触政策（engagement policy）已经走向失败。中美建交以后，美国长期执行的对华政策是接触，即通过与中国在政治、经济和社会等诸多领域的交往，积极塑造中国的行为，潜移默化地改变中国，使之在政治制度学习美国，在经济上发展市场经济。然而，随着局势的发展，美国的战略分析家发现，这一诉求正在走向失败。布莱克维尔和泰利斯认为，美国过去试图将中国融入自由国际秩序的努力形成了美国在亚洲首要地位的重大威胁。⑤ 弗里德伯格也是认为，中国不仅离政治改革越来越远，在经济上也是急速扩展，在军事上更是在西太平洋对美军产生了威胁，中国行

① Robert D. Blackwill and Ashley J. Tellis, *Revising U. S. Grand Strategy Toward China*, New York：Council on Foreign Relations, March 2015 （https：//www. cfr. org/report/revising-us-grand-strategy-toward-china）.

② Aaron L. Friedberg, "The Sources of Chinese Conduct：Explaining Beijing's Assertiveness," *The Washington Quarterly*, Vol. 37, No. 4, 2015, pp. 133 – 150.

③ Graham Allison, "The Thucydides Trap：Are the U. S. and China Headed for War," *The Atlantic*, September 24, 2015 （https：//www. theatlantic. com/international/archive/2015/09/united-states-china-war-thucydides-trap/406756/）.

④ Michael Pillsbury, *The Hundred-Year Marathon*：*China's Secret Strategy to Replace America as the Global Superpower*, New York：St. Martin's Griffin, 2015.

⑤ Robert D. Blackwill and Ashley J. Tellis, *Revising U. S. Grand Strategy Toward China*, New York：Council on Foreign Relations, March 2015 （https：//www. cfr. org/report/revising-us-grand-strategy-toward-china）.

为的变化使得塑造中国成为"利益相关者"的设想破产。① 在中国学者达巍看来，这意味着中美之间的"大共识"已趋瓦解。②

与强硬派相对应，这一时期在美国国内也有一批温和派，试图推进中美战略合作。总体来看，温和派存在一个共识，即中美两国之间的战略合作仍然是可以继续的，两国不一定必然走向冲突。总体而言，温和派主要有三种代表性的观点：第一种是中美两国需要彼此调试，包容对方。尽管戴维·兰普顿（David M. Lampton）忧心忡忡地指出了当前中美关系正到达一个临界点（tipping point），美国战略精英越来越把中国视为美国全球主导权的威胁，但是他还是期望中国更加耐心，为地区提供更多的公共物品，赢得国际社会尊重；同时美国更加包容中国，调整国际秩序以容纳中国崛起。③ 金莱尔（Lyle J. Goldstein）就认为，中美应该相向而行，彼此在不同议题上妥协，通过渐进、对等的让步建立战略信心。④ 史文（Michael Swaine）也有类似的观点，他认为，中美双方应该进行战略协调，已达成一个双方都能接受的方案，即美国放弃在西太平洋维持战略优势，中国放弃在亚洲建立主导地位，双方建立一个实力均衡的、稳定的中美关系。⑤

第二种观点认为应该继续对中国实施接触政策，这种观点的代

---

① Aaron L. Friedberg, "The Debate Over US China Strategy," *Survival*, Vol. 57, No. 3, 2015, pp. 89 – 110.

② 达巍：《中美还能重建"大共识"吗?》，澎湃新闻，2017 年 7 月 27 日（http：//www. thepaper. cn/newsDetail_ forward_ 1357483）.

③ David M. Lampton, "A Tipping Point in U. S. -China Relations Is Upon Us," *US-China Perception Monitor*, May 11, 2015（https：//www. uscnpm. org/blog/2015/05/11/a-tipping-point-in-u-s-china-relations-is-upon-us-part-i/）.

④ Lyle J. Goldstein, *Meeting China Halfway：How to Defuse the Emerging US-China Rivalry*, Washington, D. C. : Georgetown University Press, 2015.

⑤ Michael Swaine, *Beyond American Predominance in the Western Pacific：The Need for a Stable U. S. -China Balance of Power*, Washington, D. C. : Carnegie Endowment for International Peace, April 20, 2015（http：//carnegieendowment. org/2015/04/20/beyond-american-predominance-in-western-pacific-need-for-stable-u. s. -china-balance-of-power/i7gi）.

表是伊肯伯里和韩美妮（Melanie Hart）。伊肯伯里认为，中国崛起不会引发走向冲突的霸权战争，由于中国面临的国际社会是西方国家为核心的、开放的、以规则为基础的国际体系，它导致了这个国际秩序很容易加入，很难被颠覆，因此美国如果想要保住领导地位，它必须加强国际规则和国际制度，以规则和制度来塑造中国。①在这个意义上，西方主导的自由主义秩序将是持久的。② 韩美妮也认同这一观点，她认为，当前美国的接触政策长于在建设性领域扩展合作，在问题领域实现渐进的进步，因此美国应该继续坚持接触战略，但是应该扩展应对中国问题行为的工具箱。③

第三种观点认为，中美两国需要进行战略再保证，以安抚彼此。事实上，这一观点承之于佐利克在小布什政府时期提出的中美两国要做负责任的利益攸关方（stakeholder）。詹姆斯·斯坦伯格（James Steinberg）和迈克尔·奥汉隆（Michael E. O'Hanlon）认为由于中国实力不断增长，为了维持中美关系的稳定，两国需要在重大问题上进行战略再保证，以在崛起国与维持现状国的安全困境中制定深思熟虑的政策，在一系列重要议题上对中国进行再保证，同时也应该向中国展示决心，传递清晰可信的信号。④ 与此观点类似的还有柯庆生，他认为美国应该试图引导中国合作，塑造中国成为国际体系中负责任的利益攸关方。⑤

---

① G. John Ikenberry, "The Rise of China and the Future of the West: Can the Liberal System Survive?" *Foreign Affairs*, Vol. 87, No. 1, 2008, pp. 23 – 37.

② G. John Ikenberry, "The Illusion of Geopolitics: The Enduring Power of the Liberal Order," *Foreign Affairs*, Vol. 93, No. 3, 2014, pp. 80 – 90.

③ Melanie Hart, "Assessing American Foreign Policy Toward China," Testimony Before the Senate Foreign Relations Committee, Washington, D. C., September 29, 2015（https://www. foreign. senate. gov/imo/media/doc/092915_ REVISED_ Hart_ Testimony. pdf）.

④ James Steinberg and Michael E. O'Hanlon, *Strategic Reassurance and Resolve: U. S. - China Relations in the Twenty-First Century*, Princeton, N. J. : Princeton University Press, 2014.

⑤ Thomas J. Christensen, *The China Challenge: Shaping the Choice of a Rising Power*, New York: W. W. Norton and Company, 2015.

（三）奥巴马政府的战略难题

事实上，中国崛起给奥巴马政府的亚太战略带来了巨大的挑战。总体而言，奥巴马政府的亚太政策有三个战略难题并未解决。

首先，顾此失彼，战略布局失衡，中东和欧洲相继出现问题，对美国形成重大威胁。奥巴马政府试图全球收缩，"这对美国集中精力搞经济未尝不是好事，但从全球安全及美国霸权角度看，效果并不理想"。① 由于战略资源有限，将重心转移到亚太地区导致美国在中东和欧洲的战略投入不足，叙利亚内战和"伊斯兰国"崛起冲击了中东地区秩序，乌克兰危机也威胁到欧洲的稳定。尤其是美国在中东地区减少了战略资源的投入，使得这一地区出现了两个重大的挑战：其一，"伊斯兰国"兴起，冲击了中东地区的秩序。由于伊拉克政府赢弱，又适逢叙利亚内战爆发，暴力恐怖组织"伊斯兰国"趁势做大做强。一个严重的后果是，其他大国纷纷介入叙利亚内战，或暗地支持"伊斯兰国"，或明面打击"伊斯兰国"，这使得本已复杂的地区局势更加动荡。其二，奥巴马政府与伊朗达成协议，使得伊朗有了可乘之机。伊朗不仅恢复了力量，而且试图影响中东事务，积极构建势力范围，这对美国的战略利益造成了极大地伤害。

其次，奥巴马政府坚持构建以规则为基础的亚太安全网络，这在现实中确实可以节省战略资源，降低维持秩序的成本。然而，国际规则往往具有滞后作用，虽然暂时可以维系国际秩序，可是一旦新兴大国权力上升或以权力政治的原则行事，国际规则在面对权力时往往被冲击得七零八乱，地区秩序就容易陷入危机。整体而言，在奥巴马政府时期，美国政治体系无法支撑其深度介入亚太地区事

---

① 袁鹏：《奥巴马的得失与特朗普的上台》，《世界知识》2016 年第 24 期。

务，在应对中国时也显得力不从心。① 从美国的角度而言，由于中国在金融危机后强势崛起，在军事现代化也取得了不俗的成就，这些变化导致中国与美国的关系互动模式，以及与周边国家的关系互动模式出现了巨大的变化。一方面，奥巴马在国内面临激烈的批评，对华过于软弱的声音此起彼伏。另一方面，中国在与周边国家打交道时对这些国家的影响力在持续上升，极大地侵蚀了美国在亚太地区的战略影响力。

最后，奥巴马政府缺乏维系秩序、应对地区安全危机的战略决心，在一定程度上放任局势的恶化。一方面，在亚太地区，美国应对中国的挑战时也是更加注重规则，对于实力对比发生变化后地区秩序如何随之调整，奥巴马政府的思路并不是特别清楚，这增加了中美两国的冲突和对抗；另一方面，由于战略资源受限，奥巴马政府尤其需要盟友和战略伙伴的支持，因此在处理地区事务时过于偏袒它们，这也在一定程度上增加了地区紧张程度。这背后的原因在于，奥巴马政府试图进行战略收缩，缩减在防务领域的投入，美国在军事上缺乏足够的经费和人员，这为奥巴马的战略实施带来了挑战。

从以上几点来看，奥巴马的外交政策有利于缓解美国在亚太地区面临的困难，但是他并没有完全解决美国的战略困境。在一定程度上，奥巴马政府调整亚太战略只是部分上修补了美国的困境。可令奥巴马始料不及的是，这种战略设计在全局上制造了更多的麻烦，并难以为继。在奥巴马卸任之后，如何设计一个新的亚太安全战略只能待特朗普来解决了。

---

① Hal Brands, "Barack Obama and the Dilemmas of American Grand Strategy," *The Washington Quarterly*, Vol. 39, No. 4, 2017, pp. 116 – 118.

第四章 大国战略竞争的时代
——新时期美国国家安全战略的调整

尽管今天我们继续维持我们业已发动的打击恐怖主义运动，但是大国竞争而非恐怖主义是当前美国国家安全的首要关注。

——詹姆斯·马蒂斯①

2017年年底以来，美国相继公布了《国家安全战略》和《国家防务战略》报告等一系列战略文件，其主题皆非常明确：国际社会进入了一个战略竞争的时代，美国将与中国、俄罗斯展开战略竞争。随后，美国出台了一系列动作，积极强化在南海的军事部署和行动，主动挑起中美经贸冲突，相继通过了"与台湾交往法案"和《台湾保证法》，向中国强力施压。

一时间风雨欲来，美国似乎正在向中国战略摊牌。有观察家认为特朗普将要发动"新冷战"，② 虽然这一观点存在争议，但是这反映了一个大趋势：特朗普就任美国总统以后，中美关系急速下行，未来可能将继续恶化，两国正在走向全面战略竞争。美国将中

---

① James N. Mattis, "Remarks by Secretary Mattis on the National Defense Strategy," Department of Defense, January 19, 2018 (https：//www. defense. gov/News/Transcripts/Transcript-View/Article/1420042/remarks-by-secretary-mattis-on-the-national-defense-strategy/).

② Peter Beinart, "Trump Is Preparing for a New Cold War," *The Atlantic*, February 27, 2018 (https：//www. theatlantic. com/international/archive/2018/02/trump-is-preparing-for-a-new-cold-war/554384/).

国和俄罗斯界定为战略竞争对手，并试图进行战略竞争，原因在于美国对外部威胁评估的重大变化。当前美国试图跟中国进行战略竞争，这是对它过去十余年的国家安全战略进行调整。因此，考察特朗普政府的国家安全战略调整，需要考察美国国内舆论的发展态势。

一 新时期美国的威胁评估

事实上，二战结束以来，每次总统更迭后，美国外交战略都会随之出现重大转向，这是一个历史规律。与奥巴马政府及其以往历届政府相比，特朗普政府的国家安全战略必然与之大相径庭。那么有必要考察特朗普政府的外交理念，以从宏观趋势上把握美国国家安全战略的方向。

（一）力量对比的新态势

根据前文所述，回顾美国十余年来的战略轨迹，有两个重要的趋势左右着美国国家安全战略演进的大方向。正是在这两个趋势的综合作用下，美国对外部环境的认知出现了巨大变化。

趋势之一是中国经济力量和军事力量的快速发展，使得中美两国在实力差距上快速缩小，并由此导致两国在国家安全战略上越来越趋于对立。根据世界银行的数据，2016 年中国的国内生产总值为 11.20 万亿美元，美国同年的国内生产总值为 18.62 万亿美元①，中国迅速拉近了与美国经济力量的差距。根据斯德哥尔摩国际和平研究所的数据，2016 年中国的军费开支上升至 2257.13 亿美元，同年美国的军费开支是 6062.22 亿美元，两国之间的差距也

————————

① 参见 https：//data. worldbank. org/indicator/NY. GDP. MKTP. CD？ locations = CN-US。

显著缩小。①

　　回顾历史，第三次台海危机后，为了反对美国干预台湾问题，中国集中精力发展"杀手锏"武器。经过二十多年的建设，中国的"反介入"与"区域拒止"有了巨大的提升。② 在海上力量建设上，中国过去一些年取得了巨大的成就。在数量上，如果以舰艇总吨位计算，中国 2014 年至 2018 年建造的水面舰艇总量，大概相当于日本海军的总规模，年下水量超过了美国。③ 与此同时，中国已经制造了两艘航空母舰，未来还有更多的航空母舰会制造出来。在技术水平上，中国更是有了质的提升，快速拉近了与美国的差距。以中国最新的 055 型驱逐舰为例，其吨位在一万吨左右，全燃动力、新型 346B 相控雷达和 112 单元垂直发射系统，其战斗力超过了"阿利·伯克"级驱逐舰。在空中力量建设上，近年来中国同样取得了巨大成就。歼 20 和歼 31 令中国成为仅次于美国的拥有两款第四代战机的国家，中国还研发了新一代军用大型运输机运 20，中国同样在无人机和高超音速武器上居于世界一流地位。在导弹力量上，中国通过发展东风 21D、东风 26 反舰导弹和东风 17 弹道导弹，形成了强大的战略威慑力量，中国实力和科技的进步影响着美国战略精英对外部威胁的判断。

　　更为关键的是，与力量的增长相匹配，中国的外交政策也变得更加奋发有为。中国提出了"一带一路"倡议，主导成立了亚洲基础设施投资银行，展示了自身强大的国际影响力。中国还在南海造

---

　　① 参见 https：//www. sipri. org/databases/milex。

　　② Office of the Secretary of Defense, *Annual Report to Congress：Military and Security Developments Involving the People's Republic of China* 2019, Arlington, V. A., May 2, 2019 (https：//media. defense. gov/2019/May/02/2002127082/ - 1/ - 1/1/2019 _ CHINA _ MILITARY_ POWER_ REPORT. pdf).

　　③ Nick Childs and Tom Waldwyn, "China's Naval Shipbuilding：Delivering on Its Ambition in A Big Way," London：IISS, May 1, 2018 (https：//www. iiss. org/blogs/military-balance/2018/05/china-naval-shipbuilding).

岛，极大地重塑了南海地区局势。此外，为了应对全球新一轮科技革命和产业变革，中国还提出了"中国制造2025"计划，试图加快中国制造业转型升级，最终在建国一百周年时成为制造强国。在十九大召开后，习近平总书记对中国新时代的战略定位，对未来国家战略目标的设定，以及对全面推进国防和军队现代化、外交新理念的阐述，意味着中国正在从一个地区大国走向世界大国。① 美国战略精英对此深表忧虑，他们重新思考中美关系的再定位，并推动美国改变对华外交政策。

趋势之二是美国相继从伊拉克和阿富汗撤军，反恐战争在美国国家安全中的重要性逐渐下降。在小布什政府时期，恐怖主义是美国的头号威胁，应对中国还不那么急迫。奥巴马就任美国总统之后，美国仍然在阿富汗和伊拉克作战，因此获取战争胜利仍然非常急迫，但是中国力量的上升和外交的转变，迫使美国抽出更多精力来应对中国。2011年前后，美国的亚太政策逐渐成形，其战略重心逐渐从中东转向亚太。总结奥巴马政府的外交战略，美国在应对恐怖主义和中国时是两手都抓，但是越往后投入应对中国的精力更多一些。在特朗普政府时期，更是进一步将战略重心向印太地区转移。

（二）新时期的美国政策辩论

特朗普就任总统后，美国战略界对华政策辩论再进一步，并快速转换为现实外交政策。② 正如袁鹏指出："一场冷战结束之后规模空前的对华战略大辩论、大反思、大调整正在美国上演。其参与者之众，政界、学界、商界、军界无不介入其中；议题之广，从经贸、安全到人文、科技几乎无所不包；程度之深，辩论直逼一个主

---

① 习近平：《决胜全面建成小康社会夺取新时代中国特色社会主义伟大胜利——在中国共产党第十九次全国代表大会上的报告》，人民出版社2017年版。

② 详细的梳理，参见王文峰《美国对华战略共识与特朗普政府对华政策》，《当代美国评论》2017年第2期。

题，那就是美国对华战略是不是需要来个根本性的大调整。"① 与
奥巴马政府时期不同，此次美国对华政策辩论形成了战略共识，温
和派被视为政治不正确，从而逐渐丧失了话语权。

在这一轮对华政策辩论中，强硬派占据了主导地位。这主要体现
在三个观点：首先，重新确认美国对华接触政策已经走向失败。在此
次辩论中，绝大部分学者和专家赞同美国过去三十年的对华政策没有
实现预期。② 弗里德伯格在众议院军事委员会听证时指出，美国以往的
对华政策已经失败，当前中国的财富和权力正在快速增长，而中国领
导人的利益、观念和目标都与美国截然不同，因此美国需要一个全新
的对华战略。③ 坎贝尔和伊莱·拉特纳则认为，自尼克松访华以来形成
的对华接触政策已经失败，这包括中国国家主导的经济模式令美国对
中国经济市场化的期待幻灭；中国的维稳考虑全面压倒了自由化进程；
中国通过提升军事实力冲击美国主导的秩序；中国通过构建国际组织，
在事实上抛开西方主导的国际秩序另起炉灶。随着中国追求更大的实
力和影响力，美国应该重新审视对华政策。④

其次，美国需要正视现实，战略竞争的时代已经到来。2017
年1月26日，随后担任美国国家安全委员会负责战略规划的高级

---

① 袁鹏：《从大辩论看美对华战略走向》，参考消息网，2018年3月15日（ht-
tp：//ihl. cankaoxiaoxi. com/2018/0315/2258596. shtml）。

② David Dollar et al. , *Avoiding War*： *Containment*， *Competition*， *and Cooperation in US-China Relations*， Washington， D. C. ： The Brookings Institution， November 2018 （https：//www. brookings. edu/research/avoiding-war-containment – competition-and-cooperation-in-u-s-china-relations/）.

③ Aaron L. Friedberg, "Hearing on Strategic Competition with China," Testimony before the House Armed Services Committee, Washington, D. C. , February 15, 2018. 更详细的论述，参见Aaron L. Friedberg, "Competing with China," *Survival*, Vol. 60, No. 3, 2018, pp. 7 – 64。

④ Kurt M. Campbell and Ely Ratner, "The China Reckoning： How Beijing Defied American Expectations," *Foreign Affairs*, Vol. 97, No. 2, 2018, pp. 60 – 70. 类似的观点参见 Jennifer Lind, "Life in China's Asia： What Regional Hegemony Would Look Like," *Foreign Affairs*, Vol. 97, No. 2, 2018, pp. 71 – 82； Hal Brands, "The Chinese Century?" *The National Interest*, No. 154, 2018, pp. 35 – 45。

主管，并牵头撰写《国家安全战略》报告的纳迪亚·沙德罗（Nadia Schadlow）就撰文指出，战略竞争的时代已经到来，是时候将竞争文化注入美国的外交和发展中去，以应对中国的挑战。① 拉特纳在众议院军事委员会听证时指出，中国和美国正陷入地缘政治竞争。② 哈尔·布兰德斯（Hal Brands）更是指出，中国的威胁由远景预期快速转变为近期现实，不管美国如何应对中国的挑战，其外交政策必须基于现实。③ 对美国而言，中国和俄罗斯正在对美国的主导权形成挑战，大国竞争正在回归现实。④

最后，中国是美国的最主要威胁。当前，参与美国对华政策辩论的战略分析家基本都认同这一观点，即随着军事实力和经济实力的增长，中国正在威胁到美国在亚太地区的主导权，并成为美国的主要竞争对手。尤其是《时代周刊》关于"中国赢了"的封面文章，也体现出美国社会普遍认为过去几十年中国获利更多、美国获利不够的认知。⑤ 在美国国内，政府、智库和社会舆论将中国视为竞争对手，对华强硬也已经成为战略共识。当前，美国战略界还出现了一种声音，即过去十年中国和俄罗斯花费了数十亿美元，通过人文交流、各类文化活动、教育项目以及传媒和信息项目，在世界各地营造公共舆论及其认知，这种日益上升的影响力被称之为"锐

---

① Nadia Schadlow, "Welcome to the Competition," *War on the Rocks*, January 26, 2017（https：//warontherocks. com/2017/01/welcome-to-the-competition/）.

② Ely Ratner, "Hearing on Strategic Competition with China," Testimony before the House Armed Services Committee, Washington, D. C. , February 15, 2018.

③ Hal Brands, "The Chinese Century?" *The National Interest*, No. 154, 2018, pp. 35 -45.

④ 论述俄罗斯对美国挑战的观点，参见 Robert D. Blackwill and Philip H. Gordon, *Containing Russia：How to Respond to Moscow's Intervention in U. S. Democracy and Growing Geoplitical Challenge*, New York：Council on Foreign Relations, January 2018。

⑤ Ian Bremmer, "How China's Economy Is Poised to Win the Future," *Times*, November 13, 2017（http：//time. com/5006971/how-chinas-economy-is-poised-to-win-the-future/）.

权力（sharp power）"。① 在美国战略精英看来，中国的"锐权力"正在严重威胁着美国的软权力。②

与强硬派相比，在这一阶段，温和派的声音显得很弱。为了稳定中美关系，有一些美国学者和专家试图规劝特朗普政府的外交政策，提出了相对稳健和温和的政策建议。③ 然而，这份报告相对于特朗普政府的政策发展过于温和，无法成为主流声音。尽管如此，仍然有学者坚持中美两国应该是合作大于竞争。谢淑丽（Susan Shirk）曾撰文指出，美国必须指引中国走向正的方面，但是这不意味着美国要放弃尼克松政府以来的审慎路线，中美两国爆发贸易战、军备竞赛或军事对抗都会受到损失。④ 史文认为，中国快速崛起增加了中美两国的安全竞争，中美两国在亚太地区构建战略均势，这是维持亚太稳定与繁荣的重要条件。⑤ 然而，美国目前推出试图联合日本、澳大利亚和印度三个民主国家的"自由开放的印太地区"战略，有可能激起这一地区的矛盾，甚至有可能导致零和竞争，不利于地区的自由与开放。⑥

———————

① Christopher Walker and Jessica Ludwig, "The Meaning of Sharp Power: How Authoritarian States Project Influence," *Foreign Affairs*, November 6, 2017 (https://www.foreignaffairs.com/articles/china/2017-11-16/meaning-sharp-power).

② Joseph S. Nye Jr., "How Sharp Power Threatens Soft Power: The Right and Wrong Ways to Respond to Authoritarian Influence," *Foreign Affairs*, January 24, 2018 (https://www.foreignaffairs.com/articles/china/2018-01-24/how-sharp-power-threatens-soft-power).

③ Michael J. Green and Christopher K. Johnson eds., *Joint US-China Think Tank Project on the Future of US-China Relations: An American Perspective*, Washington, D. C.: CSIS, July 2017 (https://csis-prod.s3.amazonaws.com/s3fs-public/publication/170705_US_Report.pdf? V2dPire5xBHPlSp7nx4df9qrtYbs5F4Y).

④ Susan Shirk, "Trump and China: Getting to Yes with Beijing," *Foreign Affairs*, Vol. 96, No. 2, 2017, pp. 20-27.

⑤ ［美］史文:《超越美国西太平洋主导地位：稳定中美均势的必要》,《当代美国评论》2017 年第 2 期。

⑥ Michael D. Swaine, "A Counerproductive Cold War with China: Washington's 'Free and Open Indo-Pacific' Strategy Will Make Asia Less Open and Less Free," *Foreign Affairs*, March 2, 2018 (https://www.foreignaffairs.com/articles/china/2018-03-02/counterproductive-cold-war-china? cid=int-lea&pgtype=hpg).

2019 年 7 月 3 日，《华盛顿邮报》网站上发表了一封致总统特朗普及国会议员的百人联名公开信，公开信由美国麻省理工学院教授傅泰林（M. Taylor Fravel）、美国前驻华大使芮效俭（J. Stapleton Roy）、卡内基国际和平基金会史文、前国务院助理国务卿董云裳（Susan A. Thornton）和哈佛大学荣誉退休教授傅高义（Ezra Vogel）联合倡议。公开信认为："中美关系的恶化并不符合美国或是全球的利益，尽管我们对于北京近来的行为深感不安，并认为对此需要作出强有力的回应，但我们同样相信，美国的许多举措直接导致双方关系直转下滑。"① 然而，美国国内的对华强硬派立马进行了反击，也通过公开信的方式支持特朗普政府继续执行对华强硬政策。② 综合温和派与强硬派的博弈，可以发现，这些温和声音却日益淹没在对华强硬的声音中，无法扭转美国对华政策的大共识。

（三）美国界定威胁的原则

如何界定外部威胁，这是制定外交战略的基本前提。对美国而言，历届政府判定外部威胁的标准并不一致。在杜鲁门政府时期，凯南提出了遏制战略，坚持以利益来界定外部威胁。朝鲜战争以后，资本主义阵营与社会主义阵营对抗愈加激烈，意识形态取代利益成为界定威胁的基本准绳，这种态势一直持续到尼克松政府时期。随后，尼克松和基辛格调整了对国家利益的认知，形成了独立于威胁的利益观念，然后根据利益来界定威胁。③ 考察这段历史，对于我们理解特朗普政府外交理念转向有着重要的意

① M. Taylor Fravel, J. Stapleton Roy, Michael D. Swaine, Susan A. Thornton and Ezra Vogel, "China Is Not an Enemy," *The Washignton Post*, July 3, 2019.

② "Stay the Course on China: An Opern Letter to President Trump," *The Journal of Poltical Risk*, July 18, 2019.

③ ［美］约翰·加迪斯：《遏制战略：战后美国国家安全政策评析》，时殷弘等译，世界知识出版社 2005 年版。

义。如果将奥巴马政府与特朗普政府如何界定威胁做一个比较，就更能理解这种变化幅度之大。相对而言，奥巴马政府在处理外交事务时更加注重价值观的作用。不管是在"颜色革命"和西亚北非局势动荡中的表现，还是在全球互联网规则制定或人权外交上，抑或在通过国际规则和国际法解决地区争端上，奥巴马政府更加注重对理念和规则的维系。如果深入分析其背后的逻辑，不难发现，意识形态在奥巴马政府界定外部威胁上扮演着举足轻重的角色。换言之，奥巴马政府秉持的是一种"普世主义"的外交政策路径。

与奥巴马政府相比，特朗普政府表现出来与之截然相反的倾向。特朗普政府界定外部威胁主要依赖于国家利益，而非意识形态，这是我们理解特朗普政府外交政策的逻辑起点。首先，特朗普秉持美国优先的原则，对世界主义的外交政策热情不大。特朗普曾经在多个场合强调在外交政策中坚持美国主义原则，这意味着美国更多从自身角度来衡量国家利益，界定外部威胁。因此，特朗普的外交政策被美国的一些自由主义者所批评，批评特朗普在人权和民主推广上的退却将使得美国主动放弃了道德高地。[1] 其次，特朗普在外交政策中的意识形态并不浓厚，他对推广民主、改造世界的兴趣较低，在价值观上比较排斥"普世主义"的外交政策。[2] 相对而言，他可能更多地看到不同国家政治体制的多样性，不愿意对叙利亚等国进行政权更迭。[3] 2017 年 2 月 28 日，特朗普首次发表国会参众两院联席会议演说，他在演说中指出："自由的国度是表达人

---

[1] Sarah Margon, "Giving up the High Ground: America's Retreat on Human Rights," *Foreign Affairs*, Vol. 97, No. 2, 2018, pp. 39 – 45.

[2] Paul J. Saunders, "Trump and Democracy Promotion," *The National Interest*, No. 147, 2017, pp. 74 – 78.

[3] Susan Glasser, "Michael Anton: The Full Transcript," *Politico*, April 17, 2017 (https://www.politico.com/magazine/story/2017/04/michael-anton-the-full-transcript – 215029).

民意愿的最佳场所，而美国尊重所有国家选择自己道路的权利。"[1]在2017年版的《国家安全战略》报告中，更是将美国的战略称之为有原则的现实主义。报告认为，有原则的现实主义"以结果而非意识形态为导向"。[2] 事实上，这回到了凯南—基辛格的现实主义外交传统。也就是说，特朗普正在带领美国从"普世主义"的外交政策转向特殊主义的外交政策。[3]

（四）美国的威胁评估

面对战略界对华政策的高度共识，以及复杂的外部环境，特朗普政府也在重新评估美国面临的外部威胁。从特朗普政府各级官员的表态和政府文件，我们可以窥得美国威胁评估的基本内容，总体而言包括以下三部分：

首先，美国主导的自由开放的国际秩序受到挑战，并面临日益增加的大国战略竞争。特朗普就任美国总统以后，就着手进行一系列外交政策和战略问题的重新评估，试图调整美国以往对外部威胁的判断。在美国政府看来，正是美国在二战以后主导建立了自由开放的国际秩序，这一秩序良好运转了七十余年。然而，当前这种国际秩序正在受到挑战。在这一时期，不同的部门对威胁的判断有所差别，这些判断达成共识需要一个过程。例如，在对华政策上，国务卿蒂勒森试图推进与中国共建新型大国关系。2017年3月19日，蒂勒森在与习近平会见时传递出一个信号：

---

① Donald Trump, "Remarks by President Trump in Joint Address to Congress," Washington, D. C., U. S. Capitol, February 28, 2017（https://www.whitehouse.gov/the-press-office/2017/02/28/remarks-president-trump-joint-address-congress）.

② The White House, *National Security Strategy 2017*, Washington, D. C., December 2017, p. 1.

③ 对于"普世主义"路径和特殊主义路径外交政策的讨论，参见［美］约翰·加迪斯《遏制战略：战后美国国家安全政策评析》，时殷弘等译，世界知识出版社2005年版，第26—32页。

"美方愿本着不冲突不对抗、相互尊重、合作共赢的精神发展对华关系，不断增进美中相互了解，加强美中协调合作，共同应对国际社会面临的挑战。"① 然而蒂勒森的这一努力并没有被特朗普政府所接受，对华强硬派在政策议程中占据了主导地位。在2017年版的《国家安全战略》报告中，中国和俄罗斯、朝鲜和伊朗、跨国威胁集团，这五种挑战本质上是"尊重人类的尊严和自由的国家与压迫个人并强制统一的国家之间的根本对立"。② 2018年版的《国家防务战略》报告更加直接、清楚地宣称，美国面临着"修正主义国家"中国和俄罗斯、"无赖国家"朝鲜和伊朗以及恐怖主义组织五种威胁。③ 在美国决策者看来，正是这五类威胁侵蚀着美国主导的自由开放国家秩序。

其次，美国在国际社会中面临着全面的政治、经济和军事竞争。在2018年版的《国家防务战略》报告中，特朗普政府承认，美国正面对"一个日益复杂的国际安全环境，其特征是自由开放国际秩序受到公然挑战，以及国家间长期的战略竞争再次出现"。④ 对于这种竞争，美国《国家安全战略》报告也承认，"美国面临的竞争和对抗不是一时的趋势，也不是一时的问题，它们是相互交织的、长期的挑战，需要我们持续关注和投入"。⑤ 在这其中，美国对中俄行为方式的判断更多是基于中国和俄罗斯的政治模式。在

---

① 《习近平会见美国国务卿蒂勒森》，外交部网站，2017年3月19日（http://www.fmprc.gov.cn/web/zyxw/t1446876.shtml）。

② The White House, *National Security Strategy 2017*, Washington, D. C. , December 2017, p. 3.

③ Department of Defense, *Summary of the 2018 National Defense Strategy of the United States of America：Sharpening the American Military's Competitive Edge*, Arlington, V. A. , January 2018.

④ Department of Defense, *Summary of the 2018 National Defense Strategy of the United States of America：Sharpening the American Military's Competitive Edge*, Arlington, V. A. , January 2018, p. 2.

⑤ The White House, *National Security Strategy 2017*, Washington, D. C. , December 2017, p. 3.

2018 年版的《国家防务战略》报告认为："越来越清晰的是，中国和俄罗斯想要塑造一个与其集权模式相一致的世界，以获得对其他国家经济、外交和安全决策的否决权。"① 尤其是中国快速增长的实力，及其由此带来的行为方式转变，使得美国大为忧虑。对美国而言，这意味着美国试图通过接触政策来塑造中国政治制度和行为方式的努力失败了。随着中美经贸冲突日趋激烈，美国政治精英对华判断更加负面。2018 年 10 月 4 日，美国副总统彭斯在哈德逊研究所发表演讲，他激烈地对中国进行诋毁。他罔顾事实地宣称："在苏联解体以后，我们以为一个自由的中国必然会出现。基于这种乐观态度，在 21 世纪到来之际，美国同意向中国开放美国经济，并促成中国加入世界贸易组织。美国前几届政府做出这样的选择是希望中国能够在各个领域中扩大自由——不仅仅在经济上，而且在政治上，对传统自由主义原则、私有财产、宗教自由以及所有各项人权都表现出新的尊重，但是这一希望未能实现。"② 彭斯的这篇演讲，代表了美国偏右翼势力的对华态度，被视为是新时期中美走向"新冷战"的宣言书。③

最后，美国的军事优势受到挑战，并且优势在不断缩小。长期以来，美国的军事实力一直是无可匹敌的，这是其能够长久保持首要地位的根本。然而，近些年来，有两个趋势使得美国的军事优势受到侵蚀。其一，崛起中大国正在全方位追赶美国。在核力量上，

---

① Department of Defense, *Summary of the 2018 National Defense Strategy of the United States of America*: *Sharpening the American Military's Competitive Edge*, Arlington, V. A., January 2018, p. 2.

② "Vice President Mike Pence's Remarks on the Administration's Policy Towards China," Washinton, D. C.: Hudson Institute, October 4, 2018（https://www. hudson. org/events/1610-vice-president-mike-pence-s-remarks-on-the-administration-s-policy-towards-china102018）.

③ Jane Perlez, "Pence's China Speech Seen as Portent of 'New Cold War'," *The New York Times*, October 5, 2018（https://www. nytimes. com/2018/10/05/world/asia/pence-china-speech-cold-war. html）.

特朗普政府认为美国正面临严峻的挑战。在 2018 年版的《核态势评估》报告中注意到中国和俄罗斯的核力量增长，特朗普政府直言不讳："在我们制定政策和策略，并开始维持和更新美国核力量时，从 2010 年版的《核态势评估》报告以来这种迅速恶化的威胁环境现在必须主宰我们的思维。这份 2018 年版的《核态势评估》报告对过去在更良性的核环境下和更温和的大国关系中制定的核政策与规定做出评估。"① 在常规力量上，中国更是正在全面推进军事现代化，试图缩小与美国的差距。在美国看来，中国正在追求军事现代化，在台湾问题和南海问题上改变现状，中国实现中华民族伟大复兴的追求，这将会冲击美国在印太和全球的主导权。② 其二，当前美国面临的外部环境正在出现深刻变化。一方面，战争形态发生了巨大的变化，美国面临的战争形势更为复杂。美国除了要准备大国之间可能发生的战争，还要应对小规模战争，以及与恐怖组织的非常规战争，也就是说，美国要应对的是全频谱的冲突。另一方面，科学技术的快速发展使得弱小行为体具备了更大的影响力，人类社会在大数据、人工智能和生物技术等先进技术层面的进步都会给美国带来潜在挑战。

综合以上三点，特朗普政府对美国当前面临的复杂环境进行了再评估，得出了与以往历届美国政府截然不同的结论。正是在这种威胁评估的基础之上，特朗普政府逐渐形成了新国家安全战略的基本框架。

① Office of the Secretary of Defense, *Nuclear Posture Review*, Arlington, V. A., February 2018, p. VI.

② Office of the Secretary of Defense, *Annual Report to Congress: Military and Security Developments Involving the People's Republic of China 2017*, Arlington, V. A., May 15, 2017.

二 新时期美国国家安全战略的支柱

当前，特朗普政府的国家安全战略已基本成形。因此，有必要从宏观视野上审视美国的全球战略和地区战略，厘清美国国家安全战略的内在逻辑。回顾历史，美国要解决的外交议题往往相对稳定，因而其国家安全战略在一定时期内有连贯性，外部环境的渐变和国内政治的更迭往往只会影响到战略手段的选择。从冷战结束以来甚至是第二次世界大战以来的历史视野，全面审视美国外交政策，有助于我们理解美国的国家安全战略。

（一）美国优先

早在初选阶段，特朗普就提出了以美国优先（America first）原则为基础的外交政策纲领，其基本内涵是：把美国利益放在首位，用美国主义取代全球主义。特朗普当选之后，这一原则将上升为其执政理念。在内涵上，美国优先的原则可以在安全领域和经济领域进行归纳。

在安全领域，美国优先需要回答一个问题，即如果外部世界出现危机，美国的反应是更倾向于保存自身的资源。[1] 那么，特朗普政府在安全战略上是否会战略收缩？美国是否会重回孤立主义？政策界最初普遍的看法是，特朗普政府有意在一定程度进行战略收缩，减少安全承诺，进而将更多的注意力集中在国内事务上。根据特朗普一贯的表态，他总体上希望降低美国的战略成本。然而，特朗普的战略收缩存在内在矛盾，这使得美国无法全面战略收缩。

---

[1] Andrew J. Bacevich, "Saving 'America First': What Responsible Nationalism Looks Like," *Foreign Affairs*, Vol. 96, No. 5, 2017, pp. 57 – 67.

也就是说，特朗普政府坚持美国优先原则，在安全领域并不意味着美国走向了孤立主义，这主要基于三个方面的原因。第一，作为超级大国，美国在全球拥有巨大的战略利益，即使特朗普主观上希望做一定程度的收缩，但是现实情况很难让美国脱身，其盟友也不愿意看到这一局面。第二，以奥巴马政府为参照系，特朗普政府在政策执行上很难继续收缩。在地区军事战略上，奥巴马政府在总体上是比较克制的，在战略资源投入上受到诸多限制，基本是美国军事力量的低谷。其实，这涉及对于战略收缩概念的界定，即更侧重于考察军事存在，还是更关注规则建设。与奥巴马政府相比较，特朗普在地区安全上难以进一步收缩。第三，特朗普政府在亚太地区的军事力量投入会超过奥巴马政府。奥巴马政府提出亚太再平衡战略以来，在亚太地区增加的军事力量和军费开支非常有限。与之相比，特朗普政府在亚太地区计划增加的美国军事力量将大大超过奥巴马政府。更为重要的是，特朗普政府通过诸多措施，已经极大地突破了《2011 年预算控制法案》对军费开支的限制。

事实上，特朗普在安全战略上最初也没有形成系统的战略理念，正是经过麦克马斯特、马蒂斯和沙德罗等高层官员的阐述，将特朗普的个人理念与美国的现实问题统合起来，特朗普政府的战略理念才逐渐成为体系。① 2017 年版的《国家安全战略》报告开宗明义地指出："美国优先的国家安全战略是以美国的原则、对美国利益的清晰评估和决定我们所面临的挑战并着手处理为基础的。"② 它在内容上包含四个部分，即美国政府最根本的责任是保护美国人民、美国本土和美国人的生活方式，推进美国繁荣，以实力求和

---

① Josh Rogin, "Trump's Foreign Policy Doctrine: Escalate to Deescalate," *The Washington Post*, March 19, 2017 (https://www.washingtonpost.com/opinions/global-opinions/trumps-foreign-policy-doctrine-escalate-to-de-escalate/2017/03/19/8cb897e0 - 0b35 - 11e7 - a15f - a58d4a988474_ story. html? utm_ term = . b773758bfd2d).

② The White House, *National Security Strategy 2017*, Washington, D. C., December 2017, p. 1.

平，以及提升美国影响力。① 如果回顾特朗普政府的美国外交政策，其美国优先理念在安全上主要表现为三点：一是集中力量发展美国军备，建立一支强大的美军，以维持美国在全球的主导地位，保卫国土安全。特朗普的这一理念，扭转了奥巴马政府以来美国军事力量建设上捉襟见肘的窘境，美国重新开启了增强军备的道路。二是减轻美国战略负担，并以战略承诺作为谈判筹码，逼迫盟友承担更多的防务责任，帮助美国加强对中国和俄罗斯的制衡。不过，在现实操作中，特朗普政府试图安抚盟友和战略伙伴。麦克马斯特和加里·柯恩（Gary Cohen）两次撰文，以发出安抚信号："美国优先并不意味着美国独行，这是保护和促进我们生死攸关利益的承诺，同时与我们的盟友和战略伙伴促进合作、强化关系。"② 三是进一步调整地区安全战略布局，推动美军从中东抽身，将更多注意力聚焦于西太平洋地区，防范中国崛起。这种以美国为中心的国家安全战略，被有学者称之为重商主义的国家安全战略。③

在经济领域，特朗普政府推进美国优先的程度更为深入一些，这被一些学者认为美国主导的自由主义秩序正在退却。④ 事实上，美国优先的理念体现了特朗普政府的一个思路，即在过去三十年的历史中，美国并不是以美国为优先的，而是扮演着一个公共物品提供者的角色，这导致它在全球化过程中是吃亏的，在国际制度中处于不利的地位。为了维护美国优先的原则，特朗普试图在一系列层面扭转美国的战略方向：

---

① The White House, *National Security Strategy* 2017, Washington, D. C., December 2017, pp. 3 – 4.

② H. R. McMaster and Gary D. Cohn, "America First Doesn't Mean America Alone," *The Wall Street Journal*, May 30, 2017; Gary D. Cohn and H. R. McMaster, "The Trump Vision for America Abroad," *The New York Times*, July 13, 2017.

③ Salman Ahmed and Alexander Bick, *Trump's National Security Strategy: A New Brand of Mercantilism?* Washington D. C.: Carnegie Endowment for International Peace, 2017.

④ Robin Niblett, "Liberalism in Retreat: The Demise of a Dream," *Foreign Affairs*, Vol. 96, No. 1, 2017, pp. 17 – 24.

首先，特朗普推进"公平对等"的贸易。2017 年 2 月 28 日，特朗普就任总统后首次在国会发表演讲，他就指出："我坚信自由贸易，但同时也必须是公平贸易。"① 在特朗普看来，过去几十年的贸易协议都是不公平的，它损害了美国利益。2018 年 1 月 30 日，在特朗普的首次国情咨询中，他进一步重申："现在经济投降的时代已经结束了，从现在开始，我们希望贸易关系公平、对等、互利。"②

其次，特朗普在经济政策上更倾向于发展双边关系，不太看重多边关系。他推动美国退出 TPP，试图推动北美自由贸易协定重新谈判，这一系列政策调整都意味着美国将更加看重自身利益。

最后，特朗普还对国际制度持有疑虑，避免承担过多责任。特朗普政府选择退出《巴黎气候协定》，拒绝在全球变暖问题上承担责任；美国再次退出联合国教科文组织，拒绝交付巨额欠款；美国还绕开世界贸易组织，拒绝遵守一些规定。

在具体经济政策中，特朗普政府在某些领域坚定地坚持美国优先的理念，在一些问题上也有一些调整和妥协，试图弥合理念与问题之间的分歧。在推进"公平互惠"贸易上，特朗普相对坚定。为此，特朗普试图缩减贸易赤字，接连主动挑起贸易冲突，对一些国家的商品征收惩罚性关税。尤其是在对华贸易政策上，2017 年 8 月 18 日，根据特朗普发表的备忘录，美国贸易代表莱特希泽宣布对中国进行 301 调查。③ 2018 年 3 月 22 日，美国贸易代表办公室颁布了对中国的 301 调查报告，随后特朗普据此连续多轮对华商品进行制裁，通过"长臂

---

① "Remarks by President Trump in Joint Address to Congress," Washington, D. C., U. S. Capitol, February 28, 2017 (https：//www. whitehouse. gov/briefings-statements/remarks-president-trump-joint-address-congress/).

② "President Donald J. Trump's State of the Union Address," Washington, D. C., U. S. Capitol, January 30, 2018 (https：//www. whitehouse. gov/briefings-statements/president-donald-j-trumps-state-union-address/).

③ "USTR Announces Initiation of Section 301 Investigation of China," Office of the United States Trade Representative, August 18, 2017 (https：//ustr. gov/about-us/policy-offices/press-office/press-releases/2017/august/ustr-announces-initiation-section).

管辖权"制裁以华为为代表的中国高科技企业,中美两国经贸摩擦成为两国关系冲突的重要领域。然而,在经济关系和国际制度上,特朗普也有与现实进行妥协的趋势。在 2018 年的达沃斯世界经济论坛上,特朗普宣称美国优先并不意味着心中只有美国,美国打算与所有国家重新谈判互惠的双边贸易协定,也包括 TPP。①

(二) 以实力求和平

从特朗普政府的安全团队来看,他们大多是现实主义者,大多推崇权力政治。事实上,早在大选前两天,彼得·纳瓦罗(Peter Navarro)和亚历山大·格雷(Alexander Gray)就在《外交政策》网站撰文,阐述了以实力促和平的外交政策理念,这基本上代表了特朗普政府内的主流声音。② 特朗普就任总统后,从其战略理念和政策实践,都在推进以实力求和平。在签署《2018 财年国防授权法案》时,特朗普指出:"历史告诉我们,当你弱化你的防御时,你会招致侵略。"③ 事实上,如果归纳特朗普政府以实力求和平的内涵,可以简单概括为:"以实力求和平需要联合部队通过准备战争来慑止冲突。"④ 如果从冷战结束后的美国战略演变来看,这意

---

① "Remarks by President Trump to the World Economic Forum," Davos, Switzerland, January 26, 2018 (https://www.whitehouse.gov/briefings-statements/remarks-president-trump-world-economic-forum/).

② Peter Navarro and Alexander Gray, "Donald Trump's Peace Through Strength Vision for the Asia-Pacific: How the Republican Nominee Will Rewrite America's Relationship with Asia," *Foreign Policy*, November 8, 2016 (http://foreignpolicy.com/2016/11/07/donald-trumps-peace-through-strength-vision-for-the-asia-pacific/).

③ "Remarks by President Trump at Signing of H. R. 2810, National Defense Authorization Act for FY2018," The White House, Washington, D. C., December 12, 2017 (https://www.whitehouse.gov/briefings-statements/remarks-president-trump-signing-h-r-2810-national-defense-authorization-act-fy2018/).

④ Department of Defense, *Summary of the 2018 National Defense Strategy of the United States of America: Sharpening the American Military's Competitive Edge*, Arlington, V. A., January 2018, p. 6.

味着美国的战略思维发生了很大的变化。冷战结束后的一段时间，美国极力推崇软权力，对推广民主情有独钟，然而国际环境正在发生很大的变化，使得这一战略思维难以解决现实中的难题。埃利奥特·科恩（Eliot A. Cohen）就认为，硬实力是应对野心勃勃和装备精良的中国、暴力恐怖组织的持续威胁、俄国等修正主义国家的崛起和来自从外层空间到网络空间等不受政府控制的领域的根本。①特朗普的这一理念，反映了美国正在试图调整国家战略应对新挑战的趋势，即总得有人站出来解决中国这个问题。

以实力求和平理念主要包含两个部分：一是加强美国军事力量建设。根据特朗普的阐释，以实力求和平呼吁对美国的军事进行彻底的现代化，扭转此前面临国家威胁增长时缩减美国军力的决定。②也就是说，特朗普不仅基于对全球问题的通盘考虑，还基于对奥巴马政府既有政策的批判发展而来。在特朗普及其团队看来，奥巴马政府的亚太再平衡是一种虚弱的战略，它过于依赖地区国家的经济合作，忽视了军事力量建设，这导致美国在应对朝鲜核问题和中国南海问题上软弱无力，同时令其盟友大失所望。在力量建设上，特朗普拒绝接受奥巴马政府时期美国军事力量持续下降的态势，而是试图全方位提升美国军事力量。③二是提升与盟友、战略伙伴的合作水平。在以实力求和平的战略中，联盟和战略伙伴一直具有重要的地位。强化与这些盟友、战略伙伴的合作，可以极大地增强美国的实力，减轻美国的

---

①　Eliot A. Cohen, *The Big Stick*：*The Limits of Soft Power and the Necessity of Military Force*，New York：Basic Books，2016.

②　"Remarks by President Trump on the Administration's National Security Strategy," Ronald Reagan Building and International Trade Center, Washington, D. C., December 18, 2017（https：//www. whitehouse. gov/briefings-statements/remarks-president-trump-administrations-national-security-strategy/）

③　特朗普政府详细的军事力量提升计划，参见 2019 财年的《防务预算概览》，参加 Department of Defense，*The FY* 2019 *Defense Budget Overview*，Arlington，V. A.，February 2018（　　　https：//www. defense. gov/Portals/1/Documents/pubs/FY2019-Budget-Request-Overview-Book. pdf）。

防务负担。

为此，特朗普政府试图重建美军。就任总统后，特朗普着力于弥补财政缺口，重振美国军事力量。一方面，特朗普将增加防务预算。事实上，美国近年来一直受困于财政预算不足，防务经费处于吃紧状态，奥巴马政府基本无力改变这一局面。特朗普的思路则与奥巴马不同。2017 年 2 月 27 日，特朗普宣布美国 2018 年财政预算中，将额外增加 540 亿美元的防务开支，这将比 2017 财年增加10%。[①] 考虑到美国财政预算的总额限度，特朗普将同时削减等额的非防务性支出来筹集新增防务经费，其中对外援助将被大幅削减。[②] 在 2018 财年、2019 财年和 2020 财年的《国防授权法案》中，美国的军费开支分别是 6999 亿美元、7163 亿美元和 7380 亿美元，美国进入了一个军备迅速扩张的时代。另一方面，特朗普政府试图重整军备。特朗普政府试图建造更多的军舰和战斗机，将军舰数量从 272 艘增加到 350 艘，[③] 将航空母舰扩大到 12 艘，[④] 战斗机从 1113 架增至 1200 架。[⑤] 此外，特朗普还表示要增加核武器数量，以在数量上超越俄罗斯。特朗普的意图在于力所能及地增加防务开

---

① "President Trump Is Rebuilding America's National Security," The White House, February 28, 2017 (https://www.whitehouse.gov/the-press-office/2017/02/28/president-trump-rebuilding-americas-national-security).

② Abby Phillip and Kelsey Snell, "Trump to Propose 10 Percent Spike in Defense Spending, Major Cuts to Other Agencies," *The Washington Post*, February 27, 2017 (https://www.washingtonpost.com/powerpost/trump-to-propose-10-percent-spike-in-defense-spending-massive-cuts-to-other-agencies/2017/02/27/867f9690-fcf2-11e6-99b4-9e613afeb09f_story.html? utm_term = .8f57d49c7caa).

③ John Richardson, "White Paper: The Future Navy," United States Navy, May 17, 2017 (http://www.navy.mil/navydata/people/cno/Richardson/Resource/TheFutureNavy.pdf).

④ Donald Trump, "Remarks by President Trump Aboard the USS Gerald R. Ford," Newport News, Virginia, March 2, 2017 (https://www.whitehouse.gov/the-press-office/2017/03/02/remarks-president-trump-aboard-uss-gerald-r-ford).

⑤ 王宏亮:《特朗普强化美空中霸权：增购千架战机的狂想》，澎湃新闻，2017 年1 月 20 日，(http://www.thepaper.cn/www/resource/jsp/newsDetail_forward_1604631)。

支，建立强大军队，并且取得了显著的成效。以海军为例，根据美国战略与国际研究中心的统计，在 2018—2020 财年，美国海军战斗部队库存清单不断上升，由 287 艘增加到 306 艘，尤其是大型水面舰艇和小型水面舰艇增长较快。[1]

特朗普推崇以实力求和平的理念，其背后有两个重要的战略考量。其一，特朗普旨在提升美国的战略信心。如果回顾历史，美国在里根政府之前受越南战争的长久负面影响，加之苏联在国家实力上接近美国，给了美国巨大的战略压力。里根正是通过以实力求和平的理念，重振了美国的信心。特朗普重提这一战略理念，也是基于重振美国战略信心的考虑。[2] 其二，全方位重建美国军事力量，保证世界各地区不被某一力量主导。[3] 特朗普重拾以实力求和平理念，其重要考虑就是国际力量格局的重组，中国和俄罗斯成为美国面临的巨大挑战。因此，慑止中国主导西太平洋地区、俄罗斯主导东欧地区是美国的重要战略诉求。

（三）战略竞争

特朗普政府重新评估了美国面临的国际环境，调整了国家安全战略。对特朗普而言，"不管我们喜欢与否，我们正进入竞争的新时代"。[4] 特朗普政府试图正视国际社会中战略竞争的现实，转变工作方式以应对战略竞争。2017 年版的《国家安全战

[1] " Naval Battle Force Inventory," Washington, D. C., CSIS（https://analytics. csis. org/navybeta1/）.

[2] H. R. McMaster, "Reclaiming America's Strategic Confidence," The Reagan National Defense Forum, December 2, 2017（https://www. whitehouse. gov/briefings-statements/remarks-ltg-h-r-mcmaster-reagan-national-defense-forum-reclaiming-americas-strategic-confidence/）.

[3] The White House, *National Security Strategy* 2017, Washington, D. C., December 2017, p. 4.

[4] "Remarks by President Trump on the Administration's National Security Strategy," The White House, December 18, 2017（https://www. whitehouse. gov/briefings-statements/remarks-president-trump-administrations-national-security-strategy/）.

略》报告中认为："美国面临的竞争和对抗不是一时的趋势，也不是一时的问题，它们是相互交织的、长期的挑战，需要我们持续关注和投入。"① 因此，美国需要整合军事、政治和经济因素，与挑战正进行全面竞争。

首先，特朗普政府试图确保在军事领域无人能敌。综合特朗普政府的战略报告、公开发言和实际行为，在军事上美国试图在军事实力、军事工业和作战理念三个层面与竞争对手展开全方位竞争。第一，在军事实力上，特朗普政府正在重建美军，建设相对于竞争对手具有压倒性优势的常规力量和核力量。在常规力量上，根据前文所述，特朗普政府将加大投入，对武器系统进行全面更新换代。第二，在军事工业领域，美国要试图在战略竞争中牢牢占据优势。近年来，中国和俄罗斯军事技术的整体进步引起了美国的忧虑。据美国国防部负责研究和工程的代理助理部长玛丽·米勒（Mary J. Miller）指出："在一些武器和平台上，中国和俄罗斯在范围、速度和杀伤力上正追平或超越美国。"② 2017 年 11 月 17 日，美国参谋长联席会议主席约瑟夫·邓福德（Joseph F. Dunford）在塔夫茨大学发表演讲时就认为，美国的军事优势正在被近似匹敌的竞争对手侵蚀，美国有必要持续投入，以保证美国拥有威慑的能力。③ 从目前美国与中国、俄罗斯在军事工业领域的竞争来看，尽管美国仍然占据绝对优势，但是中国和俄罗斯已经在某些领域缩小了差距，甚至在某些领域已经具有了优势。第三，在作战理念层面，美国要

---

① The White House, *National Security Strategy 2017*, Washington, D. C. , December 2017, p. 3.

② Mary J. Miller, "Testimony before the United States House of Representatives Committee on Armed Services," Washington, D. C. , March 14, 2018 (https: //docs. house. gov/meetings/AS/AS26/20180314/107978/HHRG – 115 – AS26 – Wstate-MillerM – 20180314. pdf).

③ Jim Garamone, "Dunford: U. S. Military Advantage over Russia, China Eroding," Department of Defense, November 17, 2017 (https: //www. defense. gov/News/Article/Article/1374168/dunford-us-military-advantage-over-russia-china-eroding/).

创新作战概念，凸显竞争优势。对美国而言，竞争对手一直在研究其战争方式和作战概念，因此特朗普政府强调预判竞争对手的战略意图，灵活运用自身优势，极力规避自身劣势，以威慑或击败竞争对手。

其次，在经济领域，特朗普政府试图与对手进行竞争，维持战略优势。总体而言，特朗普政府谋求在三个领域展开竞争。第一，特朗普试图重建国内经济。早在总统大选期间，特朗普就宣称要重建美国经济，"让美国再次伟大"。就任总统后，特朗普试图推进美国的基础设施建设，重振美国制造业，重建对美国经济的信心。为此，特朗普提出了减税与就业法案，试图通过减税来复兴美国经济，保持美国的优势。然而，当前美国国内的制造业发展态势来看，特朗普的计划推进有限。第二，特朗普追求公平对等的国际经济体系，更加强调国际贸易的对等性。为此，特朗普通过强力施压，使用或者威胁使用征收关税的方式，迫使中国单方面让步，减少中美贸易的巨额赤字。由此，中美两国爆发了积累的贸易摩擦和战略博弈。随着中美经贸冲突加剧，美国加强了对中国的贸易限制，当前中美两国经贸关系趋于弱化。有学者就认为，美国在经贸上正在采取根本的、全新的思路，中美两国之间的经济联系将被弱化。[1] 尤其是美国通过"长臂管辖权"制裁中兴和华为以后，中美关系进入一个新阶段，[2] 两国在高科技领域的战略竞争成为核心问题。第三，美国试图捍卫在高科技行业的领先和优势，目标对准了中国的《中国制造2025》计划。2018年5月29日，特朗普政府对贸易政策进行了说明，批评中国"一贯以有损于公平及互惠贸易的

---

①　Matt J. Miller, "A New Chapter in U. S. -China Trade Relations Unfolds," *The Capital Ideas*, March 5, 2018（https：//www. thecapitalideas. com/articles/tariffs-us-china-trade-relations）.

②　Dingding Chen, "The Case of ZTE and US-China Relations," *The Diplomat*, May 2, 2018（https：//thediplomat. com/2018/05/the-case-of-zte-and-us-china-relations/）.

做法利用美国经济获益"，尤其是批评中国的产业政策（例如《中国制造 2015》）有损于美国及世界各地的公司和企业。① 其战略考量，旨在通过这一方式阻滞中国在产业升级上的速度，维持美国在高科技上的战略优势。

最后，在政治上，培养竞争性思维方式，保护美国人民的生活方式。特朗普政府认识到，战略竞争是在当前世界中的现实，因此坦然承认这一现实，并积极进行战略竞争。对特朗普而言，美国需要培养竞争性思维方式，以在思维方式上跟上时代形势，应对"修正主义"大国、"流氓政权"和恐怖主义的威胁。其目的，旨在保护美国人民的生活方式。②

三 新时期美国地区安全战略的布局

在战略实施上，特朗普政府的国家安全战略主要体现在地区层面的布局。在亚太地区、中东地区和欧洲地区三个美国传统的重点战略区域，特朗普的战略布局是有所差别的。因此，可以通过主要任务、联盟政策和急迫问题三个维度来分析特朗普政府的区域战略布局。

（一）印太地区

理解美国国家安全战略的转变，首先要考察其外部威胁。环顾这一地理区域，美国面临着多种多样的威胁，从朝鲜核问题到海洋争端，再到暴力恐怖袭击，然而这些问题都无法牵引美国国家安全战略的转变。美国国家安全战略的转变，根本驱动

① The White House, "President Donald J. Trump is Confronting China's Unfair Trade Policies," Washington, D. C., May 29, 2018（https://www.whitehouse.gov/briefings-statements/president-donald-j-trump-confronting-chinas-unfair-trade-policies/）.

② The White House, *National Security Strategy 2017*, Washington, D. C., December 2017, p. 7.

是中国崛起，及其带来的深刻地缘政治变化。在特朗普的地区战略布局中，印度洋—亚洲—太平洋地区具有首要地位。特朗普在这一地区的战略布局，其主要目的是试图联合少数重要的"民主国家"盟友，借用日本倡导的印太概念，重塑这一地区的地缘政治。

使用新概念重塑地缘政治 早在奥巴马政府时期，美国政府就已经着手调整全球战略布局，试图从中东抽身，将战略重心转向亚太。这一战略调整的背后，是基于美国对威胁判断认知的变化，即中国崛起正在冲击美国在亚太地区的地位。特朗普政府对中国威胁的认知未降反升，这是因为，特朗普政府同样意识到了美国在印度—太平洋地区面临的严峻挑战。特朗普政府重新调整了国家安全战略，方向之一就是试图使用"自由开放的印太"这一概念，以重塑地缘政治的版图，应对中国的挑战。在《国家安全战略》报告中，特朗普政府更是毫不掩饰："在印太地区正在发生自由和压抑的世界秩序之间的地缘政治竞争。"[1] 国际政治中充斥着各种地缘概念和政治概念，印太并非美国首创，但是美国正式接受这一概念，使其拥有了大战略上的意义。[2] 事实上，只有全球大国才拥有重塑地缘政治概念的能力。正是在这个维度上，印太概念是当前美国国家安全战略转型的整体构想之一。

特朗普政府的目的在于，使用印太战略应对中国"一带一路"倡议。中国提出"一带一路"倡议后，加深了美国对地缘政治的忧虑，因此，美国的战略精英对此高度重视，并一直密切关注动态。时任美国国务卿的蒂勒森在演讲中承认，美国提出印太概念，就是

---

[1]　The White House, *National Security Strategy 2017*, Washington, D. C., December 2017, p. 45.

[2]　林民旺：《"印太"的构建与亚洲地缘政治的张力》，《外交评论》2018 年第 1 期。

为了应对"一带一路"。① 正如美国《国家防务战略》报告所指出的:"中国正在使用军事现代化、影响力运用和经济强制邻国重新制定印太地区的秩序,以维持自身优势;当中国经济和军事优势持续,通过一个涵盖所有国家的长期战略维持权力,它将继续追求军事现代化计划,在近期内寻求印太地区的霸权,并且未来取代美国实现全球优势。"② 对于试图维持在全球首要地位的美国而言,麦金德的忠告萦绕于耳。基于这种考虑,美国拾起了印太概念,试图在地缘政治上调整国家安全战略,应对中国的挑战。正是在此意义上,美国太平洋司令部司令哈利·哈里斯(Harry B. Harris)说,美国的安全和经济繁荣与印太地区紧密相连,而它正处于十字路口。③ 此外,特朗普政府试图塑造美国追求开放体系、中国塑造封闭体系的话语。美国最为担忧的是,中国试图借助"一带一路"倡议来制定自己的规则和规范。在这点上,美国印太战略的目的就是为了压制"一带一路"倡议,跟中国的战略展开全方位的竞争。④ 2018 年 7 月 30 日,美国国务卿蓬佩奥在印太工商论坛中做了"美国对印度—太平洋地区经济前景的构想"的演讲,他宣称美国"遵循这样一个伟大的宗旨进行交往:在所到之处,美国都希望发展伙伴关系,不谋求霸权。"⑤

---

① Rex W. Tillerson, "On 'Meeting the Foreign Policy Challenges of 2017 and Beyond'," The 2017 Atlantic Council-Korea Foundation Forum, Washington, D. C., December 12, 2017 (https://www. state. gov/secretary/20172018tillerson/remarks/2017/12/276570. htm).

② Department of Defense, *Summary of the 2018 National Defense Strategy of the United States of America: Sharpening the American Military's Competitive Edge*, Arlington, V. A., January 2018, p. 2.

③ Jim Garamone, "Pacom Commander Says Indo-Pacific Region at a Crossroads," Washington, D. C., February 14, 2018 (https://www. defense. gov/News/Article/Article/1441840/pacom-commander-says-indo-pacific-region-at-a-crossroads/).

④ 赵明昊:《大国战略背景下美国对"一带一路"的制衡态势论析》,《世界经济与政治》2018 年第 12 期。

⑤ Michael R. Pompeo, "America's Indo-Pacific Economic Vision," U. S. Chamber of Commerce, Washington, D. C., Indo-Pacific Business Forum, July 30, 2018 (https://www. state. gov/remarks-on-americas-indo-pacific-economic-vision/).

　　事实上，理解美国的印太战略，需要从更长的历史维度和更宽的地理范围来考察。从推动力来说，美国接受印太战略有四个因素：首先，美国太平洋司令部在辖区上就涵盖东印度洋地区，因此在作战层面美军事实上长期是将印太地区统筹考虑的。其次，在学术界，有一些美国战略精英也一直在推印太战略，试图推动美国联合印度，共同制衡中国。① 再次，日本、印度和澳大利亚等诸国都提出了不同形式的印太概念，试图在区域层面上推进各自的外交战略。最后，印太目前涵盖美日澳印四个国家，数量较少，在战略上简单易行、容易操作。这四个因素综合在一起，在特朗普美国优先和以实力求和平的理念之下，接受印太概念成为自然而然的选择。体现在国家安全战略设计上，美国的印太构想是塑造地缘政治，最大可能上限制中国塑造地缘政治的潜能，同时未雨绸缪，为地缘政治变化做好准备。

　　强化与盟友和战略伙伴的关系。美国在区域战略布局和实施上，联盟和战略伙伴始终发挥着至关重要的作用，是美国推进其影响力的重要工具。在联盟政策上，美国在三个方面支撑其印太战略的构想。

　　首先，在军事上，强化与盟友的关系，坚定对盟友的战略承诺，维持在此地区的前沿部署，用实际行动填实印太概念，使之成为有强大现实支撑的战略。其一，美国正强化在这一区域的军事能力。根据《2018 财年国防授权法案》，美国需要维持凸显实力、慑止侵略以及回应地区威胁的军事实力。② 随着美国军备建设的速度加快，可以预期的是，美国在印太地区投入的军事力量将会大幅增加。其次，美国试图强化联盟关系，增加了对日本和韩国的战略承

---

① Ashley J. Tellis et al., *Strategic Asia 2011 - 12*: *Asia Responds to Its Rising Powers-China and India*, Washington, D. C.: National Bureau of Asian Research, 2011.

② *National Defense Authorization Act for Fiscal Year 2018*, H. R. 2810 - 13, 115th Congress, Title XII, Subtitle F, Sec. 1251.

诺。2018 财年、2019 财年和 2020 财年的《国防授权法案》中不断宣称，美国要加强与台湾的防务关系。随后通过了"与台湾交往法案"，从国内法的角度对美台高层领导交流进行了松绑。从美国的战略文件和外交实践来看，通过加强与盟友之间的军事合作是应对中国挑战的重要举措。① 其三，鼓励盟友承担责任，加强战略协商。从美国的战略诉求来看，美国希望盟友承担防务分摊的责任，降低美国的战略负担。同时，在现实政策中，加强协同作战能力。根据2018 年版的《国家防务战略》报告，美国将推进在制定作战概念、发展模块化部队要素、通信与情报分享以及研发装备等领域提升协同作战能力。②

其次，在政治上，通过少数民主国家的联合，将印度洋地区纳入既有的亚太地区，形成新的印太地区这一地缘政治概念，联合印度来应对中国。2017 年 11 月 12 日，美日澳印四国高级官员在马尼拉举行了会谈，四国讨论了如何推进在印太地区的合作，并在构建以规则为基础的印太，增进以国际法、国际准则和谨慎投资的连通，以及共同应对朝鲜核问题的挑战等问题上进行了协商。③ 与此同时，美国继续推进双边和三边对话，提升美国与盟友、战略伙伴的战略协调。例如，2018 年 4 月 5 日，美日印三边会谈举行，重申了三国对于自由开放的印太地区的支持。④ 分析美国的战略意图不

---

① Stephen F. Burgess and Janet Beilstein, "Multilateral Defense Cooperation in the Indo-Asia-Pacific Region: Tentative Steps toward a Regional NATO?" *Contemporary Security Policy*, Vol. 39, No. 2, 2018, pp. 258 – 279.

② Department of Defense, *Summary of the 2018 National Defense Strategy of the United States of America: Sharpening the American Military's Competitive Edge*, Arlington, V. A., January 2018, p. 9.

③ Heather Nauert, "Australia-India-Japan-U. S. Consultations on the Indo-Pacific," State of Department, November 12, 2017 (https://www.state.gov/r/pa/prs/ps/2017/11/275464.htm).

④ "Joint Statement on the U. S. -India-Japan Trilateral Meeting," State of Department, A-pril 5, 2018 (https://www.state.gov/r/pa/prs/ps/2018/04/280254.htm).

难发现，这四个国家在政治体制上都是西方式民主制度，牢牢抓住这几个核心国家有两个考虑：一方面通过合作控制少数国家，在战略上简单易行，凝聚力较强。另一方面，这些国家都是民主国家，可以使得美国站在道德高地上。此外，美国越来越注意到，东盟国家才是印太战略的重心。有美国分析家就认为，东盟才是美国自由开放的印太战略的支点。[①]

最后，在经济上，美国联合盟友和战略伙伴共建自身主导的国际规则和国际规范，并试图构建以规则为基础的印太秩序。在经济层面，美国的印太战略主要是应对中国的"一带一路"倡议，美国旨在通过构建开放和自由的倡议，重申区域经济发展不能是排他性的。[②] 对美国而言，排他性的地区秩序安排是难以接受的，尤其是将美国排除在外。在美国看来，中国的"一带一路"倡议是排他性的，试图构建不同于美国主导的国际规则和国际规范，因此防止中国通过"一带一路"倡议和亚投行整合周边国家的经济，进而对美国形成威胁，这才是印太战略的首要考虑。2018 年 7 月 30 日，美国召开第一次"印太商业论坛"。美国国务卿蓬佩奥、商务部长罗斯和能源部长佩里三大重量级官员出席。蓬佩奥发表主旨演讲，宣布美国将在印太地区投资 1.13 亿美元，聚焦于新科技、能源和基础设施项目。其中 2500 万美元用于促进数字互联互通和网络安全伙伴，5000 万美元用于能源项目，3000 万美元用于基础设施建设。特朗普政府试图让私营企业为该地区国家的基础设施项目提供更多资金。

寻求解决朝鲜核问题。特朗普政府对以往历届美国政府的对朝

---

① Patrick M. Cronin and Abigail Grace, "ASEAN Is the Fulcrum of a Free and Open Indo-Pacific," *The Strait Times*, May 31, 2018（https：//www. straitstimes. com/opinion/asean-is-the-fulcrum-of-a-free-and-open-indo-pacific）.

② Alex N. Wong, "Briefing on the Indo-Pacific Strategy," Press Correspondents Room, Washington, D. C., April 2, 2018（https：//www. state. gov/r/pa/prs/ps/2018/04/280134. htm）.

政策持否定态度，重新评估了朝鲜核问题的形势。一方面，在特朗普政府看来，美国以往的对朝政策难以实现其战略目的，需要改弦易辙。2017 年 3 月 16 日，时任美国国务卿的蒂勒森在访问日本的新闻发布会上承认："过去二十年将朝鲜带回无核化的外交和其他努力已经失败。"① 另一方面，特朗普政府将朝鲜核问题置于优先解决的位置。在 2018 年《国防授权法案》强调，"保护美国及其盟友不受朝鲜或其他任何国家的进攻仍然是最高优先"。② 为此，特朗普政府调整了对朝政策，毕其功于一役，以彻底解决朝鲜核问题。总体而言，美国在朝鲜核问题上逐渐形成了比较体系性的战略，主要包括三个部分。

首先，对朝鲜极限施压。特朗普政府选择对朝鲜进行极限施压，③ 总体而言，美国选择了三种手段：其一，美国单方面强化对朝鲜的制裁，不仅在军事上通过军事演习等方式持续施压，在经济和政治上也最大程度上压缩朝鲜在国际社会的空间。其二，联合盟友和战略伙伴，加强对朝鲜施压。为此美国多次推进美日韩三边对话，协调三国在半岛事务的立场。其三，美国在联合国推动通过制裁朝鲜决议案，联合国际社会制裁朝鲜。在这其中，美国不断向中国施压，要求中国在朝鲜核问题上承担更多的责任，强化对朝鲜的制裁。特朗普政府主要以"特朗普本人在推特上发文、借助中美两国高层会晤、中美两国高官会晤和通过实际行动四种方式"迫使中国配合美国。④

---

① Rex W. Tillerson, "Press Availability with Japanese Foreign Minister Fumio Kishida," Tokyo, Japan, March 16, 2017 (https://www.state.gov/secretary/20172018tillerson/remarks/2017/03/268476.htm).

② *National Defense Authorization Act for Fiscal Year 2018*, H. R. 2810 – 13, 115th Congress, Title XII, Subtitle F, Sec. 1251.

③ 樊吉社：《特朗普政府对朝政策逻辑与朝鲜问题前景》，《现代国际关系》2017 年第 7 期。

④ 左希迎：《核时代的虚张声势行为：以朝鲜在第四次核试验后的行为为例》，《外交评论》2017 年第 6 期。

　　其次，进行军事准备。特朗普政府调整对朝政策的重要内容之一就是进行军事准备，做最坏的打算，这主要表现在三个方面：其一，美国在军事演习中多次演练先发制人的斩首行动，同时在演习中对"打击朝鲜核设施""消灭朝鲜战争指挥部"和"秘密渗透进入平壤"等项目进行演练。其二，制定军事方案和政治方案，为军事行动做好准备，这些包括美国的军事行动的方案选择、具体程序、盟友关系以及如何与中国进行协调。其三，为了应对朝鲜的威胁，美国将部署分层导弹防御体系。① 尤其是借助朝核危机再次爆发后，美国在韩国部署了萨德系统，推进导弹防御系统在亚洲的布局进展。②

　　最后，对朝鲜展开对话。特朗普政府在极限施压和战争准备的同时，也给朝鲜开放了另外一个通道，即对话。随着美朝互动的深入，美国也试图在一定程度上安抚朝鲜。2017 年 8 月 14 日，马蒂斯和蒂勒森联袂在《华尔街日报》发表文章，再次重申"美国对朝鲜政权更迭或加速半岛统一不感兴趣，我们不寻求借口来在非军事区以北驻军"。③ 随后，美国也持续向朝鲜发出类似信号。2017年 12 月 12 日，时任国务卿的蒂勒森在大西洋理事会发表演讲："我们正在准备第一次会面，而且不设前提条件。让我们先见一面，然后讨论一下你们是否需要些什么……接着我们就可以开始着手准备一份计划，一个将来一起解决问题的路线图。"④ 尽管白宫发言人和麦克马斯特随后做出了解释，但是美国向朝鲜发出的信号是明

---

①　The White House, *National Security Strategy 2017*, Washington, D. C., December 2017, p. 8.

②　祁昊天：《萨德入韩与美国亚太反导布局的战术与战略考量》，《现代国际关系》2016 年第 7 期。

③　Jim Mattis and Rex Tillerson, "We're Holding Pyongyang to Account," *The Wall Street Journal*, August 14, 2017.

④　Rex W. Tillerson, "On 'Meeting the Foreign Policy Challenges of 2017 and Beyond'," The 2017 Atlantic Council-Korea Foundation Forum, Washington, D. C., December 12, 2017（https：//www. state. gov/secretary/20172018tillerson/remarks/2017/12/276570. htm）.

确的。平昌冬奥会之后，朝韩打破半岛问题僵局，随后的朝韩、中朝和美朝元首会谈推进了对话的进程。对美国而言，对话是一个机会。美国国务卿蓬佩奥认为："美国有一个前所未有的机会，可以改变朝鲜半岛的历史进程。"① 随后，美朝两国领导人接连进行了三次峰会。2018 年 6 月 12 日，美国总统特朗普与朝鲜最高领导人金正恩在新加坡举行了峰会，达成了一些政治共识。2019 年 2 月28 日，美国总统特朗普与朝鲜最高领导人金正恩又在越南河内举行峰会。2019 年 6 月 30 日，美国总统特朗普与朝鲜最高领导人金正恩在韩朝非军事区见面。然而，目前朝核问题进展不大，美朝两国互动陷入停滞。

（二）中东地区

特朗普政府重新调整了美国在中东的地区战略。总体而言，美国在中东的地区战略布局包括三个部分，即加大在中东地区打击恐怖主义的力度，重新调整联盟和伙伴关系，以及退出奥巴马政府签署的《伊朗核协议》。

首先，特朗普政府加强了在中东地区打击恐怖主义的力度。特朗普政府试图调整反恐战略，改变奥巴马时代美国在中东地区的战略布局。对于特朗普政府的反恐战略，有学者就提出，在面对后"伊斯兰国"时代，奥巴马 2016 年提出的反恐战略的强化版可能是一个比较好的选择。② 特朗普大致是沿袭了奥巴马的反恐战略，并进一步强化。

一方面，特朗普政府调整了国内政策，收紧移民政策，以防止

① Mike Pompeo, "Remarks at Swearing-in Ceremony," Ben Franklin Room, Washington, D. C., May 2, 2018（https://www.state.gov/secretary/remarks/2018/05/281789.htm）.

② Hal Brands and Peter Feaver, "Trump and Terrorism: U. S. Strategy after ISIS," *Foreign Affairs*, Vol. 96, No. 2, 2017, pp. 28 – 36.

恐怖分子进入美国本土。2017 年 1 月 27 日，特朗普签署了《阻止外国恐怖分子进入美国的国家保护计划》的行政法令，被称之为"禁穆令"，即禁止伊拉克、叙利亚、伊朗、苏丹、索马里、也门和利比亚七国公民入境美国，减少难民接纳，全面加强本土反恐。[①]随后，特朗普政府又推出了第二版、第三版的"禁穆令"。[②] 整体而言，特朗普在国内反恐政策上收紧了空间，并且不顾政治正确的限制。

另一方面，特朗普政府加大了对海外恐怖主义的打击力度。在就任美国总统伊始，特朗普就签署了备忘录，计划击败在伊拉克和叙利亚的"伊斯兰国"。[③] 从战略操作上来看，特朗普政府打击海外恐怖主义的战略包括三个部分：其一，特朗普向叙利亚和阿富汗增兵，加强对恐怖主义的打击力度。特朗普就任美国总统之时美军在叙利亚大约有 950 名士兵，随后国防部向叙利亚增兵1000 名，提升美军打击"伊斯兰国"的实力。[④] 而到了 2017 年12 月，美国国防部承认在叙利亚有 2000 名士兵。[⑤] 在阿富汗，特朗普与 2017 年 8 月 21 日公布了在阿富汗和南亚的新战略，并计

---

① Donald J. Trump, "Executive Order Protecting the Nation from Foreign Terrorist Entry into the United States," The White House, January 27, 2017 (https://www.whitehouse.gov/presidential-actions/executive-order-protecting-nation-foreign-terrorist-entry-united-states/).

② 贾春阳：《特朗普政府反恐政策初探》，《现代国际关系》2018 年第 4 期。

③ Donald J. Trump, "Presidential Memorandum Plan to Defeat the Islamic State of Iraq and Syria," The White House, January 28, 2017 (https://www.whitehouse.gov/presidential-actions/presidential-memorandum-plan-defeat-islamic-state-iraq-syria/).

④ Thomas Gibbons-Neff, "U. S. Military Likely to Send as Many as 1000 more Ground Troops into Syria ahead of Raqqa Offensive, Officials Says," The Washington Post, March 15, 2017 (https://www.washingtonpost.com/news/checkpoint/wp/2017/03/15/u-s-military-probably-sending-as-many-as-1000-more-ground-troops-into-syria-ahead-of-raqqa-offensive-officials-say/).

⑤ Paul McLeary, "Pentagon Acknowledges 2000 Troops in Syria," Foreign Policy, December 6, 2017 (http://foreignpolicy.com/2017/12/06/pentagon-acknowledges-2000-troops-in-syria/).

划向阿富汗增兵 4000 人。① 其二，特朗普给予美军前线更多的自
主权，提高美军打恐怖主义的能力。② 其三。特朗普政府进一步
推动与盟友在反恐上的合作。在反恐问题上，特朗普将中东和欧
洲两个地区的盟友作为工作中的重点。特朗普不仅推动美国欧洲
盟友在反恐上出人出力，还迫使中东盟友和战略伙伴在反恐问题
上配合美国。

其次，特朗普政府重新调整了在中东地区的联盟和伙伴关系。
特朗普政府重新调整美国的中东战略，缓和与传统盟友和战略伙
伴的关系：一方面，美国改善了美以关系，重新将与以色列的关
系作为中东战略的基石。为此，特朗普访问了以色列，并决定将
美国驻以色列大使馆迁往耶路撒冷。另一方面，特朗普强化了与
沙特阿拉伯的关系。2017 年 5 月 20 日到 22 日，特朗普访问了沙
特阿拉伯，美国与沙特在重建伙伴关系、反恐、地区问题和军售
等诸多问题上达成了共识。③ 随着中东地区的分化，以色列、沙
特阿拉伯、伊朗和土耳其等地区大国的竞争，阿拉伯世界内部的
竞争，以及这些因素与域外大国的复杂互动，使得特朗普将面临
前所未有的挑战。在此过程中，特朗普试图加强与以色列、沙特
阿拉伯和阿联酋的关系，将伊朗视为首要威胁，重新铸造美国在
中东的地区战略。

最后，特朗普退出《伊朗核协议》，出台新的伊朗战略。特朗
普政府致力于重新调整对伊朗的战略，试图废除奥巴马政府签订的
《伊朗核协议》，为此，特朗普本人及其政府高官多次阐述其对伊

---

① The White House， "Remarks by President Trump on the Strategy in Afghanistan and South Asia，" Washington， D. C.， August 21， 2017 （https：//www. whitehouse. gov/brief-ings-statements/remarks-president-trump-strategy-afghanistan-south-asia/）.

② 贾春阳：《特朗普政府反恐政策初探》，《现代国际关系》2018 年第 4 期。

③ "Joint Statement between the Kingdom of Saudi Arabia and the United States of Ameri-ca，" The White House， May 23， 2017 （https：//www. whitehouse. gov/briefings-statements/joint-statement-kingdom-saudi-arabia-united-states-america/）.

朗的战略理念。从原因上来看，特朗普政府认为既有的《伊朗核协议》无法保证美国、沙特阿拉伯和以色列等国的安全。具体而言，特朗普试图废除《伊朗核协议》主要有三个方面的考虑：其一，特朗普试图调整美国的中东战略，扭转奥巴马政府在中东地区投入过少、中东地区秩序持续动荡的困境。其二，伊朗通过支持真主党、叙利亚阿萨德政府、伊拉克、卡塔尔和也门胡塞武装，极大地扩展了伊朗的势力范围，对美国在中东地区的核心利益造成了巨大的威胁。其三，尽管《伊朗核协议》对伊朗发展核武器做出了严格的限制，但是并未对其导弹项目有实质性的影响，伊朗导弹技术的迅速进步引起了美国的极大警惕。①

　　2018 年 5 月 8 日，特朗普宣布废除《伊朗核协议》，综合特朗普在退出《伊朗核协议》时的讲话，以及特朗普政府以往的表态，可以提炼出特朗普政府伊朗新战略的核心内容：第一，抵消伊朗政府影响力，限制伊朗政府的侵略行为，尤其是对地区代理人的支持。第二，重新恢复与中东地区盟友和战略伙伴的关系以保障不被伊朗颠覆，重建一个更加均势的中东。第三，迫使伊朗停止发展洲际弹道导弹。第四，保证伊朗永远不发展核武器。②从特朗普政策调整的力度来看，此次对伊朗的施压前所未有。2018 年 5 月 21 日，美国国务卿蓬佩奥在传统基金会发表演讲，他对伊朗提出了十二项要求，并威胁对伊朗实施史上最严厉的制裁。③特朗普政府的战略目的在于，通过废除《伊朗核协议》，通

---

①　对《伊朗核协议》的具体内容，请参见 "Joint Comprehensive Plan of Action," State Departmetn, July 14, 2015（https：//www. state. gov/e/eb/tfs/spi/iran/jcpoa/）.

②　"Remarks by President Trump on the Joint Comprehensive Plan of Action," The White House, May 8, 2018（https：//www. whitehouse. gov/briefings-statements/remarks-president-trump-joint-comprehensive-plan-action/）.

③　Mike Pompeo, "After the Deal：A New Iran Strategy," The Heritage Foundation, Washington, D. C., May 21, 2018（https：//www. state. gov/secretary/remarks/2018/05/282301. htm）.

过施加强大的制裁，迫使伊朗政府作出巨大妥协，与美国重新签
署一个新的协议。

（三） 欧洲地区

欧洲是美国传统的重要战略核心区域。总的来看，特朗普政
府对欧洲政策的核心主要包含三部分。首先，强化美国与欧洲盟
友在反恐等问题上的合作。在欧洲内部，近年来在法国和西班牙
等国内部，恐怖主义频繁发生，这成为威胁欧洲安全的重要因
素。在欧洲外部，中东地区持续动荡，"伊斯兰国"仍然是地区
稳定与和平的重大威胁。特朗普政府试图在北约的框架下，推动
美国与北约欧洲盟友的合作，以推进北约能够适应并应对新形势
下的威胁和挑战。尤其是在中东地区，美国期待北约能够团结一
致，致力于打击在伊拉克和叙利亚的"伊斯兰国"；在中亚地
区，阿富汗的反恐形势也不容乐观，也需要北约能够支持美国在
阿富汗的战争。[1] 然而，美国与北约欧洲国家对此的认知却有比
较大的分歧。对北约欧洲国家来说，俄罗斯的夸张行为是欧洲国
家的首要威胁，因此这些国家希望美国能将俄罗斯视为其主要安
全威胁。[2]

其次，美国推动北约欧洲盟友分摊防务经费。美国与其盟友
之间的防务分摊面临严重的失衡。北约奉行集体安全，根据北约
宪章第五款的规定，针对北约内部任何成员国的侵犯，都将被视
为对所有成员国的侵略，北约所有成员国有权履行单独和集体防

---

① Jim Garamone, "Mattis Looks to NATO, Future of ISIS Fight," Department of Defense, February 12, 2018（https://www.defense.gov/News/Article/Article/1438946/mattis-looks-to-nato-future-of-isis-fight/）.

② 张蓓、孙成昊：《特朗普执政后美欧关系的变化》，《国际研究参考》2017年第5期。

御权。① 根据这一精神，北约成员国应该分摊防务开支，共同承担安全防卫责任。然而，由于美国和欧洲实力强弱的差别，其对威胁的判断和国际道德的构建截然不同，欧洲由此逐渐走向了漠视防务的传统。② 尤其是北约成员国中的东欧国家，其防务开支长时间维持在较低水平，使之无力形成强有力的防务，以应对俄罗斯。③ 美国与北约盟友之间的防务分摊都出现了严重的失衡，美国的防务开支占据国内生产总值的比重远远高于欧洲盟友（见表4-1），这些盟友越来越成为美国的保护国。

从美国国家安全战略的角度而言，盟友国家所做的贡献不足，它们越来越倾向于搭美国的便车，由此，美国的战略负担越来越重，这已经成为其大战略的重要负面因素。④ 特朗普试图解决这一问题，2017年2月15日，美国国防部部长马蒂斯告诫北约盟友，如果它们不提高国防支出，美国可能减少对北约的承诺。马蒂斯强调，北约成员国的防务支出应该达到北约提议的占国内生产总值2%的要求。⑤ 美国在推动北约盟国的同时，也督促其亚太盟友提高防务分摊。特朗普在最新的国会演讲中指出："我们希望我们的伙伴，无论是北约、中东或太平洋国家，都可以介入直接有

---

① 关于北约宪章的基本内容，特别是第五款，参见 "The North Atlantic Treaty," Washington, D. C. , April 4, 1949（http：//www. nato. int/cps/en/natohq/official_ texts_ 17120. htm）.

② ［美］罗伯特·卡根：《天堂与权力：世界秩序中的美国与欧洲》，刘坤译，社会科学文献出版社2013年版。

③ Ted Galen Carpenter, "NATO's Real Alliance Dilemma," The National Interest, A-pril 12, 2017（http：//nationalinterest. org/blog/the-skeptics/natos-real-alliance-dilemma-20218）.

④ ［美］巴里·波森：《克制：美国大战略的新基础》，曲丹译，社会科学文献出版社2016年版，第56页。

⑤ Dan Lamothe and Michael Birnbaum, "Defense Secretary Mattis Issues New Ultimatum to NATO Allies on Defense Spending," The Washington Post, February 15, 2017, https：//www. washingtonpost. com/news/checkpoint/wp/2017/02/15/mattis-trumps-defense-secretary-is-sues-ultimatum-to-nato-allies-on-defense-spending/? utm_ term = . f34cf2d86fee

效的战略和军事行为中，并且付出它们应该承担的费用，必须得这样。"① 在 2017 年版的《国家安全战略》报告中，更是明确提出北约欧洲国家应该将防务支出在 2024 年前增加到占国内生产总值 2%。② 从目前美国与北约欧洲国家之间的互动来看，美国基本实现了其战略目的。

表 4 - 1　　　　　美国及主要盟友防务开支占 GDP 比重　　　（单位:%）

国家（地区） 年份	北约（欧洲）	美国	日本	韩国
2009	1.70	5.29	0.98	2.73
2010	1.64	4.81	0.96	2.57
2011	1.56	4.77	0.99	2.58
2012	1.53	4.42	0.97	2.61
2013	1.51	4.09	0.95	2.63
2014	1.46	3.78	0.95	2.64
2015	1.45	3.59	0.93	2.64
2016	1.46	3.61	0.93	2.61
2017	1.48	3.31	0.93	2.57
2018	1.51	3.30	0.92	2.62

数据来源：北约欧洲和美国的数据，参见 http：//www. nato. int/cps/en/natohq/topics_49198. htm；日 本 和 韩 国 的 数 据，参 见 http：//data. worldbank. org/indicator/MS. MIL. XPND. GD. ZS。

最后，美国在欧洲还旨在遏制俄罗斯的冒险主义行为。在 2017 年版的《国家安全战略》报告和 2018 年版《国家防务战略》报告中，美国对俄罗斯进行了整体评估，特朗普政府认为：俄罗斯正在

---

① Donald Trump, "Remarks by President Trump in Joint Address to Congress," Washington, D. C., U. S. Capitol, February 28, 2017, https：//www. whitehouse. gov/the-press-office/2017/02/28/remarks-president-trump-joint-address-congress.

② The White House, *National Security Strategy 2017*, Washington, D. C., December 2017, p. 48.

通过操纵和分化欧洲国家，弱化美国在欧洲的影响力；俄罗斯视北约为威胁，并试图将其瓦解；俄罗斯在干预格鲁吉亚和乌克兰等国的国内政治事务；俄罗斯在扩大核武库，对美国国家安全形成了巨大的威胁。[①] 为此，特朗普政府认为，强化美欧关系，加强跨大西洋的北约联盟，这是慑止俄罗斯冒险主义行为的重要手段。

四　新时期的美国军事战略

在特朗普政府看来，军事竞争是最能体现国家间战略竞争的领域。在军事战略上，美国的战略精英试图应对被中国和俄罗斯侵蚀的军事优势，增强美国在军事力量上的竞争优势。在军事战略设计上，特朗普政府试图在三个方面推进，以牢牢掌握军事优势。

（一）核战略

特朗普政府坚定依靠强大的核威慑力量。在核战略上，特朗普在进攻和防御两个方面同时入手。一方面，特朗普政府试图通过强大核力量威慑对手。在美国的军事战略中，核武器一直是战略基石。马蒂斯就认为，在应对大国竞争时，战略上的优先是维持安全和有效的核威慑。[②] 特朗普政府着手扭转奥巴马政府时期核力量在美国军事战略中弱化的趋向，重新建立强大的核力量。在2018年版的《核态势评估》报告中，特朗普政府认为美国正

---

① The White House, *National Security Strategy 2017*, Washington, D. C. , December 2017, pp. 25 – 26; Department of Defense, *Summary of the 2018 National Defense Strategy of the United States of America: Sharpening the American Military's Competitive Edge*, Arlington, V. A. , January 2018, p. 2.

② James N. Mattis, "Remarks by Secretary Mattis on the National Defense Strategy," Department of Defense, January 19, 2018 (https://www.defense.gov/News/Transcripts/Transcript-View/Article/1420042/remarks-by-secretary-mattis-on-the-national-defense-strategy/）.

面临着不确定性的国际安全环境，俄罗斯和中国正在强化核力量，朝鲜和伊朗也在试图拥有更先进的核武器或导弹，美国的核力量优势受到侵蚀。因此，美国需要保持必要的核力量，只需未来国防预算最多增加约 6.4%，全面提升核武器的指挥、控制与通讯的现代化。[①] 特朗普推出新战略，旨在维持美国对敌人的威慑，并对盟友和伙伴提供保护。如果威慑失败，美国的联合部队必须准备赢得战争。[②]

另一方面，特朗普政府试图强化导弹防御能力。由于美国的对手们（包括俄罗斯、中国、朝鲜和伊朗）在核能力和导弹水平上的提升，特朗普政府将加速导弹防御系统的发展与部署。2017 年版的《国家安全战略》报告和 2018 年版的《国家防务战略》报告就认为，为了防止朝鲜和伊朗使用导弹打击美国本土，美国需要部署不同层次的导弹防御体系。[③] 在《2018 财年国防授权法案》中，国会授权分配给导弹防御局 85 亿美元，以强化本土、地区和太空导弹防御，这比特朗普政府请求的数额多了 6.3 亿美元。[④] 在《2019 财年国防预算申请》中，美国国防部用于导弹防御的预算申请总额是 129 亿美元，这包括给导弹防御局的 99 亿美元和用于军事技术现代化的 30 亿美元，特朗普政府试图通过增加投入，发展先进导

① Office of the Secretary of Defense, *Nuclear Posture Review*, Arlington, V. A., February 2018, pp. XI – XIII.

② Department of Defense, *Summary of the 2018 National Defense Strategy of the United States of America: Sharpening the American Military's Competitive Edge*, Arlington, V. A., January 2018, p. 1.

③ The White House, *National Security Strategy 2017*, Washington, D. C., December 2017, p. 8; Department of Defense, *Summary of the 2018 National Defense Strategy of the United States of America: Sharpening the American Military's Competitive Edge*, Arlington, V. A., January 2018, p. 6.

④ *National Defense Authorization Act for Fiscal Year 2018*, H. R. 2810 – 13, 115th Congress.

弹防御技术，强化美国的本土和区域导弹防御能力。[①] 梳理特朗普政府在一系列政府文件中的战略，可以窥得一些确定性的方向：其一，为了应对朝鲜的威胁，最新的《导弹防御评估》报告会呼吁大幅增加导弹防御体系。[②] 其二，美国会再平衡其导弹防御体系，更加强调本土防御的重要性。[③] 也就是说，不管在区域范围上，还是在技术发展上，美国的反导体系将会向前推进一大步。

（二）常规战略

特朗普政府致力于建设具有杀伤力的常规力量。特朗普是一位亲军总统，他支持建设一支强大的美军。在常规力量建设上，特朗普政府试图在五个方面有所推进，以应对新的外部挑战。

第一，增加军队规模。2018 年版的《国家防务战略》报告指出："军队规模很重要，美国必须保有足够和强大的军队来打败敌人、取得可持续的结果，才能保护美国人民和生死攸关的利益。"[④] 他计划扩充现役陆军人数和海军陆战队人数，并且重建陆军。[⑤]

第二，对美军的核心武器和装备进行更新换代。近年来，随着中国军事力量的快速发展，美国的技术优势被侵蚀，重新现代化成

---

① Department of Defense, *Defense Budget Overview*: *United States Department of Defense Fiscal Year* 2019 *Budget Request*, Arlington, V. A., February 2, 2018, chapter 3, p. 8.

② Matthew Kroenig, "Previewing the Trump Administration's Defense Review," Washington, D. C., Atlantic Council, April 27, 2018 (http://www.atlanticcouncil.org/blogs/new-atlanticist/previewing-the-trump-administration-s-missile-defense-review).

③ Thomas Karako and Ian Williams, "The Forthcoming Missile Defense Review," Washington, D. C., Center for Strategic & International Studies, April 6, 2018 (https://www.csis.org/analysis/forthcoming-missile-defense-review).

④ Department of Defense, *Summary of the 2018 National Defense Strategy of the United States of America*: *Sharpening the American Military's Competitive Edge*, Arlington, V. A., January 2018, p. 5.

⑤ "Presidential Memorandum on Rebuilding the U. S. Armed Forces," The White House, January 27, 2017 (https://www.whitehouse.gov/the-press-office/2017/01/27/presidential-memorandum-rebuilding-us-armed-forces).

为美军的必然选择。对美军而言，军事技术的重新现代化必须保证更加灵活、更加快速，并且在经济上能够可承受。为了保证美军保持技术优势，特朗普政府大幅增加了军费开支。在《2018财年国防授权法案》中，有262亿美元用来建造军舰，包括多年采购弗吉尼亚级潜艇，101亿美元用来购买90架联合攻击机，22亿美元用来更新陆军地面战斗车辆。① 特朗普试图通过投入巨资，对既有武器系统进行更新换代，以在战略竞争中保持优势。

第三，调整兵力态势和兵力运用。随着美军逐渐退出反恐战争，兵力态势和兵力运用的调整在所难免。不断变化的全球战略环境促使美军调整军事部署，改变兵力运用的模式。2018年版的《国家防务战略》报告中就提出了动态兵力运用和全球作战模式，增强美军应对危局的能力。② 在美国国防部副部长帕特里克·沙纳汉（Patrick M. Shanahan），这是特朗普政府国家防务战略上的最大转变。③

第四，巩固与盟友、伙伴的军事合作。美国之所以长期维持巨大的军事优势，维持一个团结有效的盟友和伙伴关系网络是重要原因。约瑟夫·邓福德（Joseph F. Dunford, Jr.）就指出，美国保持竞争优势的首要赋能者之一，就是二战以后形成的全球范围内的联盟和伙伴网络。④

第五，改革商业模式。由于美国国防部是一个巨大的官僚组

---

① The White House, "President Donald J. Trump Will Make the American Military Great Again," Washington, D. C., December 12, 2018 (https://www.whitehouse.gov/briefings-statements/president-donald-j-trump-will-make-american-military-great/).

② Department of Defense, *Summary of the 2018 National Defense Strategy of the United States of America: Sharpening the American Military's Competitive Edge*, Arlington, V. A., January 2018, p. 7.

③ Claudette Roulo, "Shanahan: National Defense Strategy Reflects DoD's 'Will to Win'," Department of Defense, February 6, 2018 (https://www.defense.gov/News/Article/1433975/shanahan-national-defense-strategy-reflects-dods-will-to-win/from/timeline/isappinstalled/0/).

④ Joseph F. Dunford, Jr., "Allies and Partners Are Our Strategic Center of Gravity," *Joint Force Quarterly*, Vol. 87, No. 4, 2017, p. 4.

织，如何提高经费的使用效率始终是一个战略难题。为此，特朗普政府继续改进组织文化，试图降低成本，提高采购和服务的效率，建设一个高效的后勤体系。

（三）作战概念

特朗普政府还创新作战概念，应对全频谱冲突。"九一一事件"之后，美国将反恐战争作为战略重心，长期忽视了大国之间的冲突，这导致了一些战略分析家的批评。特朗普政府对军事战略调整，其中至为关键的一点在于重新重视大规模战斗行动。在美国陆军 2017 年版《陆军作战纲要》（FM 3—0）中，强调了大规模战斗行动准备和训练的重要性。[①] 美国海军也认为，美国海上的主导地位正在受到大国竞争回归的考验，美国海军必须改进水面力量，重振海上控制的能力。[②] 美军重新强调大规模战斗行动，这不仅仅是"九一一事件"之后美国军事战略对国际环境的调适，更是美军应对大国战略竞争的必然选择。在特朗普政府内，支持应对所有战争形式的观点占据了上风。时任美国国防部长的马蒂斯就认为："战争的悖论在于，敌人将会攻击任何察觉到的弱点。因此，我们美国不能采纳单一排他形式的战争，相反我们必须能够在全频谱冲突中战斗。"[③] 在特朗普政府时期，有些作战概念正在被广泛讨论。

第一，陆军正在发展多域作战概念（Multi-Domain Battle Concept）。当前，世界战争形态正在发生深刻的变化，战争已经不再是一个领域内的战斗，而是涵盖了陆地、海洋、天空、太空、网络和电磁等多个领域的战斗。为此，美国陆军要联合所有军种，整合

---

① Department of the Army, *FM 3 - 0：Operations*, Washington, D. C., October 2017.

② U. S. Naval Surface Forces, *Surface Force Strategy：Return to Control*, January 9, 2017 （https：//www. public. navy. mil/surfor/Documents/Surface_ Forces_ Strategy. pdf）.

③ James N. Mattis, "Remarks by Secretary Mattis on the National Defense Strategy," Department of Defense, January 19, 2018 （https：//www. defense. gov/News/Transcripts/Transcript-View/Article/1420042/remarks-by-secretary-mattis-on-the-national-defense-strategy/）.

所有军种的人员、武器、网络和传感器，强化跨域作战的能力，发展一个类似于空地一体战的新作战概念。[①] 2018 年 12 月 6 日，美国陆军训练与条令司令部发布了《2028 多域作战中的美国陆军》新概念，旨在将多域作战概念转变为多域作战行动，以解决中国和俄罗斯等后工业化、信息化国家军队带来的问题。[②] 对美国陆军而言，多域作战行动需要进行组织变革，适应大国战略竞争的现实，击败对手"反介入"与"区域拒止"这一复杂的、多层次的攻防能力体系，以帮助美国军队重新获得优势。[③]

第二，美国海军正在发展"分布式杀伤（Distributed Lethality）"作战概念。2015 年 1 月，美国海军高级将领在《美国海军学院学报》发表了名为《分布式杀伤》的论文，讨论在应对对手"反介入"与"区域拒止"时的海军作战力量的运用。这些将领认为，复杂的海洋拒止战略出现，需要通过增加水面力量的杀伤力，促使美国海军重新回到制海权这一核心原则。[④] 顾名思义，从内容

① 对于多域作战概念的介绍，参见 Department of the Army, *FM 3 - 0: Operations*, Arlington, V. A., October 2017; *Multi-Domin Battle: Evolution of Combined Arms for the 21st Century*, 2025 - 2040, TRADOC, December 2017 (https://www.tradoc.army.mil/Portals/14/Documents/MDB_ Evolutionfor21st%20（1）.pdf). 此外，美军有一些高级军官也在阐述这一作战概念，参见 David G. Perkins, "Multi-Domain Battle: Driving Change to Win in the Future," *Military Review*, Vol. 97, No. 4, 2017, pp. 6 - 12; Robert B. Brown, "The Indo-Asia Pacific and the Multi-Domain Battle Concept," *Military Review*, Vol. 97, No. 5, 2017, pp. 14 - 29; David G. Perkins, "Multi-Domain Battle: The Advent of Twenty-First Century War," *Military Review*, Vol. 97, No. 6, 2017, pp. 8 - 13;

② *The U. S. Army in Multi-Domain Operations 2028*, TRADOC Pamphlet 525 - 3 - 1, December 6, 2018 (https://www.tradoc.army.mil/Portals/14/Documents/MDO/TP525 - 3 - 1_ 30Nov2018. pdf).

③ Todd South, "This 3 - Star Army General Explains What Multi-Domain Operations Mean for You," *The Army Times*, August 11, 2019 (https://www.armytimes.com/news/your-army/2019/08/11/this-3-star-army-general-explains-what-multi-domain-operations-mean-for-you/).

④ Thomas Rowden, Peter Gumataotao, and Peter Fanta, "Distributed Lethality," *Proceedings*, Vol. 141, No. 343, 2015 (https://www.usni.org/magazines/proceedings/2015/january/distributed-lethality).

上来看，"分布式杀伤"旨在增强美国海军水面舰艇的攻击能力，对水面舰艇进行分散部署，通过美国的技术优势，集中火力给予对手打击，以牢牢把握制海权。在这其中，美军试图将"分散"和"集中"在战略上进行统一，而这契合了英国战略学家提出的海上战略原则，即海军的兵力部署需要分布广泛，但是要保持较高的聚合性和灵活性，然后等待对手兵力集中，最后通过决战获得永久制海权。① 美军发展这一作战概念，具有两个方面的优势：其一，冷战之后信息工业革命突飞猛进，科学技术发展为美军的网络化和信息化提供了基本保证，美军网络中心战取得了巨大的进展。其二，美军经过组织体系改革，体系作战的能力快速提升，各军兵种联合作战能力提升使得分散的兵力能够在信息化作战环境下快速聚合，进而形成致命打击能力。

第三，美军正在推进"灰色地带"战略。美军近年来逐渐意识到，在战争与和平之间还有一些"灰色地带"，美国必须在战术上灵活应对竞争对手的"灰色地带"战略，同时积极推进"灰色地带"战略，通过多种战术应对竞争对手的挑战。② 在海上安全竞争中，美国基于对中国的军事实力认知而选择"灰色地带"策略，试图抵消中国的"灰色地带"优势。有学者就认为，美国对中国采取了叙事战争、议题联系、民事介入、自由航行、前沿存在和军事联盟六类"灰色地带"战略。③ 美国的这些行为，有利于增强自身在战略上的灵活性，提升其应对中国日益增长的军事力量。然而，这些行为也带来了一定的风险，大幅增加了大国战略竞争和爆发地区

---

① ［英］朱利安·科贝特：《海上战略的若干原则》，吕贤臣译，上海交通大学出版社 2015 年版，第 90—109 页。

② Bryan Clark et al., *Winning in the Gray Zone：Using Electromagnetic Warfare to Regain Escalation Dominance*, Washington, D. C.：Center for Strategic and Budgetary Assessments, 2017.

③ 陈永：《精准修正主义与美国对华海上"灰色地带"策略》，《世界经济与政治》2019 年第 9 期。

冲突的风险。

综上所述，特朗普政府正在试图强化美军，全面更新武器与作战平台，特朗普事实上发起了对竞争对手的军备竞赛。如果仔细审视美军的军事战略演变，更多体现了连续性。特朗普提出了一些宏观的战略理念，战略精英对此进行了理念阐述和战略创新，将理念与政策融合在一起。

五　小结

特朗普政府调整了美国的国家安全战略，然而它从现实上仍然受到一些因素的制约。首先，美国试图与中国进行战略竞争的国家安全战略实施，不仅取决于美国的行为，也取决于中国的战略应对。以印太战略为例，美国试图拉拢印度、日本和澳大利亚，中国同样可以强化与这些国家的关系。2018 年 4 月 27—28 日，习近平与莫迪在武汉举行非正式会晤："习近平主席和莫迪总理将围绕当今世界百年未有之大变局进行战略沟通，并就中印关系未来发展的全局性、长期性和战略性问题深入交换意见，为中印关系发展把握大方向，树立新目标，开创新局面。"① 中印关系的提升，极大地缓解了来自印太战略的压力。其次，美国的战略资源也是有限的，它不仅要处理好欧洲、中东和亚太三个核心战略区域之间的平衡，还需要在内部平衡好各部门、各军种之间的资源需求，这都是巨大的挑战。再次，美国国家安全战略内部存在矛盾，战略执行面临着不确定性。在战略构想上，美国的印太战略构想与印度、日本等国的印太战略构想有诸多冲突之处。在部门协调上，国防部和国务院之间存在一定张力，在印太战略构想、对朝政策和对华政策上存在

---

① 《2018 年 4 月 23 日外交部发言人陆慷主持例行记者会》，外交部网站，2018 年 4 月 23 日（http：//www. fmprc. gov. cn/web/wjdt_ 674879/fyrbt_ 674889/t1553481. shtml）.

分歧。在政策议题上，特朗普政府的经贸政策与安全政策之间存在张力，美国一方面在经贸上对盟友和伙伴征收关税，另一方面期待盟友在安全上帮助美国。最后，特朗普本人的风格可能导致美国外交政策失败，将美国引向冲突，[①] 特朗普本人的不确定性始终是美国和世界的巨大挑战。

[①] Philip Gordon, "A Vision of Trump at War: How the President Could Stumble into Conflict," *Foreign Affairs*, Vol. 96, No. 3, 2017, pp. 10 – 19.

第五章 重新思考美国及其战略行为

国家的记忆是对其政策正确性的检验。当一个国家以过去来诠释现在时，越是基本的经历，影响就越深远。

——亨利·基辛格①

从小布什政府的反恐战略调整为特朗普政府的应对大国战略竞争，美国国家安全战略完成了一个巨大的转变，进入了一个新的时期。美国国家安全战略的转变，不仅是因为外部环境的巨大变化，也有赖于政治家引导国内舆论，最后完成战略调整的过程。美国的战略转变是一个重新认定外部威胁的过程，也是美国否定原有威胁认知的过程。历史地看，有些美国国家安全战略的转变非常漫长，有些则相对短暂。在这其中，政治家发挥的作用也不尽相同。在本书即将结束之际，有必要超越本书设定的时间范围，进一步思考美国战略行为的基本逻辑，以求获得一些有意义的历史教益。

一 美国的历史记忆与战略行为

尽管美国国家安全战略在不同时期表现大相径庭，但是有一

---

① ［美］亨利·基辛格：《重建的世界》，冯洁音、唐良铁、毛云译，上海译文出版社 2015 年版，第 37 页。

些基本的规律是相似的。归纳这些规律，有助于我们深入理解美国国家安全战略的基本逻辑，也有助于我们理解当前美国外交政策的转变。二战以后，美国在国家安全战略上有过数次重大调整。由于对手转换，美国一共经历了四次重大的战略调整，亦即四个关键节点：一是美国二战之后将苏联视为对手，提出遏制战略；二是美国在越南战争之后重新将重心转移到苏联。三是美国在"九一一事件"之后发动反恐战争，将恐怖主义视为首要威胁。四是特朗普政府将中国界定为战略竞争对手，两国进入战略竞争时期。

（一）美国的历史记忆

美国国家安全战略调整的关键节点逐渐在其历史记忆中沉淀，形成了独特的战略文化。本书研究的主要内容，亦即奥巴马政府和特朗普政府相继试图撤出在中东的战争，调整国家安全战略，并将中国视为对手，在战略上进行打压中国，同样受到历史记忆的深远影响。过去十余年，美国国家安全战略的调整受到两个历史记忆的影响：一是美国对越南战争的历史记忆，二是美国对冷战的历史记忆。

美国对越南战争的历史记忆主要在前期发挥作用，加速了威胁流散的过程，促使美国反思并结束反恐战争。具体而言，美国的历史记忆主要包括两个部分。其一，美国在越南战争中承担的成本非常高昂。根据美国的统计，1965 年至 1975 年，美军在越南战场一共花费 1110 亿美元，按 2011 财年不变价美元相当于 7380 亿美元；在花费最高的 1968 年，在越南的战争开支占美国国内生产总值的 2.3%。[①] 与此同时，美国在越南战场上也遭受

---

① Stephen Daggett, *Costs of Major U. S. Wars*, Washington, D. C. : CRS Report for Congress, 2010（https：//fas. org/sgp/crs/natsec/RS22926. pdf）.

了巨大的人员伤亡，一共死亡 58220 人。[①] 美国在伊拉克战争和
阿富汗战争中也面临着相同的局面，这无形中促使美国将越南战
争与伊拉克战争、阿富汗战争进行类比。其二，苏联利用美国深
陷战争泥潭的机遇，缩小两国之间的差距。美国在越南战场上作
战之时，恰逢勃列日涅夫主政苏联时期。这一时期，苏联经济快
速发展，军事力量日益强大，美苏实力对比快速拉近。在经济
上，根据美国中央情报局 1984 年的分析，1965 年苏联国民生产
总值（GNP）是美国的 49%，而到了 1975 年，这一比例达到了
58%。[②] 在战略武器上，苏联更是快速追赶美国。在核武器方面，
1965 年苏联和美国分别拥有核武器的数量是 6144 枚和 31139
枚，而到了 1975 年，苏联和美国分别拥有核武器 19235 枚和
27519 枚，两国差距大幅缩小。[③] 在洲际弹道导弹方面，1965 年
苏联数量仅为美国的一半左右，然而到了 1975 年，苏联一举超
越美国，并形成了巨大优势。[④] 在反恐战争之后，美国也意识到
中国借助这个机遇期，快速缩小了与美国之间的实力差距，美国
对历史与现实两者的对比油然而生。

对冷战的历史记忆主要在战略调整的后期发挥作用，它加速了
美国对中国的威胁认知。面对来自中国的挑战，美国开始重新思考
冷战，主要包括三个方面：首先，美国将美苏在冷战期间的战略竞
争经验挪到中美战略竞争中来，实现了无缝对接。在这一轮美国战

---

① *Vietnam War U. S. Military Fatal Casualty Statistics*, College Park: National Archives, 2008 (https://www.archives.gov/research/military/vietnam-war/casualty-statistics).

② "A Comparison of Soviet and US Gross National Products, 1960 – 83: A Research Paper," Office of Soviet Analysis of CIA, August 1984 (https://www.cia.gov/library/readingroom/docs/DOC_ 0000498181. pdf).

③ Hans M. Kristensen and Robert S. Norris, "Global Nuclear Weapons Inventories, 1945 – 2013," *Bulletin of the Atomic Scientists*, Vol. 69, No. 5, 2013, p. 78.

④ 美苏洲际弹道导弹方面的实力对比，参见 Robert S. Norris and Hans M. Kristensen, "Nuclear U. S. and Soviet/Russian Intercontinental Ballistic Missiles, 1959 – 2008," *Bulletin of the Atomic Scientists*, Vol. 65, No. 1, 2009, pp. 62 – 69。

略调整中，美国政府和政策界将中国与苏联进行了详细的比照，并试图发动一场新的冷战。① 公允而言，美国应对大国战略竞争的经验更加丰富，在经验上占据了优势。其次，美国试图将美苏关于生活方式之争的历史记忆，转移到中美战略竞争之上。在冷战初期，美国将美苏之争塑造为"保卫自由社会"和抵制"极权主义扩张"，在叙事上抹黑苏联，夸大并曲解苏联的实力和意图。② 美国国家安全委员会第 68 号文件宣称："我们别无选择，唯有通过展示自由思想在建设性上的优越性，同时尽力采用除战争之外的一切手段来改变世界局势，以此挫败克里姆林宫的企图，加速苏联体制的衰退。"③ 在与中国的竞争中，美国故技重施，极力抹黑中国，通过冷战式叙事，试图将中国置于不利地位。最后，美国将遏制苏联的历史移植到当下，试图打压中国。凯南就指出，有两种措施可以缓和来自苏联的压力："在一段时间内削弱苏联潜能，导致出现与1919—1920 年类似的内部冲突；在外国持久的对抗下，苏联政策逐渐柔和。"④ 在当下的中美关系中，美国在政治上向中国施压，在经济上挑起贸易冲突，在科技上试图用"长臂管辖权"来遏制中国科技发展、产业升级的步伐，这一系列动作，都带有浓厚的冷战色彩。

---

① 近来一些代表性的观点，可以参见 Robert D. Kaplan, "A New Cold War Has Begun," *Foreign Policy*, January 7, 2019（https://foreignpolicy.com/2019/01/07/a-new-cold-war-has-begun/）; Stephen M. Walt, "Yesterday's Cold War Shows How to Beat China Today," *Foreign Policy*, July 29, 2019（https://foreignpolicy.com/2019/07/29/yesterdays-cold-war-shows-how-to-beat-china-today/）; Niall Ferguson, "The New Cold War? It's with China, and It Has Already Begun," *The New York Times*, December 2, 2019.

② ［美］梅尔文·莱弗勒：《权力优势：国家安全、杜鲁门政府与冷战》，孙建中译，商务印书馆 2019 年版。

③ 《国家安全委员会第 68 号文件：美国国家安全的目标和计划》，载周建明、王成至主编《美国国家安全战略解密文献选编（1945—1972）》（第一册），社会科学文献出版社 2010 年版。

④ ［美］乔治·凯南：《凯南日记》，曹明玉译，中信出版社 2016 年版，第 191 页。

（二）总统与国家安全战略

对于一个国家而言，人始终是第一位的。正如伯纳德·布罗迪（Bernard Brodie）所言："我们必须时刻牢记，任何一个国家的根本实力并不在于它的机器，而在于人。"① 理解美国国家安全战略的逻辑，需要思考美国总统所处的地位和扮演的角色。因此，需要考察美国总统在国家重大决策上发挥的作用，这有利于我们理解其国家安全战略的变迁。

首先，美国总统要确定解决什么外部挑战。在不同时期，美国面临的外部挑战是不同的，这不仅仅体现在外部挑战的性质上，还体现在外部挑战的大小上。因此，美国总统的首要任务就是对国家安全面临的外部问题进行准确评估，为国家安全战略的制定奠定基础。对以美国总统为首的政治家来说，首要任务是解决最具有挑战性的问题。正如基辛格所言："评价每一代人时，要看他们是否正视了人类社会最宏大和最重要的问题，而政治家必须在结果难料的情况下做出应对挑战的决策。"② 对美国而言，更是如此。为此，每一位美国总统都试图回应美国面临的最急迫和最艰巨挑战。

其次，美国总统还需要在怎么解决问题上做出回答，提出自己的解决方案。美国有一定的特殊性，其国家安全战略的变革性更显著。也就是说，尽管美国国家安全战略存在连续性，然而受到其政治体制的影响，新总统会彰显跟往届总统的政策区别，通过标新立异来确立自身的政治遗产。此外，总统可以选择具体的决策模式。也就是说，不同的总统，其决策过程具有很大的差异性。有的总统更关注国内事务，对国际事务不够热心，有的总统熟稔外交事务，

① ［美］伯纳德·布罗迪：《海军战略指南》，王哲文、吕贤臣、尤昊译，上海交通大学出版社 2015 年版，第 237 页。
② ［美］亨利·基辛格：《世界秩序》，胡利平、林华、曹爱菊译，中信出版社 2015 年版，第 491 页。

更偏好于留下外交遗产。有的总统更倾向于小集团决策，有的总统对委员会模式情有独钟。在特定客观环境下，美国总统将根据自身价值观念和个人偏好来选择怎么解决这些外部挑战。需要强调的是，总统具有最为重大的影响力，在美国重大战略决策上发挥着关键性作用。

再次，美国总统如何解决问题具有重大的历史影响。在外交政策上，美国总统对世界的影响是巨大的，这有赖于美国巨大的国际影响力。在某种程度上，由于美国是世界上首屈一指的强国，总统是可以影响历史的走向的。有的总统致力于改变历史，通过提出重要的外交理念而名垂青史，尼克松就属于这一类。有些总统虽然无意改变历史，然而其行为却不经意间开启了一个时代，特朗普就是如此。基于此，我们要看到历史变迁的非线性因素，并在此基础上分析美国国家安全战略的历史进程。

二　美国是一个什么样的国家？

把握美国国家安全战略，必须理解美国是一个什么样的国家。分析美国的国家行为风格，可以从一些数据或具体可以测量的指标中观察，然而更多地需要从一些无法通过数据展示、更无法测量的复杂社会事实上来理解。理解美国的行为，从美国社会中的传统、风俗或习惯中寻求答案将更能接近现实。然而，美国社会是复杂的，研究信息也是浩如烟海，理解美国本身是一件艰难的工作，对美国国家安全战略的分析及预测亦是如此。

（一）美国的历史基调

那么，美国是一个什么样的国家？事实上，早在 1630 年春天，约翰·温斯罗普（John Winthrop）向"阿尔培拉"号的乘客们布道时，他的布道词《基督教仁爱的典范》已经敲定了美国的历史基调："我们将成为整个世界的山巅之城，全世界人民的眼睛都将看着我们。如果我们实现这一事业中的过程中欺骗了上帝，如果上帝不再像今天那样帮助我们，那么我们终将成为世人的笑柄。"[1] 这种源自于《圣经》中的思想，在清教徒的诠释下，形成了一种特殊的使命观和例外主义，即美国是"山巅之城"，在人类历史上独一无二。因此，美国人有义务去改善人类的命运，引导人类走向更美好的方向。

美国将自身视为人类社会灯塔的情结，一直流淌在美国血液之中。美国历史中有一个永恒的主题，是其自我设定的一种价值观念，对人类的苦难充斥着独特的责任感，并在此基础上形成了典范主义（exemplarist）与辩护主义（vindicationist）两种截然不同的实现路径。[2]

对于前者而言，美国诞生于一个新大陆，与腐朽的旧大陆截然不同，美国的最佳选择是通过自身的榜样影响世界。美国只需要聚精会神搞好国内建设，成为世界的灯塔，吸引其他国家向美国学习。因此，美国不宜过多干涉世界事务，这在清教的思想中体现得非常明显："清教徒向误入歧途者提供的指导既不是书本知识，也不是成套的理论，而是他们亲身的经历。美国对全人类所作的启示不是空洞的告诫而是实际的行动，不是口头的教诲而是如何生活的楷模。"[3] 如果过多干涉世界事务，不仅不利于问题解决，也会对美国价值观产生破坏作用。

对于后者而言，因为人性仍然存在着恶，世界广泛分布着所谓的"无赖国家"和"独裁国家"，作为山巅之城的美国需要承担责

---

① ［美］丹尼尔·布尔斯廷：《美国人：开拓历程》，生活·读书·新知三联书店1993年版，第3页。

② 对此详细的讨论，参见 H. W. Brands, *What America Owes the World：The Struggle for the Soul of Foreign Policy*, Cambridge：Cambridge University Press，1998。

③ ［美］丹尼尔·布尔斯廷：《美国人：开拓历程》，生活·读书·新知三联书店1993年版，第4页。

任，传播普世价值观和民主制度，通过美国的价值观来改造这个存在缺陷的和不完美的世界。从沃尔特·李普曼（Walter Lippmann）到莱茵霍尔德·尼布尔（Reinhold Niebuhr），从凯南到基辛格，美国思想家无不殚精竭虑，在思想上解决美国如何"拯救"世界的道德难题。从威尔逊的"十四点计划"到罗斯福的大西洋宪章，从卡特的人权外交到小布什的民主推广，其背后无一例外地纠结于典范主义和辩护主义两种路径的选择。①

概括而言，美国在外交政策上是一个巨大的矛盾体，它一方面对人类的道德原则抱之以期待，甚至达到了偏执的程度，另一方面屡屡挑战国际规则，经常触碰国际社会的道德下限。因此，美国会在两个极端中间摇摆，时而站在人类的道德高地，时而目无道德。这带来了一个客观后果，即美国会时常自省，反思自身的不道德行为，从而导致外交政策的回摆。

（二）美国的工具箱

美国在典范主义和辩护主义两种路径上的纠结，影响了它解决外部问题所选择的工具箱。在外交政策上，美国形成了在权力政治与道德原则之间摇摆的传统。正如兹比格涅夫·布热津斯基所指出："在制定外交政策时，我们所面临的一个重要问题是，难于把信奉原则同实事求是地估价美国实力在世界上的重要性以及中心地位结合起来。自从大约在威尔逊时期美国深深介入世界事务以来，我们对世界事务的看法总是摇摆不定：时而理想化地致力于建立一个世界秩序，时而又摆向热衷于现实政治。"② 在权力政治或道德

---

① 对小布什民主推广的思想根源讨论，参见 Jonathan Monten, "The Roots of the Bush Doctrine: Power, Nationalism, and Democracy Promotion in U. S. Strategy," *International Security*, Vol. 29, No. 4, 2005, pp. 112 – 156。

② ［美］兹比格涅夫·布热津斯基：《实力与原则：1977—1981 年国家安全顾问回忆录》，邱应觉等译，世界知识出版社1985年版，第596页。

原则这两个战略传统中，道德原则扎根于美国的本土，逐渐成长为一种独特的政治文化。权力政治传统是第二次世界大战后美国面临新的形势，在汲取了欧洲大陆的外交思想后逐渐形成的。现实中，权力政治往往被予以过多关注，尤其是在基辛格的影响下更是如此。然而，权力政治只是美国国家安全战略工具箱中的一部分，道德原则同样重要。保罗·沃尔福威茨（Paul Wolfowitz）就曾批评基辛格式外交哲学"错就错在他不懂得他在其中生活的国家，不懂这个国家信奉着某些普遍的原则"。①

结合现实，我们同样能发现这两种外交哲学的社会基础。以中美人文交流为例，中美建交以后，它为两国人民形成好感、为两国战略互信的构建起到了关键作用。2010 年 5 月 25 日，中美两国建立了中美人文交流高层磋商机制，并随后发展为教育、科技、文化、体育、妇女、青年和卫生七个领域，这深化了两国人文交流与合作，奠定了中美关系健康发展的社会基础。然而，近年来特朗普政府对中国的人文交流政策充满了疑虑，两国人文交流全面后退。在应对中国的工具选择上，美国可谓无所不用其极：一方面，美国收紧了在科技领域对中国的封锁，对美籍华人学者进行严格监控，并解雇一些不信任的美籍华人学者。例如，埃默里大学就解除了两名美籍华人学者。另一方面，收紧了中国赴美学者的签证，并实施更加严格的监控。②

然而，美国国内社会同样存在另一股力量，反对美国政府这种手段低劣的行为。哥伦比亚大学校长李·布林格（Lee C. Bollinger）就公开撰文宣称，哥伦比亚大学不会监视外国学生，"美国的大学模式对于美国的国家竞争力来说是一个战略优势，而非阻碍，我们

① James Mann, *Rise of the Vulcans: The History of Bush's War Cabinet*, New York: Viking, 2004, pp. 75 - 76.

② Jane Perlez, "F. B. I Bars Some China Scholars from Visiting U. S. Over Spying Fears," *The New York Times*, April 14, 2019.

的管理者、教授和研究学者们不是，也不应成为美国执法机构的帮手"。① 耶鲁大学校长彼得·萨洛维（Peter Salovey）也致力于与美国大学协会合作，敦促联邦机构澄清他们对国际交流的担忧，并承诺"国际学生和学者会在我们的校园受到欢迎和尊重"。② 美国国内这些更加包容开放、遵从一般社会常识的社会力量，可能为未来政策调整提供了社会基础。

（三）美国的历史宿命

作为一个霸权国家，美国在人类历史上具有独特性。换言之，美国霸权的形成有非常特殊的历史条件，诸多因素可遇而不可求，其他国家无法复制。③ 当前，随着美国霸权走向衰落，世界将进入一个新的时代。美国的确面临着全新的外部环境。这个时代的特征集中体现就是美国对未来的深度忧虑，以及对崛起大国的过度反应。

历史地看，当下的美国早已不是沃尔特·惠特曼（Walt Whitman）在《展览会之歌》中所歌唱的那个美国，热情奔放，容纳一切。④ 美国也已经不再是第二次世界大战胜利在望时查尔斯·波伦（Charles E. Bohlen）笔下那个尝试建设更加美好世界的美国，波伦曾写道："美国人民已经打过一次漫长而艰苦的战争，至少应该努力去建立一个更加美好的世界。如果这番努力竟然失败，那也就不

---

① Lee C. Bollinger, "No, I Won't Start Spying on My Foreign-Born Students," *The Washington Post*, August 31, 2019.

② Peter Salovey, "Yale's Steadfast Commitment to Our International Students and Scholars," Yale University, May 23, 2019（https：//president. yale. edu/yale-s-steadfast-commitment-our-international-students-and-scholars）.

③ 吴心伯：《美国霸权地位的演变》，澎湃新闻，2019 年 12 月 24 日（https：//www. thepaper. cn/newsDetail_ forward_ 5299455）。

④ ［美］沃尔特·惠特曼：《草叶集》，上海译文出版社 2015 年版，第 229 页。

能埋怨美国没有竭尽力量了。"① 美国更已不是冷战即将结束时弗朗西斯·福山（Francis Fukuyama）所宣称令"历史终结"的那个美国。② 当前的这个美国，应对外部世界有一些吃力，对未来有一些焦虑，面对中国有一些过度反应。

然而，中国不是苏联，两者有着根本性的区别，将混淆两者是危险的。有学者就指出："第二次世界大战后发生的一系列不寻常的事件导致了美国与苏联之间的激烈竞争，这种模式并没有重复。"③ 亨利·保尔森（Henry M. Paulson Jr.）甚至大声呼吁："美国某些政策制定者呼吁在中美之间竖起经济铁幕，但那样做既不能阻拦中国的进步，也无法激励我们重新振作起来。华盛顿方面不应简单地把重点放在试图拖慢中国步伐上，而应着重在国内加紧努力。"④ 尽管当前国内社会出现了一些危机，但是美国应该知道自身的优势，应该清楚自身在历史中的地位，应该思考如何与中国打交道，而不是过度焦虑和过度反应。

（四）当前美国的战术原则

理解当前的美国，我们还要分析特朗普政府的战术原则，有两点需要强调：一是特朗普本人掌控着美国外交政策的主导权，特朗普政府的外交政策基本体现了特朗普本人的风格；二是特朗普在对华政策上的行为模式与他对其他国家没有太大差别，但是在不同的议题上，其偏好和行为模式是不一样的。在此基础上，我们可以提

---

① ［美］查尔斯·波伦：《历史的见证（1929—1969 年）》，商务印书馆1976 年版，第220 页。

② Francis Fukuyama, "The End of History?" *The National Interest*，No. 16，1989，pp. 3 –18.

③ Melvyn P. Leffler, "China Isn't the Soviet Union, Confusing the Two Is Dangerous," *The Atlantic*，December 2，2019（https：//www. theatlantic. com/ideas/archive/2019/12/cold-war-china-purely-optional/601969/）.

④ Henry M. Paulson Jr., "We're Letting China Win the 5G Race, It's Time to Catch Up," *The Washington Post*，December 17，2019.

炼出特朗普在战术上的三个特点。

首先，特朗普在战术上的不可预测性和高度灵活性。考察特朗普政府的外交政策，不确定性一直难以回避。然而，随着特朗普外交战略布局逐渐展开，美国在宏观战略上的不确定性渐小，[①] 但是特朗普本人在战术上的不确定性仍然存在，并且具有高度的灵活性，这是考察其微观外交行为无法绕开的特征。其一，当前学术界关注的不确定性往往是一些外部环境，但是低估了特朗普在个性上已经确定的不确定性导致的不确定结果。考察特朗普执政以来的经历不难发现，特朗普往往打破常规，采取意想不到的措施，令对手陷入被动。其二，从决策过程上来看，特朗普牢牢把控着外交决策的主导权，他可以经常绕开顾问团队决策，根据自身偏好灵活处理。例如，根据美媒报道，在决定是否与金正恩进行会谈时，国防部长马蒂斯和时任国家安全事务助理麦克马斯特劝说特朗普应该谨慎，但是特朗普力排众议，应允与金正恩进行和谈。[②] 其三，特朗普本人经常在战术上通过一些出其不意的动作，打破外交工作的既有轨道和流程，从而塑造有利于美国的局势，这在美朝会谈的曲折过程上体现的很明显。

其次，特朗普在战术上体现了浓厚的商业谈判风格。在谈判艺术上，国家之间的谈判与企业之间的商务谈判有诸多类似，但是也有一些不同之处。特朗普自诩为交易大师，他将其商业谈判的风格带入到国家谈判中，一定程度上改变了国家之间互动的模式。第一，特朗普要价极高。特朗普往往在交易和谈判中喊价极高，在朝鲜核问题、伊朗核问题和中美经贸冲突中，这一特征非常明显。此外，特朗普还坚持选择的最大化，尤其是在遇到攻击的时候，他会

---

① 左希迎：《特朗普政府亚太安全战略的调整》，《世界经济与政治》2017 年第 5 期。

② Peter Baker and Choe San-Hun, "With Snap 'Yes' in Oval Office, Trump Gambles on North Korea," *The New York Times*, March 10, 2018.

坚定反击。① 第二，较之于以往，特朗普在外交谈判中居高临下，对其他国家的尊重度较低。第三，特朗普在外交往往不太会顾及美国的国家声誉因素。从效果上来看，特朗普给世界带来的问题更多，由于打破了常规、制造了问题，短期来看美国在议程设置和解决问题过程中获得了更多的主动权，但是长期来看会损害美国的声誉，可能会导致一系列的外交政策失败。②

最后，特朗普试图通过强硬施压来改变对方行为。特朗普的这一行为特征包括三个方面：其一，特朗普及其政府试图解决问题，但是其解决问题的思路是"锤子"与"钉子"的关系，③ 在解决问题的方式上简单粗暴。其二，特朗普在解决问题时会首先圈定重点，然后确定优先次序，以此解决。时殷弘就认为，"特朗普是个残忍的战略家和精明的战术家，阶段性地集中在一个战役，然后集中在又一个战役，施加空前程度压力，空前程度威胁，间或又给你小甜枣吃。"④ 不管是从整体宏观战略规划，还是从微观战术实践，特朗普政府及本人的重点都非常突出，并在把握战略节奏和时间节点上有诸多可取之处。其三，特朗普会坚持强硬施压来解决问题。他曾说过，"我做交易的风格非常简单和直接，我要价很高，然后为了实现目的我会保持施压施压再施压。有时我勉强接受比我追求的少一些，但是大多数情况我最后能获得我想要的。"⑤ 在这种风

① ［美］唐纳德·特朗普、梅瑞迪斯·麦肯沃：《永不放弃：特朗普自述》，蒋旭峰、刘佳译，上海译文出版社 2016 年版，第 155—157 页。

② David Frum, "Trump's Reckoning Arrives," *The Atlantic*, May 24, 2018（https：//www. theatlantic. com/international/archive/2018/05/trumps-reckoning-arrives/561209/）.

③ 关于"锤子"和"钉子"的隐喻，来于"如果你手里有一把锤子，所有东西看上去都像钉子"的谚语。参见 Mark Goulston, "Understanding Trump：The Hammer, the Nail and His Reality Distortion Field," *The Huffington Post*, December 30, 2017。

④ 时殷弘教授在"中国国际问题论坛 2018：改革开放以来的中国与世界"学术研讨会上的发言。参见时殷弘《关于新时代中国对外战略的若干问题》，人民大学国政评论微信公众号，2018 年 5 月 26 日。

⑤ Donald J. Trump with Tony Schwartz, *Trump：The Art of the Deal*, New York：Ballantine Book, 1987, p. 45.

格下，特朗普会集中力量，一次解决一个问题，对手往往难以招架，最后只能妥协。

三　美国国家安全战略的趋向

当前，特朗普政府逐渐确定了中美两国战略竞争的基调。虽然贸易冲突成为中美关系的最大热点，但是在贸易冲突之下是一股巨大的历史潜流，即美国正在形成全政府对华战略。在当前的语境下，全政府对华战略意指美国政府试图统一步调，并动员所有资源与中国进行战略竞争。放到中美两国关系的历程中，这一战略与以往的大为不同。其一，美国对华战略的范式发生转换，从接触政策转变为战略竞争。相较于以往美国政府对中国的认知和声音相对多元而温和，当前的全政府对华战略更加单一而强硬。其二，特朗普政府强调使用国家力量中的所有工具，包括外交、经济、情报、法律和军事因素，与中国进行竞争。而在以往，中美两国之间合作是主流，战略竞争局限于少数领域。历史地看，美国当前对华战略的调整影响巨大，有必要予以关注并评估影响。

（一）美国新战略共识的形成

在美国全政府对华战略的形成过程中，国会、行政部门和思想库各司其职，发挥着不同的角色，共同铸造了全政府对华战略的形成。

近期以来，美国国会通过立法、决议案和听证会关注对华议题，深刻影响了特朗普全政府对华战略的形成。对国会而言，中国是竞争者，它不仅通过全政府、全社会战略来产业升级，侵蚀美国的技术优势，而且在军事领域与美国竞争，冲击其全球首要地位。去年，国会通过了《2019 财年国防授权法案》，要求特朗普政府制定一个"全政府对华战略"。此外，国会还分别通过了"与台湾交往法案"和"西藏旅行对等法案",前者试图通过立法的形式保证美台官员互访,后者要求确保美国人获得进入西藏的对等权利。国会还通过决议案和听证会等多种形式对某些议题进行关切。

特朗普政府也适时调整战略,推动美国全政府对华战略形成。行政部门各级官员在不同场合抨击中国,通过多种手段和措施向中国政府施压。过去一年,美国对华战略主要有三个重心:第一,强化了在西太平洋地区的对华施压力度,在南海的自由航行和台湾海峡的巡航已经常态化,两军在南海和台海两个方向对抗烈度上升。第二,在贸易冲突中,美国在几个重要的结构性问题上持续向中国施压。第三,挥舞长臂管辖权,打击中国的高科技企业。以蓬佩奥为首的美国官员,借出访机会劝说盟友和其他国家禁止华为,其意图已经原形毕露。

最后,在政府部门的调动之下,思想库也加入对华政策的讨论中来。特朗普执政以来,偏右翼思想库非常活跃,哈德逊研究所、战略与国际研究中心、企业研究所、传统基金会和 2049 项目研究所等思想库通过各种方式,积极阐述新的对华战略,客观上推动了全政府对华战略加速出台。当前除了少数观察家外,思想库中已经难觅为华仗义执言者,华府的政治生态由此可见一斑。

(二) 美国的战略意图

美国试图制定全政府对华战略,其考量有二:一是与中国的战略竞争需要美国整合全政府、全社会资源,在各领域和各层面进行竞争。二是美国认为中国对美战略是全政府的,因此要对等地予以回击。正如美国副总统彭斯 2018 年 10 月 4 日在哈德逊研究所发表演讲时所指出的:"中国正在使用全政府的途径,使用政治、经济、军事以及宣传工具来提升自身影响力,获取在美国的利益。"这两点具体到国内层面和国外层面,侧重点则又不同。

在国内层面,美国全政府对华战略旨在实现两个目的。

一方面，凝聚朝野共识。虽然美国的民主社会是多元的，但是自由主义精神和程序公开原则在战略上也有其缺点，美国战略家深知这一点。其解决方法就是将中国在政治、经济和军事威胁向社会公众公开，甚至通过夸大中国威胁进行战略动员，从而凝聚起强烈的社会共识。如果回顾历史，每逢重大社会危机和战略危机，凝聚共识是美国战略精英的首要选择。这在罗斯福呼吁美国参与二战、杜鲁门动员美国遏制苏联、小布什倾力打击恐怖主义上屡有体现，只是这次目标是中国。究其原因，主要有两个原因：其一，中国实力增长和行为转变引起了美国的忧虑。2008 年金融危机以来，中国的经济、科技和军事力量发展迅速，引起了美国战略家的警惕。此外，实力的变化使得中国更加坚定地捍卫国家利益，行为日益自信，这同样加剧了美国的不适感。其二，美国试图结束伊拉克战争和阿富汗战争，从中东地区战略收缩，以应对大国战争的威胁。这两个因素推动特朗普政府调整战略应对来自中国的竞争，政府特朗普在颁布 2017 年《国家安全战略报告》时的演讲中指出，美国已身在局中，"为了胜利，我们必须整合我们国家力量的所有方面，我们必须使用我们国家权力中的所有工具进行竞争"。从中国被塑造成竞争者到两国贸易冲突，到彭斯的对华政策演讲再到对华为的全面打击，无不印证其战略意图。

另一方面，协调政策行为。在外交政策上，国会长期以来对总统形成掣肘，在国防预算和批准条约等问题上时常难以达成共识。因此，对当前的美国而言，全政府对华战略可以在诸多重大问题上协调部门分歧，使得国会和行政部门协调立场、一致对外。在行政部门内部，同样可以形成一致的对华战略，减缓部门分歧，降低战略成本。

在外交政策上，美国全政府对华战略的直接体现就是形成了全新的政策话语和政治生态，逐渐将中国脸谱化、污名化，畸形的政治正确使得战略界的温和派和谨慎派的影响力越来越弱，政策话语空间越来越小。在具体议题上，美国的意图同样值得关注。

首先，美国正在调整对华政策既有底线。传统上，中美两国领导人对某些敏感议题存在大致的共识，也知晓其后果的严重性。然而，当前美方业已改变了这一默契，台湾问题和南海问题等议题在两国关系中的敏感性正在下降，传统的政策红线已经不复存在，而是逐渐变为一个模糊的政策区域，其后果就是行为变得不可预测，政策不确定性逐渐上升。

其次，美国一直在综合使用政治、经济和军事等多种手段，全方位与中国进行竞争。2018年9月17日特朗普宣布对华2000亿美元商品征收关税以来，美国已经使用了多种政策工具向中国施压，包括制裁中央军委装备发展部、批准对台军售、彭斯公开发表对华政策演讲、巡航南海和台湾海峡常态化、引渡中国情报人员、请求加拿大政府扣留华为CFO孟晚舟、发布政策报告等，这些措施看似没有关联，但是有一个基本的战略逻辑，即使用一切手段而非单一手段与中国进行竞争。

再次，美国正在重塑国际经济秩序。在经济领域，中美分别在三个领域充满了激烈冲突：其一，两国之间爆发了大规模的贸易冲突，这无形中塑造了全球的产业分工，一定程度上会冲击既有的全球产业格局。第二，中美在高科技领域的竞争日益凸显，美国屡屡使用长臂管辖权，试图遏制中国高科技的发展与进步，维持美国的技术优势。第三，中美两国在WTO内部的博弈日趋激烈，不管未来如何改革，国际贸易规则必将被重塑。

最后，美国更加重视盟友在与中国竞争中的作用。特朗普政府在联盟政策上的一个新变化就是更加重视"五眼联盟"国家的作用，强化在应对中国时的情报分享和战略协调。这五个国家同源同宗，在价值理念和战略利益上高度契合，加拿大、澳大利亚、新西兰和英国自然而然地成为美国联盟体系中的核心国家。

（三）美国战略调整的冲击

在冷战期间，中美分别经历了冲突和对抗的时期。两国建交以后的近四十年，中美关系的大基调是合作的。当前，中美关系的基调发生了根本性的变化，中国转变成为美国的首要威胁。在此背景下，中美关系将出现一些重大的变化。

第一，中美两国已经进入长期战略竞争，在某些领域上存在走向对抗的风险。正如袁鹏指出："中美关系走到今天，想回头已绝无可能，寄希望于美国国内政治生态的变化也不现实，只能依据已经变化了的现实去务实面对并综合施策，去寻找新出路。"[①] 当前，特朗普政府在经贸问题、台湾问题和南海问题上持续对中国施压，这些议题已经成为美国将中国视为战略竞争对手的核心着力点。在经贸问题上，高科技正在成为中美两国竞争的阵地。在台湾问题上，美国一直在试图将台湾作为重要的政治牌来打。从特朗普与蔡英文通电话，到特朗普政府首次对台军售，再到《2018 财年国防授权法》和众议院最近通过的"台湾旅行法"，美国国会为美台高层交流打开了通道，这将激化中美两国在台湾问题上的矛盾。[②] 在南海问题上，美国增强了在南海的军事部署和行动，提高了军事因素和军事手段的地位，未来还有出现摩擦和冲突的风险。

第二，考虑到中国的产业格局和市场规模，中美经济无法在短时期内完全脱钩，但是两国部分脱钩已经成为现实。如果美国战略家执意追求两国经济脱钩，将会加剧两国的政治对抗。在未来可预见时期内，中美之间可能出现新的经济争端，美国可能会继续在高科技领域对中国下手，并将在 WTO 针对贸易规则展开更激烈的博

---

① 袁鹏：《把握新阶段中美关系的特点和规律》，《现代国际关系》2018 年第 6 期。

② 达巍《中美关系：减少短期脆弱 塑造长期稳定》，《当代世界》2017 年第 12 期。

弈。然而，美国无意通过一次谈判终止中美贸易冲突，多次博弈和持续施压是符合美国逻辑的选择。当前美国尚未决定与中国进行全面对抗，因此短期内也会在安全领域和政治领域连续试探中国的意图。中美经贸冲突给中国带来了深刻的影响。高科技领域将会是两国竞争领域的前沿阵地，"新冷战"的核心特征可能就是高科技竞争。在当前的中美战略竞争中，美国重拾冷战期间美苏两国的战略竞争经验，其竞争路线的主要原则是成本施加，美国试图通过贸易战迫使中国与美国脱钩。在科技领域，美国的策略在于割裂中国与美国主导的体系关系，迫使中国独自承担科技研发的成本，施加更高的战略成本。

第三，中美两国仍然有不少合作的空间。虽然特朗普政府将中美两国关系的基调定义为战略竞争，但是两国之间仍然存在大量可以合作的领域，在一定条件下可以扩大、深化，为中美关系的健康发展提供重要支撑。在人文交流、经济投资和贸易关系等领域，中美两国仍然存在着合作的巨大空间。事实上，这些领域历史上是中美两国友好的基础，未来也是中美两国再次拓展合作空间的保证。事实上，中美两国可以通过培育战略克制的文化，构建一个新的战略框架，形成良性竞争。2018年1月29日，美国国防部副助理部长埃尔布里奇·科尔比（Elbridge Colby）也阐述道："这不是一个对抗的战略，它是一个承认竞争现实以我们能够维护利益与维持和平的战略。"[1] 作为较弱的一方，中国应该看到美国安全战略调整背后的考量，在此基础上形成合理的应对策略。虽然无法阻止美国进行战略竞争的意图，但是中国可以通过努力控制战略竞争的边界，并积极塑造一种良性竞争的文化。

---

[1] Elbridge Colby, "Department of Defense Briefing for Foreign Journalist," Washington Foreign Press Center, Washington, D.C., January 29, 2018 (https://fpc.state.gov/277746.htm) .

参考文献

一 参考网站

中国外交部网站：http：//www. fmprc. gov. cn/web/

中国商务部网站：http：//www. mofcom. gov. cn

新华网：http：//www. xinhuanet. com/

参考消息网：http：//www. cankaoxiaoxi. com/

澎湃新闻网：https：//www. thepaper. cn

美国白宫网站：https：//www. whitehouse. gov/

美国国务院网站：https：//www. state. gov/

美国国防部网站：https：//www. defense. gov

美国中央情报局网站：https：//www. cia. gov

美国贸易代表办公室网站：https：//ustr. gov

美国财政部网站：https：//home. treasury. gov

美国参议院网站：https：//www. senate. gov

美国众议院网站：https：//www. house. gov/

美国国家档案馆网站：https：//www. archives. gov

美国国会研究局网站：https：//fas. org/sgp/crs/

美国海军网站：http：//www. navy. mil/

美国陆军网站：https：//www. army. mil

菲律宾政府公报网站：http：//www. officialgazette. gov. ph

世界银行网站：http：//www. worldbank. org/

北大西洋公约网站：https：//www. nato. int

斯德哥尔摩国际和平研究所网站：http：//www. sipri. org

英国国际战略研究所网站：https：//www. iiss. org

耶鲁大学网站：https：//www. yale. edu

布鲁金斯学会网站：https：//www. brookings. edu/

外交关系委员会网站：https：//www. cfr. org/

战略与国际问题研究中心网站：http：//csis. org

卡内基国际和平研究院网站：http：//carnegieendowment. org

新美国安全研究中心网站：http：//www. cnas. org/

传统基金会网站：http：//www. heritage. org/

哈德逊研究所网站：https：//www. hudson. org

大西洋理事会网站：http：//www. atlanticcouncil. org

战争相关系数数据库网站：http：//cow. dss. ucdavis. edu

《华盛顿邮报》网站：https：//www. washingtonpost. com

《大西洋月刊》网站：https：//www. theatlantic. com

《美国利益》网站：https：//www. the－american－interest. com

《纽约时报》网站：https：//www. nytimes. com

《外交事务》网站：https：//www. foreignaffairs. com

《国家利益》网站：http：//nationalinterest. org/

《外交政策》网站：http：//foreignpolicy. com

《时代周刊》网站：http：//time. com/

《纽约客》网站：https：//www. newyorker. com

美国政治新闻网：https：//www. politico. com/

世界报业辛迪加网站：https：//www. project－syndicate. org

岩石上的战争网：https：//warontherocks. com/

外交官网站：http：//thediplomat. com

二 政府报告

1.《2006 年中国的国防》，中华人民共和国国务院新闻办公室，2006 年 12 月。

2.《2008 年中国的国防》，中华人民共和国国务院新闻办公室，2009 年 1 月。

3.《2010 年中国的国防》，中华人民共和国国务院新闻办公室，2011 年 3 月。

4.《中国的军事战略》，中华人民共和国国务院新闻办公室，2015 年 5 月。

5. The White House, *The National Security Strategy 2006*, Washington, D. C. , March 2006.

6. The WhiteHouse, *National Security Strategy 2010*, Washington, D. C. , May 2010.

7. The White House, *National Security Strategy 2015*, Washington, D. C. , February 2015.

8. The WhiteHouse, *National Security Strategy 2017*, Washington, D. C. , December 2017.

9. Department of Defense, *The National Military Strategy of the United States of America: Redefining America's Military Leadership*, Arlington, V. A. , February 8, 2011.

10. Department of Defense, *Sustaining U. S. Global Leadership: Priorities for 21st Century Defense*, Arlington, V. A. , January 2012.

11. Department of Defense, *Summary of the 2018 National Defense Strategy of the United States of America: Sharpening the American Military's Competitive Edge*, Arlington, V. A. , January 2018.

12. Department of Defense, *Quadrennial Defense Review Report 2001*, Arlington, V. A. , September 30, 2001.

13. Department of Defense, *Quadrennial Defense Review Report 2006*, Arlington, V. A., February 6, 2006;

14. Department of Defense, *Quadrennial Defense Review Report 2010*, Arlington, V. A., February, 2010.

15. Department of Defense, *Quadrennial Defense Review Report 2014*, Arlington, V. A., March, 2014.

16. Office of the Secretary of Defense, *Nuclear Posture Review*, Arlington, V. A., February 2018.

17. United States Joint Forces Command, *The 2010 Joint Operating Environment*, Suffolk, V. A., February 28, 2010.

18. United States Joint Forces Command, *The Joint Operating Environment 2035: The Joint Force in a Contested and Disordered World*, Suffolk, V. A., July 14, 2016.

19. Department of Defense, *Joint Operational Access Concept*, Arlington, V. A., January 17, 2012.

20. Air – Sea Battle Office, *Air – Sea Battle: Service Collaboration to Address Anti – Access & Area Denial Challenges*, Arlington, V. A., May 2013.

21. Headquarters Department of the Army, *Field Manual 3 – 24, Counterinsurgency*, Fort Eustis, V. A., December 2006.

22. Department of the Army, *The U. S. Army Capstone Concept*, Fort Eustis, V. A., December 19, 2009.

23. Department of the Army, *FM 3 – 0: Operations*, Arlington, V. A., October 2017.

24. U. S. Naval Surface Forces, *Surface Force Strategy: Return to Control*, January 9, 2017.

25. Office of the Secretary of Defense, *Annual Report to Congress: Military and Security Developments Involving the People's Republic of China*

2017, Arlington, V. A. , May 15, 2017.

26. Office of the Secretary of Defense, *Annual Report to Congress*: *Military and Security Developments Involving the People's Republic of China 2019*, Arlington, V. A. , May 2, 2019.

27. *Report on Progress toward Security and Stability in Afghanistan*, Report to Congress in Accordance with the 2008 National Defense Authorization Act, June 2008.

28. *Report on Progress toward Security and Stability in Afghanistan*, Report to Congress in Accordance with the 2008 National Defense Authorization Act, January 2009.

29. *Report on Progress toward Security and Stability in Afghanistan*, Report to Congress in Accordance with the 2008 National Defense Authorization Act, November 2010.

30. Department of Defense, *Defense Budget Overview*: *United States Department of Defense Fiscal Year* 2019 *Budget Request*, Arlington, V. A. , February 2, 2018.

31. "Budget Control Act of 2011," *Public Law* 112 – 25, S. 365, 112th Congress, August 2, 2011.

32. *National Defense Authorization Act for Fiscal Year* 2018, H. R. 2810 – 13, 115th Congress.

三 中文文献

1. 北京太平洋国际战略研究所:《应对危机:美国国家安全决策机制》,时事出版社 2001 年版。

2. 陈绍峰:《亚投行:中美亚太权势更替的分水岭?》,《美国研究》2015 年第 3 期。

3. 陈永:《精准修正主义与美国对华海上"灰色地带"策略》,《世界经济与政治》2019 年第 9 期。

4. 崔立如：《中国和平崛起与国际秩序演变》，《现代国际关系》2008 年第 1 期。

5. 达巍：《全球再平衡：奥巴马政府国家安全战略再思考》，《外交评论》2014 年第 2 期。

6. 达巍《中美关系：减少短期脆弱 塑造长期稳定》，《当代世界》2017 年第 12 期。

7. 刁大明：《决策核心圈与奥巴马外交》，《现代国际关系》2015 年第 5 期。

8. 樊吉社：《威胁评估、国内政治与冷战后美国的导弹防御计划》，《美国研究》2000 年第 3 期。

9. 樊吉社：《特朗普政府对朝政策逻辑与朝鲜问题前景》，《现代国际关系》2017 年第 7 期。

10. 冯惠云：《防御性的中国战略文化》，《国际政治科学》2005 年第 4 期。

11. 傅强、袁正清：《隐喻与对外政策：中美关系的隐喻之战》，《外交评论》2017 年第 2 期。

12. 高程：《中美竞争视角下对“稳定发展中美关系”的再审视》，《战略决策研究》2018 年第 2 期。

13. 高科、许振强：《“9·11”后的俄罗斯军事安全战略实践探索》，《东北亚论坛》2007 年第 1 期。

14. 葛腾飞、苏昕：《美国“反叛乱”理论的发展及其困境》，《美国研究》2012 年第 1 期。

15. 葛腾飞：《美国在伊拉克的“反叛乱”战略》，《外交评论》2013 年第 2 期。

16. 贾春阳：《特朗普政府反恐政策初探》，《现代国际关系》2018 年第 4 期。

17. 江泽民：《江泽民文选》（第二卷），人民出版社 2006 年版。

18. 关雪凌：《俄罗斯经济的现状、问题与发展趋势》，《俄罗斯中亚东欧研究》2008 年第 4 期。

19. 胡波：《中美在西太平洋的军事竞争和战略平衡》，《世界经济与政治》2014 年第 5 期。

20. 胡波：《后马汉时代的中国海权》，海洋出版社 2018 年版。

21. 黄卫平、胡玫：《美国次贷危机：对世界经济格局的再思考》，《美国研究》2009 年第 2 期。

22. 乐玉成：《世界大变局中的中国外交》，《外交评论》2011 年第 6 期。

23. 李健、吕德宏：《歧路徘徊：略论美军新"抵消战略"》，当代中国出版社 2015 年版。

24. 李开盛：《认知、威胁时滞与国家安全决策》，《世界经济与政治》2004 年第 10 期。

25. 李向阳：《跨太平洋伙伴关系协定：中国崛起过程中的重大挑战》，《国际经济评论》2012 年第 2 期。

26. 李向阳：《构建"一带一路"需要优先处理的关系》，《国际经济评论》2015 年第 1 期。

27. 林民旺：《选择战争：基于规避损失的战争决策理论》，世界知识出版社 2010 年版。

28. 林民旺：《"印太"的构建与亚洲地缘政治的张力》，《外交评论》2018 年第 1 期。

29. 刘丰：《均势为何难以生成？——从结构变迁的视角解释制衡难题》，《世界经济与政治》2006 年第 9 期。

30. 刘丰：《制衡的逻辑：结构压力、霸权正当性与大国行为》，世界知识出版社 2010 年版。

31. 刘丰：《中国东亚安全战略转变及其解释》，《国际政治科学》2016 年第 3 期。

32. 刘丰：《类型化方法与国际关系研究设计》，《世界经济与政治》2017 年第 8 期。

33. 刘华清：《刘华清军事文选》（下卷），解放军出版社 2008 年版。

34. 刘乐：《社会网络与"伊斯兰国"的战略动员》，《外交评论》2016 年第 2 期。

35. 刘磊：《"抵消战略"与卡特时期美国核战略的延续与变化》，《美国研究》2014 年第 5 期。

36. 刘吕萍、崔启明：《俄罗斯海外军事存在的现状及前景分析》，《俄罗斯研究》2007 年第 1 期。

37. 刘鹏：《试析美军"空海一体战"的特点和问题》，《现代国际关系》2010 年第 9 期。

38. 刘青建：《试析美国在阿富汗的困局》，《现代国际关系》2009 年第 2 期。

39. 刘新华、秦仪：《威胁认知：美国对中国发展的错误知觉》，《现代国际关系》2006 年第 6 期。

40. 刘中民：《和平与反恐：奥巴马政府中东政策面临的双重挑战》，《外交评论》2009 年第 5 期。

41. 卢凌宇、林敏娟：《外交决策分析与国际关系学范式革命》，《世界经济与政治》2015 年第 5 期。

42. 陆伟：《荣誉偏执、身份迷思与日本战略偏好的转向》，《当代亚太》2016 年第 4 期。

43. 吕蕊：《和解政治与联邦德国–以色列建交》，《欧洲研究》2013 年第 4 期。

44. 聂文娟：《东盟对华的身份定位与战略分析》，《当代亚太》2015 年第 1 期。

45. 彭亚平、王亮：《俄罗斯新一轮军事改革评析》，《俄罗斯中亚东欧研究》2009 年第 5 期。

46. 蒲晓宇：《中国与国际秩序的在思考：一种政治社会学的

视角》，《世界经济与政治》2010 年第 1 期。

47. 蒲晓宇：《地位信号、多重观众与中国外交再定位》，《外交评论》2014 年第 2 期。

48. 蒲晓宇：《霸权的印象管理：地位信号、地位困境与美国亚太再平衡战略》，《世界经济与政治》2014 年第 9 期。

49. 祁昊天：《萨德入韩与美国亚太反导布局的战术与战略考量》，《现代国际关系》2016 年第 7 期。

50. 钱雪梅：《基地的"进化"：重新审视当代恐怖主义威胁》，《外交评论》2015 年第 1 期。

51. 邱美荣：《威胁认知与朝核危机》，《当代亚太》2005 年第 6 期。

52. 沈志华、李丹慧：《中美和解与中国对越外交（1971 – 1973）》，《美国研究》2000 年第 1 期。

53. 时殷弘：《美国在越南的干涉和战争（1954 – 1968）》，世界知识出版社 1993 年版。

54. 时殷弘：《从拿破仑到越南战争：现代国际战略十一讲》，团结出版社 2003 年版。

55. 孙茹：《美国亚太同盟体系的网络化及前景》，《国际问题研究》2012 年第 4 期。

56. 孙伊然：《亚投行、"一带一路"与中国的国际秩序观》，《外交评论》2016 年第 1 期。

57. 陶文钊：《美国对华政策大辩论》，《现代国际关系》2016 年第 1 期。

58. 唐世平：《和解与无政府状态的再造：基于六部作品的批判性综述》，《国际政治科学》2012 年第 1 期。

59. 唐世平：《我们时代的安全战略理论：防御性现实主义》，北京大学出版社 2016 年版。

60. 颜琳：《武装组织规范学习的动力与进程研究》，《世界经济与政治》2015 年第 8 期。

61. 王高阳：《理解国际关系中的"和解"：一个概念性框架》，《世界经济与政治》2016 年第 2 期。

62. 王缉思：《中国的国际定位问题与"韬光养晦、有所作为"的战略思想》，《国际问题研究》2011 年第 2 期。

63. 王缉思：《大国战略》，中信出版社 2016 年版。

64. 王晋：《"伊斯兰国"与恐怖主义的变形》，《外交评论》2015 年第 2 期。

65. 王凯、唐世平：《安全困境与族群冲突：基于"机制 + 因素"的分析框架》，《国际政治科学》2013 年第 3 期。

66. 王郦久：《俄罗斯安全战略全面转向"以攻为守"》，《和平与发展》2009 年第 2 期。

67. 王文峰：《美国对华战略共识与特朗普政府对华政策》，《当代美国评论》2017 年第 2 期。

68. 温尧：《理解中国崛起：走出"修正－现状"二分法的迷思》，《外交评论》2017 年第 5 期。

69. 吴建民等：《和谐世界与中国外交》，《外交评论》2006 年第 2 期。

70. 吴心伯：《试析布什政府对华安全政策的核心概念》，《美国研究》2007 年第 4 期。

71. 吴心伯：《论奥巴马政府的亚太战略》，《国际问题研究》2012 年第 2 期。

72. 习近平：《决胜全面建成小康社会夺取新时代中国特色社会主义伟大胜利—在中国共产党第十九次全国代表大会上的报告》，人民出版社 2017 年版。

73. 阎学通：《权力中心转移与国际体系转变》，《当代亚太》2012 年第 6 期。

74. 杨洁篪：《新形势下中国外交理论和实践创新》，《求是》

2013 年第 16 期。

75. 杨洁勉：《国际体系转型期中美关系的新特点》，《世界经济与政治》2007 年第 12 期。

76. 杨毅：《中国国防与军队建设的战略性调整》，《世界经济与政治》2008 年第 11 期。

77. 尹继武：《认知心理学在国际关系研究中的应用：进步及其问题》，《外交评论》2006 年第 4 期。

78. 尹继武：《诚意信号表达与中国外交的战略匹配》，《外交评论》2015 年第 3 期。

79. 尹继武：《国际政治心理学研究的新进展：基本评估》，《国外理论动态》2016 年第 1 期。

80. 虞卫东：《美国第三次"抵消战略"：意图与影响比较研究》，《国际关系研究》2015 年第 3 期。

81. 袁鹏：《中美关系向何处去?》，《外交评论》2010 年第 2 期。

82. 袁鹏：《奥巴马的得失与特朗普的上台》，《世界知识》2016 年第 24 期。

83. 袁鹏：《把握新阶段中美关系的特点和规律》，《现代国际关系》2018 年第 6 期。

84. 张蓓、孙成昊：《特朗普执政后美欧关系的变化》，《国际研究参考》2017 年第 5 期。

85. 张清敏、潘丽君：《类比、认知与毛泽东的对外政策》，《世界经济与政治》2010 年第 11 期。

86. 张清敏：《隐喻、问题表征与毛泽东的对外政策》，《国际政治研究》2011 年第 2 期。

87. 张睿壮：《不和谐的世界：国际问题研究文萃》，上海人民出版社 2010 年版。

88. 张五常：《中国的经济制度》，中信出版社 2009 年版。

89. 赵明昊：《迈向"战略克制"？——"9·11"事件以来美国国内有关大战略的争论》，《国际政治研究》2012 年第 3 期。

90. 赵明昊：《大国战略背景下美国对"一带一路"的制衡态势论析》，《世界经济与政治》2018 年第 12 期。

91. 郑永年：《国际政治中的三种非正式力量》，《联合早报》2015 年 6 月 23 日。

92. 周建明、王成至主编：《美国国家安全战略解密文献选编（1945－1972）》（第一册），社会科学文献出版社 2010 年版。

93. 周方银：《美国的亚太同盟体系与中国的应对》，《世界经济与政治》2013 年第 11 期。

94. 周琪：《"布什主义"与美国新保守主义》，《美国研究》2007 年第 2 期。

95. 周琪主编：《美国外交决策过程》，中国社会科学出版社2011 年版。

96. 周文重：《斗而不破：中美博弈与世界再平衡》，中信出版社 2017 年版。

97. 朱锋、罗伯特·罗斯主编：《中国崛起：理论与政策的视角》，上海人民出版社 2008 年版。

98. 朱锋：《在"韬光养晦"与"有所作为"之间求平衡》，《现代国际关系》2008 年第 9 期。

99. 左希迎：《新精英集团、制度能力与国家的军事效仿行为》，《世界经济与政治》2010 年第 10 期。

100. 左希迎、唐世平：《理解战略行为：一个初步的分析框架》，《中国社会科学》2012 年第 11 期。

101. 左希迎：《反恐时代的美国军事制度改革：从唐纳德·拉姆斯菲尔德到罗伯特·盖茨》，《国际安全研究》2014 年第 4 期。

102. 左希迎：《特朗普政府亚太安全战略的调整》，《世界经济与政治》2017 年第 5 期。

103. 左希迎：《核时代的虚张声势行为：以朝鲜在第四次核试验后的行为为例》，《外交评论》2017 年第 6 期。

104. 〔美〕安德鲁·埃里克森、贾斯汀·米科雷：《关岛与美国在太平洋地区的安全》，载《美国亚太再平衡战略评估：美军在亚太地区的基地部署和前沿存在》，陈育功等译，李辉校，军事科学出版社 2016 年版。

105. 〔美〕查尔斯·波伦：《历史的见证（1929－1969 年）》，商务印书馆 1976 年版。

106. 〔美〕巴里·波森：《军事学说的来源：两次世界大战之间的法国、英国和德国》，梅然译，上海人民出版社 2013 年版。

107. 〔美〕丹尼尔·布尔斯廷：《美国人：开拓历程》，生活·读书·新知三联书店 1993 年版。

108. 〔美〕伯纳德·布罗迪：《海军战略指南》，王哲文、吕贤臣、尤昊译，上海交通大学出版社 2015 年版。

109. 〔美〕兹比格涅夫·布热津斯基：《实力与原则：1977－1981 年国家安全顾问回忆录》，邱应觉等译，世界知识出版社 1985 年版。

110. 〔美〕傅立民：《美国在中东的厄运》，周琪、杨悦译，社会科学文献出版社 2013 年版。

111. 〔美〕沃尔特·惠特曼：《草叶集》，上海译文出版社 2015 年版。

112. 〔澳〕戴维·基尔卡伦：《意外的游击战：反恐大战中的各类小型战争》，修光敏、王戎译，上海人民出版社 2016 年版。

113. 〔英〕约翰·基根：《战争史》，林华译，中信出版社 2015 年版。

114. 〔美〕亨利·基辛格：《美国对外政策》，上海人民出版社 1972 年版。

115. 〔美〕亨利·基辛格：《世界秩序》，胡立平等译，中信出版社 2015 年版。

116. ［美］亨利·基辛格：《重建的世界》，冯洁音、唐良铁、毛云译，上海译文出版社 2015 年版。

117. ［美］约翰·加迪斯：《遏制战略：战后美国国家安全政策评析》，时殷弘等译，世界知识出版社 2005 年版。

118. ［美］欧文·贾尼斯：《小集团思维：决策及其失败的心理学研究》，张清敏等译，中央编译出版社 2016 年版。

119. ［美］罗伯特·杰维斯：《国际政治中的知觉与错误知觉》，秦亚青译，世界知识出版社 2003 年版。

120. ［美］罗伯特·卡根：《天堂与权力：世界秩序中的美国与欧洲》，刘坤译，社会科学文献出版社 2013 年版。

121. ［美］乔治·凯南：《凯南日记》，曹明玉译，中信出版社 2016 年版。

122. ［美］埃利奥特·科恩：《最高统帅：战争中的元首与他的将军们》，徐刚译，新华出版社 2004 年版。

123. ［美］韩德：《美利坚独步天下：美国是如何获得和动用它的世界优势的》，马荣久等译，上海人民出版社 2011 年版。

124. ［美］汉密尔顿、杰伊、麦迪逊：《联邦党人文集》，程逢如、在汉、舒逊译，商务印书馆 1980 年版。

125. ［美］郝拓德、安德鲁·罗斯：《情感转向：情感的类型及其国际关系影响》，《外交评论》2011 年第 4 期。

126. ［美］塞缪尔·亨廷顿：《军人与国家：军政关系的理论与政治》，李晟译，中国政法大学出版社 2017 年版。

127. ［美］肯尼斯·华尔兹：《国际政治理论》，信强译，上海人民出版社 2008 年版。

128. ［美］彼得·卡赞斯坦、罗伯特·基欧汉和斯蒂芬·克拉斯纳：《世界政治理论的探索与争鸣》，秦亚青等译，上海人民出版社 2006 年版。

129. 〔美〕罗纳德·科斯、王宁：《变革中国》：中信出版社 2013 年版。

130. 〔美〕梅尔文·莱弗勒：《权力优势：国家安全、杜鲁门政府与冷战》，孙建中译，商务印书馆 2019 年版。

131. 〔美〕约翰·米尔斯海默：《大国政治的悲剧》，王义桅、唐小松译，上海：上海人民出版社，2003 年版。

132. 〔美〕汉斯·摩根索：《国家间政治：权力斗争与和平》（第 7 版），徐昕等译，北京大学出版社 2006 年版。

133. 〔美〕史文：《超越美国西太平洋主导地位：稳定中美均势的必要》，《当代美国评论》2017 年第 2 期。

134. 〔美〕兰德尔·施韦勒：《没有应答的威胁：均势的政治制约》，刘丰、陈永译，北京大学出版社 2015 年版。

135. 〔美〕约瑟夫·斯蒂格利茨、琳达·比尔米斯：《三万亿美元的战争：伊拉克战争的真实成本》，卢昌崇、孟韬、李浩译，中国人民大学出版社 2013 年版。

136. 〔美〕杰克·斯奈德：《从投票到暴力：民主化和民族主义冲突》，吴强译，中央编译出版社 2017 年版。

137. 〔美〕唐纳德·特朗普、梅瑞迪斯·麦肯沃：《永不放弃：特朗普自述》，蒋旭峰、刘佳译，上海译文出版社 2016 年版。

138. 〔美〕斯蒂芬·沃尔特：《联盟的起源》，周丕启译，北京大学出版社 2007 年版。

139. 〔美〕亚历山大·温特：《国际政治的社会理论》，秦亚青译，上海人民出版社 2000 年版。

140. 〔美〕罗杰·希尔斯曼等：《防务与外交政策中的政治：概念模式与官僚政治》，曹大鹏译，商务印书馆 2000 年版。

141. 〔美〕托马斯·谢林：《冲突的战略》，赵华等译，华夏出版社 2006 年版。

142. 〔美〕托马斯·谢林：《承诺的策略》，王永钦、薛峰译，上海人民出版社 2009 年版。

 143. ［美］托马斯·谢林:《军备及其影响》,毛瑞鹏译,上海人民出版社 2011 年版。

 144. ［美］马丁·英迪克、李侃如、迈克尔·奥汉隆:《重塑历史:贝拉克·奥巴马的外交政策》,赵天一译,中国社会科学出版社 2016 年版。

 145. ［英］朱利安·科贝特:《海上战略的若干原则》,吕贤臣译,上海交通大学出版社 2015 年版。

四　英文文献

Adams, Thomas K. (2001/2002), "Future Warfare and the Decline of Human Decisionmaking", *Parameters* 31 (4): 57 – 71.

Ahmed, Salman and Alexander Bick (2017), *Trump's National Security Strategy: A New Brand of Mercantilism?* Washington D. C.: Carnegie Endowment for International Peace.

Albright, Madeleine (1994), "Realism and Idealism in American Foreign Policy Today", *U. S. Department of State Dispatch* 5 (26): 434 – 437.

Allison, Graham T. (1971), *Essence of Decision: Explaining the Cuban Missile Crisis*, Boston: Little, Brown and Company.

Antonenko, Oksana (2008), "A War with No Winners", *Survival* 50 (5): 23 – 36.

Arreguín – Toft, Ivan (2001), "How the Weak Win Wars: A Theory of Asymmetric Conflict", *International Security* 26 (1): 93 – 128.

Bacevich, Andrew J. (2017), "Saving 'America First': What Responsible Nationalism Looks Like", *Foreign Affairs* 96 (5): 57 – 67.

Baker, Peter and Choe San – Hun (2018), "With Snap 'Yes' in Oval Office, Trump Gambles on North Korea", *The New York Times*,

March 10.

Belasco, Amy (2014), *The Cost of Iraq, Afghanistan, and Other Global War on Terror Operations Since 9/11*, Washington, D. C. : CRS Report for Congress.

Bergen, Peter and Alec Reynolds (2005), "Blowback Revisited: Today's Insurgents in Iraq Are Tomorrow's Terrorist", *Foreign Affairs* 84 (6): 2 -6.

Betts, Richard K. (1985), "Conventional Deterrence: Predictive Uncertainty and Policy Confidence", *World Politics* 37 (2): 153 -179.

—— (1977), *Soldiers, Statesmen, and Cold War Crises*, Cambridge, Mass. : Harvard University Press.

Blackwill, Robert D. and Ashley J. Tellis (2015), *Revising U. S. Grand Strategy Toward China*, New York: Council on Foreign Relations.

Blackwill, Robert D. and Philip H. Gordon (2018), *Containing Russia: How to Respond to Moscow's Intervention in U. S. Democracy and Growing Geoplitical Challenge*, New York: Council on Foreign Relations.

Bollinger, Lee C. (2019), "No, I Won't Start Spying on My Foreign - Born Students", *The Washington Post*, August 31.

Bowers, Christopher O. (2012), "Identifying Emerging Hybrid Adversaries", *Parameters* 42 (1): 39 -50.

Boot, Max (2003), "The New American Way of War", *Foreign Affairs* 82 (4): 41 -58.

Betts, Richard K. (1978), "Analysis, War, and Decision: Why Intelligence Failures Are Inevitable", *World Politics* 31 (1): 61 -89.

Branniff, Bill and Assaf Moghadam (2011), "Towards Global Jihadism:

Al – Qaeda's Strategic, Ideological and Structural Adaptations since 9/11", *Perspectives on Terrorism* 5 (2): 36 – 49.

Brands, Hal (2017), "Barack Obama and the Dilemmas of American Grand Strategy", *The Washington Quarterly* 39 (4): 116 – 118.

—— (2018), "The Chinese Century?" *The National Interest* (154): 35 – 45.

Brands, Hal and Jeremi Suri eds. (2015), *The Power of the Past: History and Statecraft*, Washington D. C.: Brookings Institution Press.

Brands, Hal and Peter Feaver (2017), "Trump and Terrorism: U. S. Strategy after ISIS", *Foreign Affairs* 96 (2): 28 – 36.

Brands, H. W. (1998), *What America Owes the World: The Struggle for the Soul of Foreign Policy*, Cambridge: Cambridge University Press.

Brooks, Stephen G. and William C. Wohlforth (2008), *World Out of Balance: International Relations and the Challenge of American Primacy*, Princeton: Princeton University Press.

—— (2015/2016), "The Rise and Fall of Great Powers in the Twenty – first Century: China's Rise and the Fate of America's Global Position", *International Security* 40 (3): 7 – 53.

Broomfield, Emma V. (2003), "Perceptions of Danger: The China Threat Theory", *Journal of Contemporary China* 12 (35): 265 – 284.

Brown, Robert B. (2017), "The Indo – Asia Pacific and the Multi – Domain Battle Concept", *Military Review* 97 (5): 14 – 29.

Burgess, Stephen F. and Janet Beilstein (2018), "Multilateral Defense Cooperation in the Indo – Asia – Pacific Region: Tentative Steps toward a Regional NATO?" *Contemporary Security Policy* 39 (2): 258 – 279.

Burke, John and Fred Greenstein (1989a), *How Presidents Test Reality*:

Decisions on Vietnam, 1954 *and* 1965, New York: Russell Sage Foundation.

—— (1989b), "Presidential Personality and National Security Leadership: A Comparative Analysis of Vietnam Decision – Making", *International Political Science Review* 10 (1): 73 – 92.

Byman, Daniel (2003), "Constructing a Democratic Iraq: Challenges and Opportunities", *International Security* 28 (1): 47 – 78.

Campbell, Kurt M. and Ely Ratner (2018), "The China Reckoning: How Beijing Defied American Expectations", *Foreign Affairs* 97 (2): 60 – 70.

Carter, Ash (2016), "The Rebalance and Asia – Pacific Security: Building a Principled Security Network", *Foreign Affairs* 95 (6): 65 – 75.

Carter, David B. (2016), "Provocation and the Strategy of Terrorist and Guerrilla Attacks", *International Organization* 70 (1): 133 – 173.

Casey, George W. (2009), "An Interview with George W. Casey, Jr.", *Joint Force Quarterly* (52): 19.

Cassidy, Robert M. (2006), "The Long Small War: Indigenous Forces for Counterinsurgency", *Parameters* 36 (2): 47 – 62.

Chesser, Susan G. (2011), *Afghanistan Casualties: Military Forces and Civilians*, Washington, D. C. : Congressional Research Service.

Christensen, Thomas (1997), "Perceptions and Alliances in Europe, 1865 – 1940", *International Organization* 51 (1): 65 – 97.

—— (2011), "The Advantages of an Assertive China: Responding to Beijing's Abrasive Diplomacy", *Foreign Affairs* 90 (2): 54 – 67.

—— (2015), *The China Challenge: Shaping the Choice of a Rising Power*, New York: W. W. Norton and Company.

Clark, Bryan et al. (2017), *Winning in the Gray Zone: Using Electro-*

magnetic Warfare to Regain Escalation Dominance, Washington, D. C. : Center for Strategic and Budgetary Assessments.

Clinton, Hillary (2011), "America's Pacific Century", *Foreign Policy* (189): 56 – 63.

Cohen, Eliot A. (1985), *Citizens and Soldiers: The Dilemmas of Military Service*, Ithaca, N. Y. : Cornell University Press.

—— (2005), "The Historical Mind and Military Strategy", *Orbis* 49 (4): 575 – 588.

—— (2016), *The Big Stick: The Limits of Soft Power and the Necessity of Military Force*, New York: Basic Books.

Colby, Elbridge (2015), *Nuclear Weapons in the Third Offset Strategy: Avoiding a Nuclear Blind Spot in the Pentagon's New Initiative*, Washington, D. C. : Center for New American Security.

Cohn, Gary D. and H. R. McMaster (2017), "The Trump Vision for America Abroad", *The New York Times*, July 13.

Collier, Paul and Anke Hoeffler (2004), "Greed and Grievance in Civil War", *Oxford Economic Papers* 56 (4): 563 – 595.

Cordesman, AnthonyH. (2016), *The Obama Strategy in Afghanistan: Finding A Way to Win*, Washington, D. C: The CSIS.

Cronin, Patrick M. et al. (2014), *Tailored Coercion: Competition and Risk in Maritime Asia*, Washington, D. C. : Center for New American Security.

Cronin, Patrick M. and Abigail Grace (2018), "ASEAN Is the Fulcrum of a Free and Open Indo – Pacific", *The Strait Times*, May 31.

Daggett, Stephen (2010), *Costs of Major U. S. Wars*, Washington, D. C. : CRS Report for Congress.

Davidson, JasonW. (2006), *The Origins of Revisionist and Status – quo States*, New York: Palgrave MacMillan.

Deng, Yong (2008), *China's Struggle for Status: The Realignment of International Relations*, Cambridge University Press.

Denmark, Abraham and Nirav Patel eds. (2009), *China's Arrival: A Strategic Framework for a Global Relationship*, Washington, D. C.: Center for a New American Security.

Desch, Michael C. (2007/2008), "America's Liberal Illiberalism: The Ideological Origins of Overreaction in U. S. Foreign Policy", *International Security* 32 (3): 7 – 43.

Dollar, David et al. (2018), *Avoiding War: Containment, Competition, and Cooperation in US – China Relations*, Washington, D. C.: The Brookings Institution.

Drezner, Daniel W. (2000), "Ideas, Bureaucratic Politics, and the Crafting of Foreign Policy", *American Journal of Political Science* 44 (4): 733 – 749.

—— (2009), "Bad Debts: Assessing China's Financial Influence in Great Power Politics", *International Security* 34 (2): 7 – 45.

Dunford, Joseph F. Jr. (2017), "Allies and Partners Are Our Strategic Center of Gravity", *Joint Force Quarterly* 87 (4): 4 – 5.

Eilstrup – Sangiovanni, Mette and Calvert Jones (2008), "Assessing the Dangers of Illicit Networks: Why al – Qaida May Be Less Threatening Than Many Think", *International Security* 33 (2): 7 – 44.

Feaver, Peter (2003), *Armed Servants: Agency, Oversight, and Civil – Military Relations*, Cambridge, Mass.: Harvard University Press.

—— (2011), "The Right to Be Right: Civil – Military Relations and the Iraq Surge Decision", *International Security* 35 (4): 87 – 125.

Fearon, James D. (1994), "Domestic Political Audiences and the Escalation of International Disputes", *The American Political Science Review* 88 (3): 577 – 592.

—— (1995), "Rationalist Explanations for War", *International Organization* 49 (3): 379 – 414.

Feng, Huiyun (2007), *Chinese Strategic Culture and Foreign Policy Decision – Making: Confucianism, Leadership and War*, London and New York: Routledge.

—— (2009), "Is China a Revisionist Power?" *The Chinese Journal of International Politics* 2 (3): 313 – 334.

Ferguson, Niall (2019), "The New Cold War? It's with China, and It Has Already Begun." *The New York Times*, December 2.

Finel, Bernard I. (2001/2002), "Black Box or Pandora's Box: State Level, Variables and Progressivity in Realist Research Programs", *Security Studies* 11 (2): 212 – 218.

Flournoy, Michèle A. and Shawn Brimley eds. (2008), *Finding Our Way: Debating American Grand Strategy*, Washington, D. C. : Center for a New American Security.

Fravel, M. Taylor (2007), "Securing Borders: China's Doctrine and Force Structure for Frontier Defense", *The Journal of Strategic Studies* 30 (4 – 5): 705 – 737.

—— (2008), "China's Search for Military Power", *The Washington Quarterly* 31 (3): 125 – 141.

Fravel, M. Taylor, J. Stapleton Roy, Michael D. Swaine, Susan A. Thornton and Ezra Vogel (2019), "China Is Not an Enemy", *The Washington Post*, July 3.

Freedman, Lawrence (2014/2015), "Ukraine and the Art of Limited War", *Survival* 56 (6): 7 – 38.

Friedberg, Aaron L. (2005), "The Future of U. S. – China Relations: Is Conflict Inevitable?" *International Security* 30 (2): 7 – 45.

—— (2011), "The New Era of U. S. – China Rivalry", *The Wall Street*

Journal, January 17.

—— (2012), *A Contest for Supremacy: China, America, and the Struggle for Mastery in Asia*, New York: W. W. Norton & Company.

—— (2015), "The Debate Over US China Strategy", *Survival* 57 (3): 89 – 110.

—— (2015), "The Sources of Chinese Conduct: Explaining Beijing's Assertiveness", *The Washington Quarterly* 37 (4): 133 – 150.

—— (2018), "Competing with China", *Survival* 60 (3): 7 – 64.

Friedberg, Aaron L. and Robert S. Ross (2009), "Here Be Dragons: Is China a Military Threat?" *The National Interest* (103): 19 – 34.

Fukuyama, Francis (1989), "The End of History?" *The National Interest* (16): 3 – 18.

Galula, David (2006), *Counterinsurgency Warfare: Theory and Practice*, Westport, C. T. : Praeger Security International.

Gause III, F. Gregory (2003/2004), "Balancing What?: Threat Perception and Alliance Choice in the Gulf", *Security Studies* 13 (2): 273 – 305.

Gelpi, Christopher, Peter Feaver, and Jason Reifler (2005/2006), "Success Matters: Casualty Sensitivity and the War in Iraq", *International Security* 30 (3): 7 – 46.

Gentile, Gian P. (2008), "A (Slightly) Better War: A Narrative and Its Defects", *World Affairs* 171 (1): 57 – 64.

—— (2009a), "A Strategy of Tactics: Population – centric COIN and the Army", *Parameter* 39 (3): 5 – 17.

—— (2009b), "The Imperative for an American General Purpose Army That Can Fight", *Orbis* 53 (3): 457 – 470.

—— (2009c) "Let's Build an Army to Win All Wars. " *Joint Force Quarterly* (52): 27 – 33.

—— (2009/2010), "Learning, Adapting and the Perils of the New Counter – insurgency", *Survival* 51 (6): 189 – 202.

—— (2010), "Time for the Deconstruction of Field Manual 3 – 24", *Joint Force Quarterly* (58): 116 – 117.

—— (2012), "The Better War that Never Was", *The National Interest* (118): 89 – 96.

—— (2013), *Wrong Turn: America's Deadly Embrace of Counterinsurgency*, New York: The New Press.

George, Alexander (1980), *Presidential Decisionmaking in Foreign Policy: The Effective Use of Information and Advice*, Boulder, Colorado: Westview Press.

George, Alexander (1996), "The ' Operational Code ': A Neglected Approach to the Study of Political Leaders and Decision – Making", *International Studies Quarterly* 13 (2): 190 – 220.

George, Roger Z. and Harvey Rishikof eds. (2011), *The National Security Enterprise: Navigating the Labyrinth*, Washington, D. C. : Georgetown University Press.

Gericke, Bradley T. (2011), *David Petraeus: A Biography*, Santa Barbara, C. A. : Greenwood.

Gertz, Bill (2002), *The China Threat: How the People' Republic Targets America*, Washington, D. C. : Regnery Publishing.

Glaser, Charles (2011), "Will China's Rise Lead to War?" *Foreign Affairs* 90 (2): 80 – 91.

Goertz, Gary (2004), "Constraints, Compromises, and Decision Making", *Journal of Conflict Resolution* 48 (1): 14 – 37.

Goldstein, Avery (2005), *Rising to the Challenge: China's Grand Strategy and International Security*, Stanford: Stanford University Press.

—— (2013), "First Things First: The Pressing Danger of Crisis Instability in U. S. – China Relations", *International Security* 37 （4）：49 – 89.

Goldstein, Lyle J. （2015）, *Meeting China Halfway: How to Defuse the Emerging US – China Rivalry*, Washington, D. C. : Georgetown University Press.

Gordon, Philip （2017）, "A Vision of Trump at War: How the President Could Stumble into Conflict", *Foreign Affairs* 96 （3）: 10 – 19.

Goulston, Mark （2017）, "Understanding Trump: The Hammer, the Nail and His Reality Distortion Field", *The Huffington Post*, December 30.

Haas, Mark L. （2005）, *The Ideological Origins of Great Power Politics, 1789 – 1989*, Ithaca, N. Y. : Cornell University Press.

Hall, Todd （2015）, *Emotional Diplomacy: Official Emotion on the International Stage*, Ithaca, N. Y. : Cornell University Press.

Hammes, T. X. （2008）, "The Art of Petraeus", *The National Interest* （98）: 53 – 59.

Hanrieder, Wolfram F. （1967）, "Compatibility and Consensus: A Proposal for the Conceptual Linkage of External and Internal Dimensions of Foreign Policy", *The American Political Science Review* 61 （4）: 971 – 982.

Harding, Harry （2015）, "Has U. S. China Policy Failed?" *The Washington Quarterly* 38 （3）: 100 – 119.

Harper, John Lamberton （2007）, *American Machiavelli: Alexander Hamilton and the Origins of U. S. Foreign Policy*, Cambridge: Cambridge University Press.

Hart, Gary （2013）, "The McChrystal Way of War", *The National Interest* （124）: 81 – 88.

He, Kai （2012）, "Undermining Adversaries: Unipolarity, Threat Perception, and Negative Balancing Strategies after the Cold War", *Security Studies* 21 (2): 154 – 191.

He, Yinan (2009), *The Search for Reconciliation: Sino – Japanese and Germany – Polish Relations after WWII*, Cambridge: Cambridge University Press.

Hermann, Margaret G. (2001), "How Decision Units Shape Foreign Policy: A Theoretical Framework", *International Studies Review* 3 (2): 47 – 81.

Hermann, Margaret G. and Thomas Preston (1994), "Presidents, Adviser, and Foreign Policy: The Effect of Leadership Style on Executive Arrangements", *Political Psychology* 15 (1): 75 – 96.

Hilsman, Roger (1958), "Congressional – Executive Relations and the Foreign Policy Consensus", *The American Political Science Review* 52 (3): 725 – 744.

—— (1959), "The Foreign – Policy Consensus: An Interim Research Report", *Conflict Resolution* 3 (4): 361 – 382.

Hoffman, Frank G. (2007), "Neo – Classical Counterinsurgency?" *Parameters* 41 (2): 71 – 87.

Hogan, Joe D. et al. (2001), "Foreign Policy by Coalition: Deadlock, Compromise, and Anarchy", *International Studies Review* 3 (2): 169 – 216.

Holsti, Ole R. (2004), *Public Opinion and American Foreign Policy*, Ann Arbor, Michigan: The University of Michigan Press.

Hopf, Ted (2002), *Social Construction of Foreign Policy: Identities and Foreign Policies, Moscow, 1955 and 1999*, Ithaca, N. Y. : Cornell University Press.

Horowitz, Donald L. (1985), *Ethnic Groups in Conflict*, Berkeley, Calif. : University of California Press.

Huddy, Leonie, David O. Sears, and Jack S. Levy, eds. (2013), *The Oxford Handbook of Political Psychology*, Oxford: Oxford University Press.

Huddy, Leonie, Stanley Feldman, Charles Taber and Gallya Lahav (2005), "Threat, Anxiety, and Support of Antiterrorism Polices", *American Journal of Political Science* 49 (3): 593 – 608.

Hunt, Michael H. (2009), *Ideology and U. S. Foreign Policy*, New Heaven: C. T. : Yale University Press.

Ikenberry, G. John (2008), "The Rise of China and the Future of the West: Can the Liberal System Survive?" *Foreign Affairs* 87 (1): 23 – 37.

—— (2011), *Liberal Leviathan: The Origins, Crisis, and Transformation of the American World Order*, Princeton, N. J. : Princeton University Press.

—— (2014), "The Illusion of Geopolitics: The Enduring Power of the Liberal Order", *Foreign Affairs* 93 (3): 80 – 90.

—— ed. (2002), *America Unrivaled: The Future of Balance of Power*, Ithaca: Cornell University Press.

Ikenberry, G. John et al. (2009), *The Crisis of American Foreign Policy: Wilsonianism in the Twenty – first Century*, Princeton, N. J. : Princeton University Press.

Imlay, Talbot and Monica Duffy Toft eds. (2006), *The Fog of Peace and War Planning: Military and Strategic Planning under Uncertainty*, New York: Routledge.

Jervis, Robert (1970), *The Logic of Images in International Relations*, Princeton, N. J. : Princeton University Press.

Jervis, Robert and Jack Snyder eds. (1991), *Dominoes and Bandwagons: Strategic Beliefs and Great Power Competition in the Eurasian*

Rimland, New York: Oxford University Press.

Johnston, Alastair Iain (1995), *Cultural Realism: Strategic Culture and Grand Strategy in Chinese History*, Princeton, N. J. : Princeton University Press.

—— (2008), *Social States: China in International Institutions*, 1980 – 2000, Princeton University Press.

—— (2011), "Stability and Instability in Sino – US Relations: A Response to Yan Xuetong's Superficial Friendship Theory," *The Chinese Journal of International Politics* 4 (1): 5 – 29.

—— (2013), "How New and Assertive Is China's New Assertiveness?" *International Security* 37 (4): 7 – 48.

Johnson, Thomas H. and M. Chris Mason (2007), "Understanding the Taliban and Insurgency in Afghanistan", *Orbis* 51 (1): 71 – 89.

Jones, Seth G. (2008), "The Rise of Afghanistan's Insurgency: State Failure and Jihad", *International Security* 32 (4): 7 – 40.

Kadercan, Burak (2013/2014), "Strong Armies, Slow Adaptation: Civil – Military Relations and the Diffusion of Military Power", *International Security* 38 (3): 117 – 152.

Kagan, Frederick W. (2006), "The U. S. Military's Manpower Crisis", *Foreign Affairs* 85 (4): 97 – 110.

Kagan, Robert (2012), *The World America Made*, New York: Vintage Books.

Kalyvas, Stathis N. (2004), "The Paradox of Terrorism in Civil War", *The Journal of Ethnics* 8 (1): 97 – 138.

Kaplan, Fred (2013a), "The End of the Age of Petraeus: The Rise and Fall of Counterinsurgency", *Foreign Affairs* 92 (1): 75 – 90.

—— (2013b), *The Insurgents: David Petraeus and the Plot to Change the American Way of War*, New York: Simon & Schuster.

Kaufmann, Chaim (1996), "Intervention in Ethnic and Ideological Civil Wars: Why One Can Be Done and the Other Can't", *Security Studies* 6 (1): 62 – 100.

—— (2004), "Threat Inflation and the Failure of the Marketplace of Ideas: The Selling of the Iraq War", *International Security* 29 (1): 5 – 48.

Kaufman, Stuart J. (2006), "Symbolic Politics or Rational Choice? Testing Theories of Extreme Ethnic Violence", *International Security* 30 (4): 45 – 86.

Kearn, David W. Jr. (2014), "Air – Sea Battle and China's Anti – Access and Area Denial Challenge", *Orbis* 58 (1): 132 – 146.

Khong, Yuen Foong (1992), *Analogies at War: Korea, Munich, Dien Bien Phu, and The Vietnam Decisions of* 1965, Princeton, N. J.: Princeton University Press.

Kier, Elizabeth (1997), *Imagining War: French and British Military Doctrine between Wars*, Princeton, N. J.: Princeton University Press.

Kilcullen, David J. (2005), "Countering Global Insurgency", *The Journal of Strategic Studies* 28 (4): 597 – 617.

Kissinger, Henry A. (1966), "Domestic Structure and Foreign Policy", *Daedalus* 95 (2): 503 – 529.

Krepinevich, Andrew F. (1986), *The Army and Vietnam*, Baltimore, M. D.: The Johns Hopkins University Press.

—— (2009), 7 *Deadly Scenarios: A Military Futurist Explores War in the* 21st *Century*, New York: A Bantam Book.

—— (2010), *Why AirSea Battle?* Washington. D. C.: Center for Strategic and Budgetary Assessments.

Kreps, Sarah (2010), "Elite Consensus as a Determinant of Alliance

Cohesion: Why Public Opinion Hardly Matters for NATO – led Operations in Afghanistan", *Foreign Policy Analysis* 6 (3): 191 –215.

Kristensen, Hans M. and Robert S. Norris (2013), "Global Nuclear Weapons Inventories, 1945 – 2013", *Bulletin of the Atomic Scientists* 69 (5): 75 –81.

Kober, Avi (2006), "Israel Wars of Attrition: Operational and Moral Dilemmas", *Israel Affairs* 12 (4): 801 –822.

Kollars, Nina A. (2015), "War's Horizon: Soldier – Led Adaptation in Iraq and Vietnam", *The Journal of Strategic Studies* 38 (4): 529 –553.

Kugler, Jacek (2006), "The Asian Ascent: Opportunity for Peace or Precondition for War?" *International Studies Perspectives* 7 (1): 36 –42.

Kydd, Andrew (2005), *Trust and Mistrust in International Relations*, Princeton, N. J.: Princeton University Press.

Kydd, Andrew H. and Barbara F. Walter (2006), "The Strategies of Terrorism", *International Security* 31 (1): 49 –80.

Laird, Melvin R. (2005), "Iraq: Learning the Lessons of Vietnam", *Foreign Affairs* 84 (6): 22 –43.

Lake, David A. and Donald Rothchild (1996), "Containing Fear: The Origins and Management of Ethnic Conflict", *International Security* 21 (2): 41 –75.

Landler, Mark (2017), "The Afghan War and the Evolution of Obama", *The New York Times*, January 1.

Larson, Deborah Welch and Alexei Shevchenko (2010), "Status Seekers: Chinese and Russian Responses to U. S. Primacy", *International Security* 34 (4): 63 –95.

László, Valki ed. (1992), *Changing Threat Perceptions and Military Doctrines*, New York: Palgrave Macmillan.

LeMière, Christian (2011), "The Return of Gunboat Diplomacy", *Survival* 53 (5): 53 –68.

Legro, Jeffrey W. (1994), "Military Culture and Inadvertent Escalation in World War II", *International Security* 18 (4): 108 –142.

—— (1997), "Which Norms Matter? Revisiting the 'Failure' of Internationalism", *International Organization* 51 (1): 35 –38.

Levy, Jack S. (1987), "Declining Power and the Preventive Motivation for War", *World Politic* 40 (1): 82 –107.

—— (1994), "Learning and Foreign Policy: Sweeping a Conceptual Minefield", *International Organization* 48 (2): 279 –312.

Liff, Adam P. and G. John Ikenberry (2014), "Racing Toward Tragedy?: China's Rise, Military Competition in the Asia Pacific, and the Security Dilemma", *International Security* 39 (2): 52 –91.

Lind, Michael (2006), *The American Way of Strategy*, Oxford: Oxford University Press.

Lind, Jennifer (2008), *Sorry States: Apologies in International Politics*, Ithaca, N. Y. : Cornell University Press.

—— (2018), "Life in China's Asia: What Regional Hegemony Would Look Like", *Foreign Affairs* 97 (2): 71 –82.

Long, William and Peter Brecke (2003), *War and Reconciliation: Reason and Emotion in Conflict Resolution*, Cambridge, Mass. : The MIT Press.

Lord, Carnes (1988), *The Presidency and the Management of National Security*, New York: The Free Press.

Mahnken, Thomas G. (2011), "China's Anti – Access Strategy in Historical and Theoretical Perspective", *The Journal of Strategy Studies*

34（3）：299 – 323.

Malici, Akan（2008）, *When Leaders Learn and When They Don' t*：*Mikhail Gorbachev and Kim Il Sung at the End of the Cold War*, New York：State University of New York Press.

Mann, James（2004）, *Rise of the Vulcans*：*The History of Bush's War Cabinet*, New York：Viking.

Mansfield, Edward D. and Jack Snyder（1995）, "Democratization and the Danger of War", *International Security* 20（1）：5 – 38.

Mansoor, Peter R.（2013）, *Surge*：*My Journey with General David Petraeus and the Remaking of the Iraq War*, New Heaven：Yale University Press.

Maoz, Zeev（1990/1991）, "Framing the National Interest：The Manipulation of Foreign Policy Decision in Group Settings", *World Politics* 43（1）：77 – 110.

Maoz, Zeev and Bruce Russett（1993）, "Normative and Structural Causes of Democratic Peace, 1946 – 1986", *The American Political Science Review* 87（3）：624 – 638.

Margon, Sarah（2018）, "Giving up the High Ground：America's Retreat on Human Rights", *Foreign Affairs* 97（2）：39 – 45.

Marrin, Stephen（2017）, "Why Strategic Intelligence Analysis Has Limited Influence on American Foreign Policy", *Intelligence and National Security* 32（6）：725 – 742.

Martinage, Robert（2014）, *Toward a New Offset Strategy*：*Exploiting U. S. Long – Term Advantages to Restore U. S. Global Power Projection Capability*, Washington, D. C.：Center for Strategic and Budgetary Assessments.

Mastro, Oriana Skylar（2015）, "Why Chinese Assertiveness Is Here to Stay", *The Washington Quarterly* 37（4）：151 – 170.

Mattis, Jim and Rex Tillerson (2017), "We're Holding Pyongyang to Account", *The Wall Street Journal*, August 14.

May, Ernest R. (1973), *"Lessons" of the Past: The Use and Misuse of History in American Foreign Policy*, Oxford: Oxford University Press.

McKinney, Chris, Mark Elfendahl, and H. R. McMaster (2013), "Why the U. S. Army Needs Armor: The Case for a Balanced Force", *Foreign Affairs* 92 (3): 129 – 136.

McGrath, James R. (2016), "Twenty – First Century Information Warfare and the Third Offset Strategy", *Joint Force Quarterly* 82 (3): 16 – 23.

McMaster, H. R. (1997), *Dereliction of Duty: Lyndon Johnson, Robert McNamara, the Joint Chiefs of Staff*, New York: Harper Collins Publishers.

—— (2008), "Learning from Contemporary Conflicts to Prepare for Future War", *Orbis* 52 (4): 465 – 584.

McMaster, H. R. and Gary D. Cohn (2017), "America First Doesn't Mean America Alone", *The Wall Street Journal*, May 30.

Mead, Walter Russell (1999/2000), "The Jacksonian Tradition: And American Foreign Policy", *The National Interest* (58): 5 – 29.

Mearsheimer, John J. (2010), "The Gathering Storm: China's Challenge to US Power in Asia", *The Chinese Journal of International Politics* 3 (4): 381 – 396.

Merari, Ariel (1999), "Terrorism as a Strategy of Struggle: Past and Future", *Terrorism and Political Violence* 11 (4): 52 – 65.

Mercer, Jonathan (1996), *Reputation and International Politics*, Ithaca, N. Y. : Cornell University Press.

Mesquita, Ethan Bueno de and Eric S. Dickson (2007), "The Propaganda of the Deed: Terrorism, Counterterrorism, and Mobilization", *American Journal of Political Science* 51 (2): 364 – 381.

Meyer, Thomas (2013), "Flipping the Switch: Combat, State Building, and Junior Officers in Iraq and Afghanistan", *Security Studies* 22 (2): 222 – 258.

Metz, Steven (2007), *Rethinking Insurgency*, Washington, D. C. : Army War College.

Millen, Raymond (2015), "Air – Sea Battle and the Danger of Fostering a Maginot Line Mentality", *Military Review* 95 (2): 125 – 132.

Mohammed, Susan (2001), "Cognitive Diversity and Consensus in Group Decision Making: The Role of Inputs, Processes, and Outcomes", *Organizational Behavior and Human Decision Processes* 85 (2): 310 – 335.

Monten, Jonathan (2005), "The Roots of the Bush Doctrine: Power, Nationalism, and Democracy Promotion in U. S. Strategy", *International Security* 29 (4): 112 – 156.

Montgomery, Evan Braden (2014), "Contested Primacy in the Western Pacific: China's Rise and the Future of U. S. Power Projection", *International Security* 38 (4): 115 – 149.

Moon, Bruce E. (1985), "Consensus or Compliance? Foreign – policy Change and External Dependence", *International Organization* 39 (2): 297 – 329.

Morgenthau, Hans J. (1950), "The Mainsprings of American Foreign Policy: The National Interest vs. Moral Abstractions", *The American Political Science Review* 44 (4): 833 – 854.

—— (1964), "The Four Paradoxes of Nuclear Strategy", *The American Political Science Review* 58 (1): 23 – 35.

Mueller, John (2005), "The Iraq Syndrome", *Foreign Affairs* 84

(6): 44 – 54.

Mueller, John and Mark G. Stewart (2012), "The Terrorism Delusion: America's Overwrought Response to September 11", *International Security* 37 (1): 81 – 110.

Nagl, John A. (2002), *Learning to Eat Soup with a Knife: Counterinsurgency Lessons from Malaya and Vietnam*, Chicago: The University of Chicago Press.

——(2009), "Let's Win the Wars We' re In", *Joint Force Quarterly* (52): 20 – 26.

Newman, Edward (2009), "Failed States and International Order: Constructing a Post – Westphalian World", *Contemporary Security Policy* 30 (3): 429 – 431.

Neustadt, Richard E. and Ernest R. May (1986), *Thinking in Time: The Uses of History for Decision – Makers*, New York: The Free Press.

Niblett, Robin (2017), "Liberalism in Retreat: The Demise of a Dream", *Foreign Affairs* 96 (1): 17 – 24.

Nichol, Jim (2011), *Russian Military Reform and Defense Policy*, Washington, D. C.: CRS Report for Congress.

Norris, Robert S. and Hans M. Kristensen (2009), "Nuclear U. S. and Soviet/Russian Intercontinental Ballistic Missiles, 1959 – 2008", *Bulletin of the Atomic Scientists* 65 (1): 62 – 69.

Nye, Joseph S. Jr. (1987), "Nuclear Learning and U. S. – Soviet Security Regimes", *International Organization* 41 (3): 375 – 402.

——(2010), "The Future of American Power", *Foreign Affairs* 89 (6): 2 – 12.

Obama, Barack (2016), "The TPP Would Let America, Not China, Lead the Way on Global Trade", *The Washington Post*, May 2.

Ochmanek, David (2014), *The Role of Maritime and Air Power in DoD's Third Offset Strategy*, Santa Monica, C. A.: Rand.

O'Neill, Barry (1999), *Honor, Symbols, and War*, Ann Arbor: University of Michigan Press.

Organski, Abramo F. K. (1968), *World Politics*, New York: Alfred A. Knopf.

Organski, Abramo F. K. and Jacek Kugler (1981), *The War Ledger*, Chicago: University of Chicago Press.

Pape, Robert (2005), *Dying to Win: The Strategic Logic of Suicide Terrorism*, New York: The Random House.

Patterson VI, John James (2010), "A Long – Term Counterinsurgency Strategy", *Parameter* 40 (3): 1 – 14.

Paulson, Henry M. Jr. (2019), "We're Letting China Win the 5G Race, It's Time to Catch Up", *The Washington Post*, December 17.

Perkins, DavidG. (2017a), "Multi – Domain Battle: Driving Change to Win in the Future", *Military Review* 97 (4): 6 – 12.

—— (2017b), "Multi – Domain Battle: The Advent of Twenty – First Century War", *Military Review* 97 (6): 8 – 13.

Perlez, Jane (2018), "Pence's China Speech Seen as Portent of 'New Cold War'", *The New York Times*, October 5.

—— (2019), "F. B. I Bars Some China Scholars from Visiting U. S. Over Spying Fears", *The New York Times*, April 14.

Peterson, Paul E. (1994), "The President's Dominance in Foreign Policy Making", *Political Science Quarterly* 109 (2): 215 – 234.

Petraeus, David (1986), "Lessons of History and Lessons of Vietnam", *Parameters* 16 (3): 43 – 53.

—— (1987), *The American Military and the Lessons of Vietnam: A Study of Military Influence and the Use of Force in the Post – Vietnam*

Era, Ph. D. Dissertation. Princeton University.

—— (2006), "Learning Counterinsurgency: Observations from Soldiering in Iraq", *Military Review* 86 (1): 2–12.

—— (2007), *Report to Congress on the Situation in Iraq*, Department of Defense, April 8–9.

—— (2010), "Counterinsurgency Concepts: What We Learned in Iraq", *Global Policy* 1 (1): 116–117.

Pillsbury, Michael (2015), *The Hundred–Year Marathon: China's Secret Strategy to Replace America as the Global Superpower*, New York: St. Martin's Griffin.

Porch, Douglas (2013), *Conterinsurgency: Exposing the Myths of the New Way of War*, New York: Cambridge University Press.

Posen, Barry R. (1984), *The Source of Military Doctrine: France, Britain, and Germany between the World Wars*, Ithaca, N. Y. : Cornell University Press.

—— (1992), *Inadvertent Escalation: Conventional War and Nuclear Risks*, Ithaca, N. Y. : Cornell University Press.

—— (1993), "The Security Dilemma and Ethnic Conflict", *Survival* 35 (1): 27–47.

Press, Daryl G. (2005), *Calculating Credibility: How Leaders Assess Military Threats*, Ithaca, N. Y. : Cornell University Press.

Pressman, Jeremy (2009), "Power without Influence: The Bush Administration's Foreign Policy Failure in the Middle East", *International Security* 33 (4): 149–179.

Redd, Steven B. (2002), "The Influence of Advisers on Foreign Policy Decision Making: An Experimental Study", *The Journal of Conflict Resolution* 46 (3): 335–364.

Ren, Lin (2014), *Rationality and Emotion: Comparative Studies of the*

Franco – German and Sino – Japanese Reconciliations, Berlin: Springer VS.

Resende – Santos, João (2007), *Neorealism, States, and the Modern Mass Army*, Cambridge: Cambridge University Press.

Riedel, Bruce (2007), "Al Qaeda Strikes Back", *Foreign Affairs* 86 (3): 24 – 40.

Roper, Daniel S. (2008), "Global Counterinsurgency: Strategic Clarity for the Long War", *Parameters* 38 (3): 92 – 108.

Rublee, Maria Gary Bertsch, and Howard Wiarda eds. (2009), *Non-proliferation Norms: Why States Choose Nuclear Restraint*, Athens, G. A. : University of Georgia Press.

Rolfe, Jim ed. (2004), *The Asia – Pacific: A Region in Transition*, Honolulu: Asia – Pacific Center for Security Studies.

Ross, Robert S. (1999), "The Geography of the Peace: East Asia in the Twenty – first Century", *International Security* 23 (4): 81 – 118.

—— (2005), "Assessing the China Threat", *The National Interest* (81): 81 – 87.

Rowden, Thomas, Peter Gumataotao, and Peter Fanta (2015), "Distributed Lethality", *Proceedings* 141 (343) .

Russett, Bruce (1994), *Grasping the Democratic Peace: Principles for a Post – Cold War World*, Princeton, N. J. : Princeton University Press.

Rostow, Walt W. (1990), "Guerrilla Warfare in Underdeveloped Areas. " in U. S. Marine Corps ed. , *The Guerrilla and How to Fight Him*, Quantico, V. A. : The Marine Corps Gazette.

Rotmann, Philipp, David Tohn and Jaron Wharton (2009), "Learning Under Fire: Progress and Dissent in the US Military", *Survival* 51

(4): 31 –48.

Rourke, Francis E. (1972), *Bureaucracy and Foreign Policy*, Baltimore, M. D.: The Johns Hopkins University Press.

Rousseau, David L. (2005), *Democracy and War: Institutions, Norms, and the Evolution of International Conflict*, Stanford, C. A.: Stanford University Press.

—— (2006), *Identifying Threats and Threatening Identities: The Social Construction of Realism and Liberalism*, Stanford: Stanford University Press.

Rousseau, David and Rocio Garcia – Retamero (2007), "Identity, Power, and Threat Perception: A Cross – National Experimental Study", *Journal of Conflict Resolution* 51 (5): 744 –771.

Roy, Denny (1996), "The 'China Threat' Issue: Major Arguments", *Asian Survey* 36 (8): 758 –771.

Rubin, Barnett R. and Ahmed Rashid (2008), "From Great Game to Grand Bargain: Ending Chaos in Afghanistan and Pakistan", *Foreign Affairs* 87 (6): 30 –44.

Sarkesian, Sam C. ed. (1984), *Presidential Leadership and National Security: Style, Institutions, and Politics*, Boulder and London: Westview Press.

Saunders, Paul J. (2017), "Trump and Democracy Promotion", *The National Interest* (147): 74 –78.

Scales, Robert H. Jr. (2003), *Yellow Smoke: The Future of Land Warfare for America's Military*, Lanham, M. D.: Rowman & Littlefield Publishers, INC.

Schultz, Kenneth A. (2004), *Democracy and Coercive Diplomacy*, Cambridge: Cambridge University Press.

Schweller, Randall (1994), "Bandwagoning for Profit: Bringing the Revisionist State Back in", *International Security* 19 (1): 72 – 107.

Schweller, Randall (1996), "Neorealism's Status Quo Bias: What Security Dilemma?" *Security Studies* 5 (3): 90 – 121.

Scobell, Andrew (2003), *China's Use of Military Force: Beyond the Great Wall and the Long March*, Cambridge: Cambridge University Press.

Shambaugh, David (1994), "The Insecurity of Security: The PLA's Evolving Doctrine and Threat Perceptions towards 2000", *Journal of Northeast Asia* 13 (1): 3 – 25.

—— (1999/2000), "China's Military Views the World: Ambivalent Security", *International Security* 24 (3): 52 – 79.

—— ed. (2005), *Power Shift: China and Asia's New Dynamics*, Berkeley and Los Angeles, California: University of California Press.

—— (2011), "Coping with a Conflicted China", *The Washington Quarterly* 34 (1): 7 – 27.

Shrik, Susan (2017), "Trump and China: Getting to Yes with Beijing", *Foreign Affairs* 96 (2): 20 – 27.

Singer, J. David (1958), "Threat – Perception and the Armament – Tension Dilemma", The *Journal of Conflict Resolution* 2 (1): 90 – 105.

Simon, Herbert A. (1957), *Models of Man, Social and Rational: Mathematical Essays on Rational Human Behavior in a Social Setting*, New York: John Wiley and Sons.

Small, Melvin (1987), "Influencing the Decision Makers: The Vietnam Experience", *Journal of Peace Research* 24 (2): 185 – 198.

Snyder, Jack L. (1984), *The Ideology of Offensive: Military Decision Making and the Disasters of* 1914, Ithaca, N. Y. : Cornell University

Press.

Snyder, Richard et al. (1954), *Decision Making as an Approach to the Study of International Politics*, Foreign Policy Analysis Series No. 3, Princeton University.

Sorley, Lewis (2011), *Westmoreland: The General Who Lost Vietnam*, New York: Hough ton Mifflin Harcourt.

South, Todd (2019), "This 3 – Star Army General Explains What Multi – Domain Operations Mean for You", *The Army Times*, August 11.

Steinberg, James and Michael E. O' Hanlon (2014), *Strategic Reassurance and Resolve: U. S. – China Relations in the Twenty – First Century*, Princeton, N. J. : Princeton University Press.

Steinberg, Richard H. (2002), "In the Shadow of Law or Power? Consensus – Based Bargaining and the Outcomes in the GATT/WTO", *International Organization* 56 (2): 339 – 374.

Subramanian, Arvind (2011), "The Inevitable Superpower: Why China's Dominance Is a Sure Thing", *Foreign Affairs* 90 (5): 66 – 78.

Swaine, Michael (2015), *Beyond American Predominance in the Western Pacific: The Need for a Stable U. S. – China Balance of Power*, Washington, D. C. : Carnegie Endowment for International Peace.

Taliaferro, Jefferey W. (2004), *Balancing Risks: Great Power Intervention in the Periphery*, Cornell, N. Y. : Cornell University Press.

Tammen, Ronald L. and Jacek Kugler (2006), "Power Transition and China – US Coflicts", *The China Journal of International Politics* 1 (1): 35 – 55.

Tang, Shiping (2008), "Fear in International Politics: Two Positions", *International Studies Review* 10 (3): 451 – 471.

—— (2011), "The Security Dilemma and Ethnic Conflict: Toward a

Dynamic and Integrative Theory of Ethnic Conflict", *Review of International Studies* 37 (2): 511 –536.

Thrall, A. Trevor and Jane K. Cramer, eds. (2009), *American Foreign Policy and The Politics of Fear: Threat Inflation since 9/11*, London and New York: Routledge.

Tierney, Dominic (2015), *The Right Way to Lose a War: America in an Age of Unwinnable Conflicts*, New York: Little, Brown and Company.

Tol, Jan Van et al. (2010), *Airsea Battle: A Point – of – Departure Operational Concept*, Washington, D. C. : Center for Strategic and Budgetary Assessments.

Trump, Donald J. with Tony Schwartz (1987), *Trump: The Art of the Deal*, New York: Ballantine Book.

Tucker, Robert W. and David C. Hendrickson (1990), "Thomas Jefferson and American Foreign Policy", *Foreign Affairs* 69 (2): 135 –156.

Vertzberger, Yaacov (1990), *The World in Their Minds: Information Processing, Cognition, and Perception in Foreign Policy Decision-making*, Stanford: Stanford University Press.

Walton, Timothy A. (2016), "Securing the Third Offset Strategy: Priorities for the Next Secretary of Defense", *Joint Force Quarterly* 82 (3): 6 –15.

West, Bing (2008), "Afghan Awakening", *The National Interest* (98): 17 –24.

Whiting, Allen S. (1996), "The PLA and China's Threat Perceptions", *China Quarterly* (146): 596 –615.

Wohlforth, William Curti (1993), *The Elusive Balance: Power and Perceptions During the Cold War*, Ithaca, N. Y. : Cornell University

Press.

Woodward, Bob (2010), *Obama's War*, New York: Simon & Schuster.

Wood, Graeme (2015), "What ISIS Really Wants", *The Atlantic* 315 (2): 78 – 94.

Wu, Xinbo (2010), "Understanding the Geopolitical Implications of the Global Financial Crisis", *The Washington Quarterly* 33 (4): 155 – 163.

Yarhi – Milo, Keren (2013), "In the Eye of the Beholder: How Leaders and Intelligence Communities Assess the Intentions of Adversaries", *International Security* 38 (1): 751.

—— (2014), *Knowing the Adversary: Leaders, Intelligence, and Assessment of Intentions in International Relations*, Princeton, N. J. : Princeton University Press.

Yee, Hebert and Ian Storey (2002), *The China Threat: Perceptions, Myths and Reality*, New York: Routledge.

后　　记

　　本书是我在 2014 年国家社科基金青年项目结项报告的基础上修改而来，也是我过去六年部分工作的小结。回顾写作历程，伴随着我对过去十多年美国国家安全战略的系统思考，也算是对这段历史见证的记录。说起来，选择研究什么问题，除了自身的兴趣和发现问题的能力，也要受限于历史的进程。在此之前，我最早关注的是美国外交政策。后来我在阅读中发现，美军对未来战争形态的判断也在发生重大变化。

　　为了印证这一判断，我开始查阅美军的主要杂志和学术界大量刊载美军观点的杂志，理清了美国军内战略精英的认知，即美军主流声音是应该将关注点从反恐战争转移到大国战争，这与奥巴马将美国战略重心从中东地区转移到亚太地区的努力是高度契合的。根据两个趋势，自然而然的一个推理是，未来中美关系将不断恶化，并逐渐走向战略对抗。以此为主题，我在 2014 年申请到了国家社科基金项目，并将其作为我未来五年的主要研究议题。

　　我们都是时代的亲历者和见证者。中国提出"一带一路"倡议，以及主导成立了亚投行，让美国战略精英看到了中国的雄心。2014 年，俄罗斯对乌克兰冲突的干涉，以及中国在南海的岛屿建设，更是成为美国调整威胁认知的关键节点。接下来的事件，已为大家所熟知。2015 年，华府出现了声势浩大的对华政策辩论，焦虑的美国战略精英开始舆论造势，推动对华政策的调整。特朗普就任总统以后，美国对华战略调整最终尘埃落定，中美两国进入了战略竞争的时代。

　　就我个人而言，一直在跟随政策变化，坚持观察、思考和写作。2018 年上半年，我完成了课题结项报告的初稿，随后顺利结项。不过，我将书稿搁置了一年半才着手走出版程序，这么做的初衷在于，继续观察特朗普政府的国家安全战略一段时间，校准原先的一些判断。在本书即将付梓之际，回头再看中美关系，早已时过境迁，往日的美好时光不再。重读克林顿政府、小布什政府和奥巴马政府时期的政策文本，更是有恍如隔世之感。

回顾这段研究历程有两个感悟：一是个人在历史大势面前非常渺小。正如对中美关系，大部分人都看得清楚总体态势，更明白什么是正确方向，却只能眼看形势恶化而无可奈何。每每思之，倍感历史规律的强大之处。二是学术研究是将复杂世界简约化的艺术。当然，因研究者不同，学术作品最终的呈现形式也会大相径庭。学术研究的过程犹如观沧海，能"览岛屿之所有"固然是好的，如果不能，窥得一二也是可以接受的。

本书的部分章节和部分内容曾刊载于《世界经济与政治》、《当代亚太》和《现代国际关系》三本杂志上。感谢袁正清研究员、高程研究员和王文峰研究员，三位老师给我提供了学术平台，使我有机会展示最初的研究成果。在本书的写作过程中，也获得了陈拯、樊吉社、方长平、韩召颖、胡波、李晨、李栩、李巍、凌胜利、林民旺、刘丰、刘旭、毛维准、宋伟、檀有志、吴文成、吴心伯、谢韬、尹继武和赵明昊等各位师友不同形式的帮助和支持，在此一并表示感谢。还要特别感谢中国社会科学出版社的赵丽博士，正是有赖于她认真、高效和专业的编辑工作，本书才能出版。

当然，我还要感谢我的家人。感恩他们的通情达理和无私奉献，承担了家庭日常生活中的大部分杂事，保证我可以心无旁骛地写作。对此，我心怀感恩，将这本小书算是回馈他们的礼物，权作一点微薄的补偿。

左希迎

2020 年 2 月于北京